新编大宗商品物流

主　　编　　王少英
副主编　　王雪姣　许振明

浙江工商大学出版社
ZHEJIANG GONGSHANG UNIVERSITY PRESS
·杭州·

图书在版编目(CIP)数据

新编大宗商品物流 / 王少英主编；王雪姣，许振明
副主编. — 杭州：浙江工商大学出版社，2023.6(2025.1 重印)
ISBN 978-7-5178-5517-0

Ⅰ. ①新… Ⅱ. ①王… ②王… ③许… Ⅲ. ①物流管
理 Ⅳ. ①F252

中国国家版本馆 CIP 数据核字(2023)第 107857 号

新编大宗商品物流
XINBIAN DAZONG SHANGPIN WULIU

主　　编　　王少英
副主编　　王雪姣　许振明

责任编辑	沈敏丽	
责任校对	沈黎鹏	
封面设计	朱嘉怡	
责任印制	祝希茜	
出版发行	浙江工商大学出版社	

（杭州市教工路 198 号　邮政编码 310012）
（E-mail:zjgsupress@163.com）
（网址:http://www.zjgsupress.com）
电话:0571-88904980,88831806(传真)

排　　版	杭州朝曦图文设计有限公司	
印　　刷	杭州高腾印务有限公司	
开　　本	787 mm×1092 mm　1/16	
印　　张	15	
字　　数	302 千	
版 印 次	2023 年 6 月第 1 版　2025 年 1 月第 2 次印刷	
书　　号	ISBN 978-7-5178-5517-0	
定　　价	45.00 元	

前　言

大宗商品既具有商品属性，又具有金融属性；它不但对生产制造领域有极大的影响，而且对整个国家的经济安全都有重大的影响。发展大宗商品流通领域的电子交易和物流，可以使商流、物流、信息流和资金流实现一体化运作。

课程标准

大宗商品交易市场发展连锁经营、物流配送、电子商务等现代流通方式是减少流通环节、提高流通效率、降低流通成本的重要途径，是现代流通发展的必然趋势。从大宗商品物流的过程看，有集货、运输、仓储、加工、装卸、搬运等环节。每增加一轮这样的物流活动，就会增加商品的损耗和物流成本，从而影响最终消费品的价格。因此，减少流通环节、合理布局物流节点、优化物流线路和运输方式，是降低大宗商品流通成本的重要措施。

实践教学大纲
与指导书

国务院在2011年2月正式批复《浙江海洋经济发展示范区规划》，这标志着浙江海洋经济发展示范区建设上升为国家战略。宁波是浙江海洋经济发展示范区的核心区域，为了对接宁波市港航服务业和临港制造业等产业，宁波—舟山港物流发展战略被定位为：以大宗商品物流为主要特色和竞争优势，大宗商品物流和集装箱物流协调发展。在国际集装箱物流方面，宁波已具备良好基础，不少高校的物流专业依托于此展开专业学习；而在海洋经济背景下提出的大宗商品物流相关内容则是一个全新的领域，若从这个角度有体系地编写教材，能为培养海洋经济发展战略下的人才发挥重要作用。这正是本书编写的缘由与初衷。

本书结合浙江海洋经济发展战略背景，组织架构了大宗商品物流的理论和实践体系，以实现高校人才培养与区域经济发展对接。在内容上，本书基于现代物流基本理论，着重阐述与大宗商品相关的物流战略及其与供应链物流竞争力之间的关联，全面介绍大宗商品物流核心活动及相关的运作管理。具体包括现代物流的相关理论、大宗商品物流主要功能（大宗商品运输和大宗商品仓储）、大宗商品仓单融资和现货仓单交易等。

全书共11章，每章根据内容安排和讲解需要，辅以本章导读、案例分析、练习与思考等，将理论性与实践性融为一体，帮助读者熟悉大宗商品物流相关领域基本理论,了解物流与供应链金融服务的发展趋势,掌握大宗商品物流核心职能及实际运作,为从事大宗商品物流相关岗位奠定实践操作基础。所有实例结合经济管理及社会现象,突出实用性和前瞻性。

在本书的编写过程中,编者参阅了大量的相关论著,得到了业界相关企业的无私帮助,难以一一列举,在此表示深深的敬意和感谢。同时,由于编者在理论与实践经验等方面的局限,书中难免有疏漏或错误之处,故恳切希望广大读者对本书提出宝贵的意见和建议,以便今后进一步修订与完善。

编 者

2023 年 4 月

C ONTENTS 目 录

第一篇　基础理论篇

第一章　物流基础理论 ·················· 003
第一节　物流概述 ·················· 003
第二节　物流系统及物流基本职能 ·················· 010
第三节　物流学及其基本理论 ·················· 016

第二章　大宗商品流通 ·················· 022
第一节　大宗商品概述 ·················· 022
第二节　大宗商品流通概述 ·················· 026
第三节　大宗商品物流职能 ·················· 031

第三章　物流经济地理 ·················· 038
第一节　认识物流经济地理 ·················· 038
第二节　中国的物流环境与物流布局 ·················· 040
第三节　中国物流经济分区地理 ·················· 046
第四节　中国工农业物流地理 ·················· 050

第二篇　核心职能篇

第四章　能源化工产品运输 ·················· 067
第一节　能源化工行业概述 ·················· 067
第二节　石油化工产品运输 ·················· 071
第三节　煤化工产品运输 ·················· 075
第四节　天然气运输 ·················· 079

第五章　能源化工仓储 ·················· 082
第一节　固体资源及产品仓储 ·················· 082
第二节　液体资源及产品仓储 ·················· 087
第三节　气体资源及产品仓储 ·················· 092

第六章　金属矿产运输 ·················· 096
第一节　金属矿产概述 ·················· 096
第二节　金属矿产的运输方式 ·················· 100

第三节　金属矿产的集装箱运输 ……………………………………… 105

第四节　铁矿石的运输 …………………………………………………… 110

第七章　金属矿产仓储 …………………………………………………… 115

第一节　金属矿产储存管理 …………………………………………… 115

第二节　各类金属矿产及产品的储存 ……………………………… 122

第三节　金属交割管理 …………………………………………………… 128

第八章　农产品运输 ……………………………………………………… 137

第一节　农产品物流基本概述 ………………………………………… 137

第二节　农产品运输基本概述 ………………………………………… 142

第三节　粮食类农产品运输 …………………………………………… 145

第四节　经济作物类农产品运输 ……………………………………… 148

第五节　林产品运输 ……………………………………………………… 151

第九章　农产品仓储 ……………………………………………………… 155

第一节　农产品仓储管理 ……………………………………………… 155

第二节　粮食类农产品仓储 …………………………………………… 161

第三节　经济作物类之棉花仓储管理 ……………………………… 165

第四节　农产品交割制度及业务 ……………………………………… 171

第三篇　创新实践篇

第十章　物流金融 ………………………………………………………… 179

第一节　物流金融概述 …………………………………………………… 179

第二节　物流金融资产流通模式 ……………………………………… 183

第三节　物流金融资本流通模式 ……………………………………… 188

第十一章　大宗商品仓单交易 ………………………………………… 205

第一节　大宗商品仓单交易概述 ……………………………………… 205

第二节　大宗商品仓单市场与其他市场的联系和区别 ………… 209

第三节　大宗商品仓单市场的功能 ………………………………… 214

第四节　大宗商品仓单交易基本规则和交易监管制度 ………… 219

第五节　大宗商品仓单市场的套期保值策略选择 ……………… 222

第六节　大宗商品仓单交易的市场风险管理 ……………………… 228

参考文献 …………………………………………………………………… 231

第一篇　基础理论篇

第一章 物流基础理论

本章导读

随着物流业的发展,人们对物流这个概念已不再陌生。物流行业被业界称为"第三利润源",被媒体称为"21世纪最大的行业",被老百姓称为"金饭碗"。2021年,我国物流业总收入有11.9万亿元,同比增长15.1%。从年内走势看,各季度物流业总收入均保持15%以上增速,两年年均增速在8.5%以上,市场规模稳步扩大。物流业的快速发展,为中国经济发展提供了快捷畅通的物流服务,成为经济发展的重要支撑力量。全球经济一体化发展使得企业的采购、仓储、销售、配送等协作关系日趋复杂,企业间的竞争已不仅是产品性能和质量的竞争,也包含物流能力的竞争。目前中国不少企业仍沿用以生产为中心的管理模式。一方面生产企业的原材料和产成品库存过多,占用资金较多;另一方面,运输仓储企业有效货源不足,现有设施不能充分利用,导致企业周转资金不快,经济运行效率不高。

物流活动在经济发展中一直扮演着重要的角色。那么,到底什么是物流?本章将从物流的基本概念谈起,介绍物流的七大职能:包装、装卸搬运、仓储保管、运输、配送、流通加工和信息服务。通过阐述物流系统化运行的重要性和供应链管理思想的发展,让大家对物流的基础知识有一个全面的了解。

第一节 物流概述

物流活动,古已有之,自从人类社会有了商品交换,就有了物流活动(如运输、仓储、装卸搬运等)。而将物流作为一门学科,却仅有几十年的历史,从这个意义上讲,物流还是一门新学科。物流学科的诞生是社会生产力发展的结果。

一、物流的概念

(一)物流活动的起源

美国的物流学者伯纳德·拉·隆德认为:物流活动源于由地区产品剩余导致的

地区间的产品交换,而生产力在工业革命后的迅速发展,则推动着物流活动不断发展。但早期的物流活动只能说具有物流"意识",还未拥有明确的物流概念。学者唐纳德·J.鲍尔索克斯认为:在20世纪50年代以前,物流企业所进行的是纯粹建立在功能基础上的后勤工作,对所存在的综合物流根本没什么概念或理论。

(二)物流概念的产生

物流这一概念最初产生于西方国家。物流作为物质资料流通活动的有机组成部分,自商品经济开始以来普遍存在,但物流概念的产生则较晚。国际上,对物流概念产生的原因,主要有两种观点。

1.经济动因说

这种观点认为,物流概念是因为经济原因而产生的,即起源于人们对协调经济活动中物流及其相关活动的追求。就物流本身而言,它是由许多相关活动组成的,主要有运输、储存、包装等,在物流概念产生以前,企业是将这些活动单独进行管理的;就物流与相关活动的关系而言,物流与生产、销售环节都有非常紧密的联系,但这些联系以前并没有得到实现。

2.军事动因说

这种观点认为,"物流"一词最早来源于军事领域,因为其英文"logistics"最初的意思是军队的转移、住宿和供给,即军事后勤。第一次在军事中明确地解释物流这个概念是在1905年。詹姆士·约翰逊和唐纳德·伍德认为:物流一词首先用于军事。1905年,美国少校琼西·贝克提出,那个与军备的移动与供应相关的战争的艺术的分支就叫"物流"。

两次世界大战期间积累的大量军事后勤保障理论、经验,形成和丰富了"物流"的理论与方法,并且这些理论与方法在战后被很多国家运用到了民用领域,促进了20世纪六七十年代世界经济的发展,也促使现代物流学理论的形成与发展。

比较以上两种观点,结论应该是:物流源于军事领域,在1905年就有人明确地提出并解释物流这个概念,在两次世界大战中物流理论和方法得到完善。阿奇·萧在1915年较早地从经济的角度认识到了物流,但是形成系统的物流理论不是在1905年,也不是在1915年,而是在第二次世界大战中,当时系统论的思想与方法已经普遍应用,同时,运筹学也已经产生,这些都促进了物流理论的产生和完善。

知识介绍

(三)我国对物流概念的表述

我国开始使用"物流"一词是在1979年(有人认为,孙中山主张"货畅其流",可以说是我国"物流思想的起源")。1979 年 6 月,我国物资工作者代表团赴日本参加第三届国际物流会议,回国后在考察报告中第一次引用和使用了"物流"这一术语。

中华人民共和国国家标准《物流术语》(GB/T 18354—2021)对物流的定义是:根据实际需要,将运输、储存、装卸、搬运、包装、流通加工、配送、信息处理等基本功能实施有机结合,使物品从供应地向接收地进行实体流动的过程。

当然,在物流概念传入我国之前,我国实际上一直存在着物流活动,即运输、保管、包装、装卸、流通加工等活动,其中主要是储存和运输,即储运活动。但要认识到,国外的物流业与我国的储运业并不完全相同,主要差别在于以下三方面。

一是物流比储运所包含的内容更广泛。一般认为,物流包括运输、保管、配送、包装、装卸、流通加工及相关的信息活动,而储运仅指储存和运输两个环节。虽然储运也涉及包装、装卸、流通加工及相关的信息活动,但这些活动并不包含在储运的概念之内。

二是物流强调诸活动的系统化,从而达到整个物流活动的整体最优化,储运概念则不涉及储存与运输及其他活动整体的系统化和最优化问题。

三是物流是一个现代的概念,在第二次世界大战后才在各国兴起,而储运则是一个十分古老、传统的概念。

二、物流与流通、商流、资金流、信息流

(一)物流与流通

人类社会存在两种基本活动:生产和消费。而将制造产品、创造价值的生产和使用产品的消费连接起来的就是"流通"。流通是社会再生产中生产一方与消费一方之间的中介环节。在商品的生产和消费之间存在各种间隔,需要通过"流通"将生产和消费加以衔接。如图 1-1 所示。

课程讲解

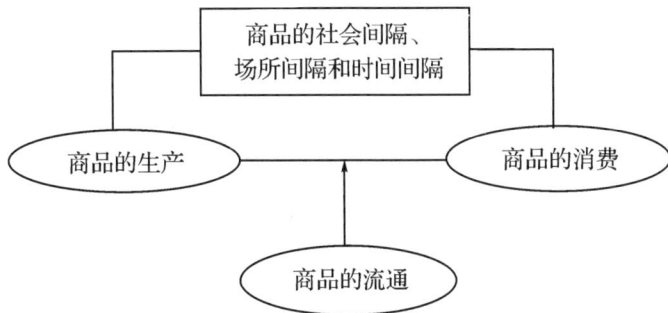

图 1-1　商品的流通

过去,消费与生产之间的间隔很小。随着社会分工越来越细,间隔也逐渐增大。正是流通将生产与消费之间的社会间隔、场所间隔和时间间隔打通了。

打通生产与消费之间社会间隔的是商业或贸易的流通(亦称商流)。这种打通是指在生产者和消费者之间为所有权的转让架设桥梁,产生所有权的价值,例如买卖活动。此外,打通场所间隔、时间间隔的则是物流(物的流通),是物品由生产者向消费者的转移,创造场所性价值和时间性价值,如运输和保管。

因此,物流与流通之间存在以下关系:物流是流通的基本要素之一,物流是流通的重要物质基础,物流对流通有最后实现的决定作用。

(二)物流与商流

物流与商流是商品流通活动的两个方面。商流是指物的所有权转移的活动。商流活动一般称为贸易或交易,商品通过交易活动由供给方转让给需求方。而物流活动创造了空间价值和时间价值,在社会经济活动中起着不可缺少的作用。

1.物流与商流的联系

(1)物流和商流都是流通的组成部分,二者结合才能有效地实现商品由供给方向需求方的转移。

(2)它们都是从供给方流动到需求方,具有相同的出发点和归宿。

2.物流和商流的区别

(1)流动的实体不同。物流是物资的物质实体的流动,商流是物资的社会实体的流动。

(2)功能不同。物流创造物资的空间价值、时间价值,而商流创造物资的所有权价值。

(3)发生的先后和路径互不相同。在特殊情况下,没有物流的商流和没有商流的物流都是可能存在的。

总之,先有商流,然后才有物流。商流是物流的上游,没有上游就没有下游,所以要靠商流带动物流。但是如果没有物流,商流也无从实现,商流越兴旺,则物流越发达,反之,物流服务滞后也会影响商流的发展。两者之间是相辅相成、相互促进的。

(三)商流、物流、资金流、信息流

流通活动的内容包含商流、物流、资金流和信息流,如图 1-2 所示。

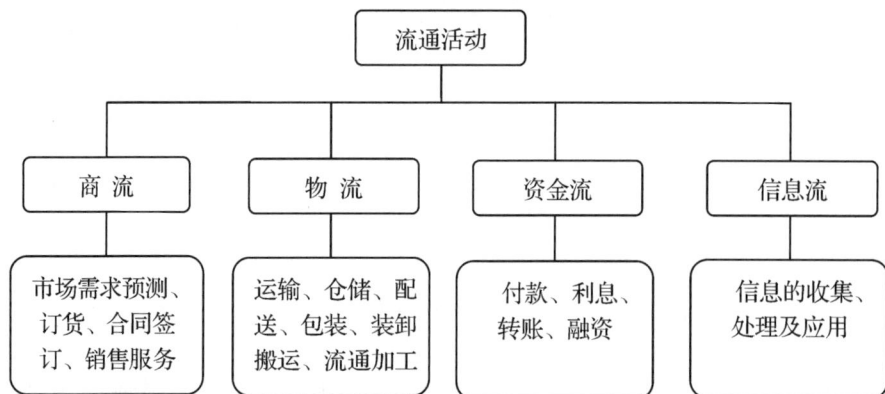

图 1-2　流通活动的内容

资金流是指买卖双方之间伴随着交易发生而产生的资金从买方向卖方流动的过程,包括付款、转账等过程。资金流是在所有权更迭的交易过程中发生的,可以认为资金流从属于商流。

信息流广泛存在于生产领域、流通领域及经济生活的各个领域。此处的信息流主要是指流通信息流,即流通过程中一切流通信息的产生、加工、贮存和传递,包括物流信息流、商流信息流和资金信息流。它对物流、商流和资金流起指导和控制作用,并为物流、商流和资金流提供经济决策的依据。

从总体上看,商流、物流、资金流和信息流四者都是商品流通的必要组成部分,是商品流通的不同运动形式。它们合则形成一个完整的流通过程,分则拥有彼此独立的运动形式和客观规律。将商流、物流、资金流和信息流作为一个整体来考虑和对待,会产生更大的能量,创造更大的经济效益。一方面,信息流既制约物流又制约商流和资金流,并且将物流、商流和资金流联系起来,共同完成商品流通的全过程。另一方面,商流、物流、资金流和信息流四者相辅相成、互相促进,推动流通过程不断前进。

商流和资金流是传统的经济活动,规则性强,已经比较成熟,它们的发展受经济发展水平的限制。信息流主要依赖互联网,由计算机支持,受软件开发程度的限制。这几年,电子商务大热,同时也出现了"物流瓶颈",这不是信息技术的问题,而是因为商流、资金流和信息流都可以由计算机和网络通信部分替代,只有物流难以做到这一点。而且物流发展相对落后,其发展空间比商流、资金流和信息流要大,合理化、科学化管理的余地大,节约费用的潜力也大。所以,在竞争激烈的市场经济社会里,要加强对物流问题的研究。

三、物流的分类

构建合理、高效的物流系统,强化物流管理,必须从不同角度研究物流的分类,探讨各种类型物流的特点和差异。目前,物流在分类方面并没有统一的标准。综合已有的论述,主要有以下几种。

物流的分类

(一)按物流活动的业务范围划分

1. 单一物流

单一物流是指仅包括储存、运输、包装、装卸等一项或几项服务的物流,包括以下几种类型:①仓储服务型物流;②运输服务型物流;③装卸服务型物流;④包装服务型物流;⑤信息服务型物流。

2. 综合物流

综合物流是指对原材料、半成品从生产地到消费地之间所进行的运输、储存、装卸、包装、流通加工、配送、信息处理等全部服务的物流。

(二)按物流活动的空间范围划分

1.地区物流

地区物流是指在一定的行政区域或地理位置发生的物流过程。如按行政区域可划分为东北地区物流、华北地区物流等;按所处地理位置可划分为珠江三角洲地区物流、长江三角洲地区物流等。此类物流活动,以单一的物流服务方式或几种服务方式相结合的形式为主。地区物流所形成的物流系统,如大型物流中心,对提高该地区企业活动的效率、降低物流成本、保障当地居民生活福利、稳定物价等具有很大作用。但由于供应点集中,货车往来频繁,也会产生废气、噪声、交通事故等问题。

2.国内物流

国内物流是指在一个主权国家境内发生的物流活动,以单一的物流服务方式或几种服务方式相结合的形式为主。国内物流研究重点为:物流基础设施的规划,如铁路、公路、航空线路以及大型物资集散基地等的规划;制定有关政策法规;物流技术装备、器具的标准化;物流新技术的开发、引进;开展物流教育;等等。

3.国际物流

国际物流是指国与国之间、洲与洲之间开展的物流活动,包括多国之间或多洲之间开展的物流活动,既有单一的物流服务又有综合的物流服务。它是国际贸易活动中一个重要的组成部分,负责货物从一国到另一国的空间转移。国际物流是伴随国际贸易和国际经济分工合作而产生的。跨国公司的发展使得企业经济活动遍布世界各国,经济全球化、市场国际化进程随之加快,国际物流的重要性日益突出。

(三)按物流活动在企业中的作用划分

1.供应物流

供应物流是指为生产企业提供原材料、零部件或其他物品时,物品在提供者与需求者之间的实体流动,即物资生产者、持有者与使用者之间的物流活动。

2.生产物流

生产物流是指在生产过程中,原材料、在制品、半成品、产成品等在企业内部的实体流动。它是制造产品的工厂、企业所特有的,与生产流程同步,从企业仓库或企业入口开始,进入生产线的始端,再进一步随生产加工过程的一个又一个环节流动,在物流的过程中,原材料本身被加工,同时产生一些余料、废料,直到生产加工终结。如果生产物流中断,生产过程也将随之停顿。

3.销售物流

销售物流是指生产企业、流通企业在出售商品时,物品在供方与需方之间的实体流动。对生产企业而言,销售物流是售出产品时的物流;对流通企业而言,销售物流是从卖方角度出发的交易活动中的物流。销售物流活动带有很强的服务性,它是通过包装、配送等一系列物流活动来实现销售的。

4.回收物流

回收物流是指不合格品的返修、退货以及包装容器的周转使用,从需方返回到供方所形成的物品实体流动的过程。在生产、供应、销售的活动中,经常会产生因为质量、时间等原因而形成的不合格产品,这部分商品往往会造成返修和退货,在实际中还有一些要回收并加以利用的材料(如作为包装容器的纸箱、塑料筐、酒瓶,建筑行业的脚手架、钢模板等),这些都是形成回收物流的原因。

5.废弃物物流

废弃物物流是指将经济活动中失去原有使用价值的物品,根据实际需求进行收集、分类、包装、搬运、储存等,并分送到专门处理场所过程中所形成的物品实体流动。

(四)按物流活动的组织者不同划分

1.自主物流

自主物流是指生产企业或货主企业为满足自身的需要,自己提供人工、机械设备和场所,安排全部物流计划,亲自参与整个物流活动的全程。

2.第三方物流

第三方物流是指物流服务提供者在一定时期内按照一定的价格标准向物流需求者提供的,建立在现代电子信息技术基础上的一系列个性化的物流服务。

3.第四方物流

第四方物流是指建立在第三方物流基础上的,对不同的第三方物流企业的管理、技术等物流资源做进一步整合,为用户提供全面意义上的供应链解决方案的一种更高级的物流模式。它通过让特定物流集成商负责制订全面的供应链策划方案,来统一组织和选择满足用户需求的合作团队(包括分包商),利用整个团队来控制和管理用户公司的点式供应链物流。

(五)按物流的系统性质划分

1.微观物流

微观物流又称小物流或企业物流。它是从企业或消费者角度出发的物流,主要解决具体的物流问题,即主要解决制造商、流通业者、运输企业等在企业经营中的物流操作问题,也包括解决将不同的商品送到不同的消费者手中的问题。如一个制造企业要购进原材料,经过若干道工序的加工、装配,形成产品销售出去,物流企业要按照顾客要求将货物输送到指定地点。

2.半宏观物流

半宏观物流介于宏观物流与微观物流之间,主要解决行业物流的问题。行业物流是指在一个行业内发生的物流活动。行业物流问题包括行业物流的系统化,各种产品从生产到消费之间的物流路径及物流成本在其商品价格中所占比例等问题。同一行业中的企业是市场上的竞争对手,但是在物流大领域中它们常常相互合作,共同促进行业物流系统的合理化。行业内部可以这样合作:建设共同的零部件仓库,实行共同配送;建立新、旧物流设备及零部件共同流通中心;建立物流技术中心,共同培训物流操作人员和维修人员;等等。行业物流系统化能使参与的各物流企业获得相应的经济利益,为全社会节约人力、物力资源。

3.宏观物流

宏观物流又称大物流或社会物流,是指流通领域中所发生的物流。它从社会经济的角度、从全社会的整体角度讨论物流问题,这些问题包括运输结构、流通结构、物流政策、产业物流布局等。宏观物流的流通网络是国民经济的命脉,而流通网络分布是否合理、渠道是否畅通是关键。因此,必须进行科学的管理和有效的控制,采用先进的物流技术手段,保证物流全程高效、节约、低成本运行,这样可给物流企业和国家带来巨大的经济效益和社会效益。

第二节　物流系统及物流基本职能

一、物流系统

(一)物流系统概述

系统的介绍

1.物流系统的概念

物流系统是指由两个或两个以上的物流功能单元构成,以完成物流服务为目的的有机集合体。物流系统的"输入"项就是采购、运输、储存、流通加工、装卸、搬运、包装、销售、物流信息处理等环节的劳务、设备、材料、资源等,由外部环境向系统提供。这种系统由作业系统和信息系统组成,如图 1-3 所示。

物流系统

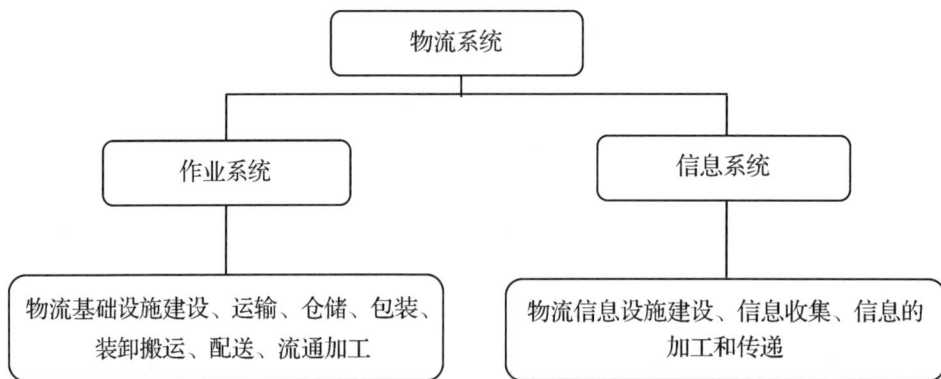

图 1-3　物流系统的构成

物流系统是由物流各要素组成的,它是物流各要素之间存在有机联系的综合体。物流系统主要受内部环境要素及外部环境要素的影响,其构成十分复杂,外部存在过多的不确定因素,内部存在着相互依赖的物流功能因素。

2.物流系统的要素

(1)物流系统的一般要素。

①人的要素。人是物流系统的核心要素,也是物流系统的第一要素。

②资金要素。资金是物流系统的动力。

③物的要素。物包括物流系统的劳动对象,即各种实物。

④信息要素。信息包括物流系统所需要处理的信息,即物流信息。

(2)物流系统的功能要素。

物流系统的功能要素指的是物流系统所具有的基本功能,这些基本功能有效地组合在一起,就成了物流系统的总功能,能合理、有效地实现物流系统的总目的。

物流系统的功能要素主要包括运输、储存保管、包装、装卸搬运、流通加工、配送、物流信息处理等。

(3)物流系统的支撑要素。

①法律制度。法律制度决定物流系统的结构、组织、管理方式。国家对物流系统进行控制、指挥和管理,是物流系统的重要保障。有了这个支撑条件,现代物流系统才能确立在国民经济中的地位,才能得到快速、协调发展。

②行政命令。行政命令是决定物流系统正常运转的重要支撑要素。

③标准化系统。标准化系统保证了物流环节的协调运行,同时也是保证物流系统与其他系统在技术上实现联结的重要支撑条件。

④商业习惯。商业习惯是整个物流系统为了提供使客户满意的服务而遵循的基本要求。了解商业习惯,将使物流系统始终以客户为主进行运营,达到企业的目的。

(4)物流系统的物质基础要素。

①基础设施。基础设施是组织物流系统运行的基础物质条件,包括物流场站、物流中心、仓库、公路、铁路、港口等。

②物流装备。物流装备是保证物流系统开动的条件,包括仓库货架、进出库设备、加工设备、运输设备、装卸机械等。

③物流工具。物流工具是物流系统运行的物质条件,包括包装工具、维修保养工具、办公设备等。

④信息技术及网络。信息技术及网络是掌握和传递物流信息的手段,包括通信设备及线路、传真设备、计算机及网络设备等。

⑤组织及管理。组织及管理是物流系统的"软件",起着连接、调运、协调、指挥其他各要素以保障物流系统目的实现的作用。

3.物流系统的特征

(1)物流系统是一个大跨度系统。

大跨度系统主要体现在系统的时空跨度大。随着国际分工的不断发展,企业间的交流越来越频繁,提供大时空跨度的大物流服务将成为物流企业的主要任务。

(2)物流系统稳定性较差而动态性较强。

物流系统和生产系统的一个重大区别在于:生产系统按照固定的产品、固定的生产方式,连续或不连续地生产,少有变化,系统稳定的时间较长。而一般的物流系统,总是联结多个生产企业和用户,系统内的要素及系统的运行随着需求、供应、渠道、价格的变化,经常发生变化,难以长期稳定。稳定性差、动态性强带来的主要问题是要求物流系统有足够的灵活性,这自然会增加管理和运行的难度。

(3)物流系统属于中间层次系统范畴。

物流系统可以分解成若干个子系统。同时,它又是流通系统中的一个子系统,因此,它必然受更大的系统如流通系统、社会经济系统制约。

(4)物流系统的复杂性。

物流系统要素本身就十分复杂。如物流系统运行的对象——"物"遍及全部社会,将全部国民经济产品的复杂性集于一身,这不可能不造成物流系统的复杂性。此外,物流系统要素间的关系也不如某些生产系统那样简单明了,这就增加了系统的复杂性。

(5)物流系统的系统结构要素间有非常强的背反现象。

物流系统的功能要素之间常常存在非常强的"效益背反"现象。例如,从储存的角度看,库存要尽量少,甚至"零库存",宁愿紧急订货,也不提前大批量订货,以节约库存成本,这就是"效益背反"现象。在处理时稍有不慎就会导致系统总体恶化。发生这种现象的主要原因是物流系统的"后生性"。物流系统中的许多要素,在按新观念建立物流系统前,早就是其他系统的组成部分,因此,往往较多受原系统的影响和制约而不能完全按物流系统的要求运行。

(二)建立物流系统的目的

建立物流系统的目的主要是进行物流系统管理,实现物流系统合理化,获得宏观和微观两方面的效益。

物流系统的宏观经济效益是指宏观经济在物流系统建立后所获得的效益。物流系统的微观经济效益是指物流系统本身在运行后所获得的企业效益。

(三)物流系统的基本模式

物流系统的基本模式和一般系统一样,具有输入、转换及输出三大功能,通过输入和输出使系统与社会环境进行交换,使系统和环境相依相存,而转换则是这个系统最具特色的系统功能。

物流系统的输入包括自然资源（土地、设施、设备）、人、财务和信息资源。物流系统的处理过程就是通过管理主体对物流活动以及这些活动所涉及的资源进行计划、执行、控制，最终高效完成物流任务。物流系统输出就是物流服务，包括组织竞争优势、时间和空间价值以及物资（原材料、在制品、产成品）向客户的有效移动。物流系统处理过程中的物流活动，既是增值性经济活动，又是增加成本、增加环境处理过程的物流活动，因此，对物流活动的认识，应当是研究物流管理的一个基本点。

物流系统运行模式如图 1-4 所示。

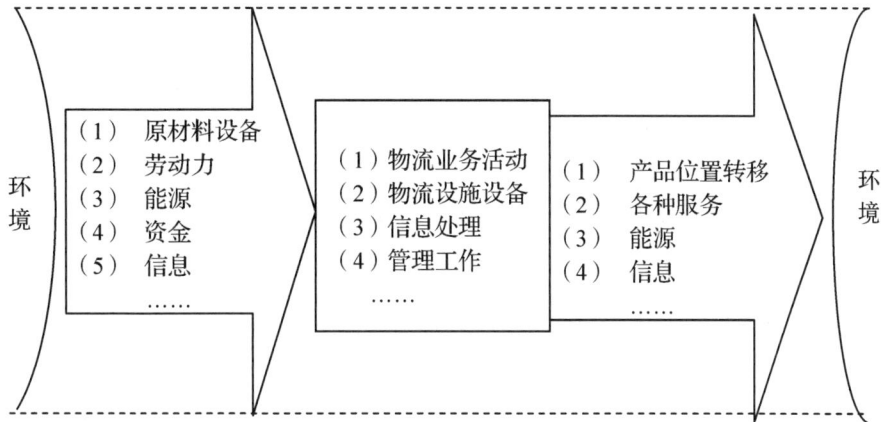

图 1-4　物流系统运行模式

(四)物流系统的目标

1.客户服务目标（Service）

物流业是事关后勤、供应的行业，起着桥梁和纽带作用，联结着生产与消费，有着很强的服务性。无论是运输、储存，还是包装、装卸搬运、流通加工等，都必须以顾客满意为第一目标。因此，物流企业必须不断研发新技术，开发新的服务项目，随着顾客需求的不断升级而不断创新服务方式。

2.快速及时目标（Speed）

快速及时目标不仅是服务性的延伸，也是商品流通对物流提出的要求。从社会再生产的角度看，整个社会再生产循环的效率，取决于每个环节。社会再生产循环的速度决定了社会经济发展的速度。因此，快速及时不仅是顾客的需要，更是社会发展进步的要求。物流领域采取的直达物流等，就是这一目标的体现。

3.节约目标（Save）

物流系统的各个作业环节都要产生成本，其中主要是运输成本和仓储成本。在激烈的市场竞争环境下，所有的物流业务活动都必须注意节约费用。物流活动中采取的节支、省力、降耗等措施都是为了实现节约这一目标。

4. 规模优化目标（Scale optimization）

生产领域的规模化生产是早已为社会所承认的，在流通领域同样也要追求规模效益。因此，在对物流系统进行设计时，首先要考虑其规模的大小，对市场的物流量、服务对象等因素进行分析，使系统的规模与市场的需求相适应。因为物流系统的规模过小，就不能满足市场需求；规模过大则会浪费资源，影响整个系统的经济效益。物流领域以分散或集中等方式建立物流系统，研究物流的集约化程度，就是追求规模优化这一目标的体现。

5. 库存调节目标（Stock control）

物流系统是通过本身的库存来实现各企业和消费者的需求的。但如果库存过多，则需要更多的保管场所，还会因库存积压而浪费资金。因此，在物流过程中，必须合理确定库存的方式、数量、结构及地区分布等。

上述物流系统的目标简称为"5S"。在实践中，如果依照以上5个目标来设立物流系统，且其全部达到了这5个目标，就可以说该物流系统实现了合理化。

二、物流的基本职能

(一)包装

在现代物流观念形成之前，包装被看作生产的终点，因而一直是生产领域的活动。由此带来的结果是，包装的设计主要从生产终点的要求出发，常常不能满足流通的要求。物流研究者认为，包装与物流的关系比包装与生产的关系要密切得多。所以，包装不但是生产的终点，更是物流的起点。

为使物流过程中的货物被完好地运送到用户手中，并满足用户和服务对象的要求，需要对大多数商品进行不同方式、不同程度的包装。包装分工业包装和商品包装两种。工业包装的作用是按单位分开产品，使产品便于运输，并保护在途货物。商品包装的目的是促进销售。因此，包装的功能体现在保护商品、单位化商品、便利化运输商品和商品推广等几个方面。前三项属物流功能，最后一项属营销功能。

(二)装卸搬运

装卸搬运是随运输和保管而产生的必要物流活动，是对运输、保管、包装、流通加工等物流活动进行衔接的中间环节，包括在保管等活动中为检验、维护、保养所进行的装卸活动，通常指货物的装上卸下、移送、拣选、分类等。装卸作业的代表形式是集装箱化和托盘化，使用的装卸机械设备有吊车、叉车、传送带和各种台车等。在物流活动的全过程中，装卸搬运活动是频繁发生的，因而这也是发生产品损坏的主要环节之一。对装卸搬运的管理，主要是对装卸搬运方式的选择，即对装卸搬运机械设备的选择、合理配置与使用，其目的是实现装卸搬运合理化。应尽可能地减少装卸搬运次数，以节约物流费用，获得较好的经济效益。

(三)仓储保管

在物流系统中,仓储和运输是同样重要的构成要素。仓储包括了对进入物流系统的货物进行堆存、管理、保管、保养、维护等的一系列活动。仓储的作用主要表现在两个方面:一是保证货物的使用价值和价值;二是为将货物配送给用户,在物流中心进行必要的加工活动。随着经济的发展,物流由少品种、大批量时代进入多品种、小批量时代或多批次、小批量时代,仓储职能从重视保管效率逐渐变为重视发货和配送作业。流通仓库作为物流仓储职能的服务据点,在流通作业中发挥着重要的作用,它将不再以储存保管为其主要目的。流通仓库是拣选、配货、检验、分类等作业的场所,并具有多品种、小批量和多批次、小批量的收货配送功能及附加标签、重新包装等流通加工功能。

根据使用目的,仓库的形式可分为以下三类。

①配送中心型仓库:具有发货、配送和流通加工的功能。

②存储中心型仓库:具有存储的功能。

③物流中心型仓库:具有存储、发货、配送、流通加工的功能。

物流系统现代化仓储功能的设置,以生产支持仓库的形式,为有关企业提供稳定的零部件和材料,将企业独自承担的安全储备逐步转为社会承担的公共储备,减少企业经营的风险,降低物流成本,促使企业逐步形成零库存的生产物资管理模式。

(四)运输

运输是物流的核心业务之一,也是物流系统的一个重要职能。运输是指通过合理的方法,使用一定的运输工具,将货物从生产地移动到消费地,或者使货物在物流据点之间流动。

运输解决了物资生产与消费在地域方面不同步的矛盾,创造了商品的空间价值,具有扩大市场、稳定价格、促进社会生产分工等经济功能,对拉动生产与消费、促进经济发展、提高国民生活水平具有重要作用。

现代运输体系根据运输工具的不同,可以分为铁路运输、公路运输、水路运输、航空运输及管道运输,各种运输方式各有优缺点。运输方式的选择对物流效率的提升具有十分重要的意义。在决定运输方式时,必须权衡运输系统要求的运输服务和运输成本,可以从运输机具的服务特性角度做判断,如考虑运费、运输时间、频率、运输能力、货物的安全性、时间的准确性等。

(五)配送

配送职能的设置,可采取物流中心集中库存、共同配货的形式,使用户或服务对象实现零库存,依靠物流中心的准时配送,而无须保持自己的库存或只需保持少量的保险储备,从而减少物流成本的投入。配送是现代物流的重要职能。

(六)流通加工

流通加工职能是在物品从生产领域向消费领域流动的过程中,为了促进产品销售、维护产品质量和提高物流效率,对物品进行加工处理,使物品发生物理性或化学性变化的职能。这种在流通过程中对商品进行的进一步辅助性加工,可以弥补企业在生产过程中加工商品的不足,更有效地满足消费者的需求,更好地衔接生产和需求环节,使流通过程更加合理化。流通加工是物流活动中的一项重要增值服务,也是现代物流发展的一个重要趋势。

流通加工的工作内容有装袋、拴牌子、贴标签、配货、挑选、混装、刷标记等。流通加工职能的主要作用表现在:进行初级加工,方便消费者;提高原材料利用率;提高加工效率及设备利用率;充分发挥各种运输手段的最高效率;改变品质,提高收益。

(七)信息服务

现代物流是需要依靠信息技术来保证物流体系的正常运作的。物流系统的信息服务职能,包括进行与上述各项职能有关的计划、预测活动以及收集动态(运量和收、发、存数)信息、费用信息、生产信息、市场信息等活动。收集物流信息活动的管理,要求建立信息系统和传送渠道,正确选定收集、汇总、统计、使用信息的方式,以保证其可靠性和及时性。

从信息的载体及服务对象来看,该职能还可分成物流信息服务职能和商流信息服务职能。商流信息主要包括交易的有关信息,如货源信息、物价信息、市场信息、资金信息、合同信息、付款结算信息等。商流中的交易、合同等信息,不但提供了交易的结果,而且提供了物流的依据,是两种信息流主要的交汇处。物流信息主要指物流数量、物流地区、物流费用等信息。物流信息中的库存量信息,不但是物流的结果,也是商流的依据。

物流系统的信息服务职能必须建立在计算机网络技术的基础上,才能高效地实现物流活动一系列环节的准确对接,真正创造场所价值及时间价值。可以说,信息服务是物流活动的中枢神经,该职能在物流系统中处于不可或缺的重要地位。

第三节　物流学及其基本理论

一、物流学概述

(一)物流学的概念

物流学基本理论

物流学是一门综合性、应用性、系统性和拓展性很强的学科。20 世纪 70 年代以

来,物流学在世界范围内受到广泛重视并获得迅速发展。物流学是研究物料流、人员流、信息流和能量流,并进行计划、调节和控制的学科。德国物流学者 R·尤尼曼曾说:"物流学是研究对系统(企业、地区、国家、国际)的物料流及有关的信息流进行规划与管理的科学理论。"物流学是研究生产、流通和消费领域中的物流活动规律,寻求创造最大时间和空间效益的学科。

物流学的研究对象是"物的动态流转过程",是"物流系统",是贯穿流通领域和生产领域的一切物料流及与其有关的信息流。

(二)物流学的学科性质

1. 物流学是综合性交叉学科

物流学涉及自然科学、社会科学和工程技术科学,涉及生产、流通和消费领域,涉及国民经济的许多方面。

物流学可以看作管理学科的一个分支。尽管物流学涉及许多技术,但也可将其看作软科学中的一类。

物流科学是融汇了技术科学和经济科学的综合科学,其内容范围相当广泛,如系统科学、管理科学、环境科学、流通科学、运输科学、仓储科学、营销科学、再生科学,以及机械、电子等方面的专门技术。物流科学是现代大生产、大流通的必然产物。

2. 物流学属于应用科学的范畴

物流学的实践性和应用性比较强,其研究大多数是相关学科的研究成果在物流领域中的应用。

3. 物流学具有系统科学的特征

系统性是物流学的最基本特征。物流学产生的基础就是发现了各物流环节存在着相互关联、相互制约的关系,证明它们是作为统一的有机整体的一部分存在的,这个体系就是物流系统。

(三)物流学的研究方法

物流学的研究方法有定性研究法和定量研究法。

(1)定性研究法主要通过问卷、面谈、案例研究等方式,针对具体情况的社会性和心理性进行研究。但这种方法也越来越多地结合对调研结果的数量化处理,通过统计分析获得数量化分析结果。

(2)定量研究法主要是运用运筹学中的优化理论、博弈论及统计分析规划最优运输路线、库存量、物流网络等,建立组织利润最大化模型,模拟组织间的竞争关系,寻求最优的契约设计。还可运用数理统计方法分析市场状况,构造各种数量模型,分析物流市场供求调查结果、企业物流评价指标等。

二、物流学的主要观点

(一)商物分离说

1.商物的分离

商物分离是物流学科赖以存在的先决条件,所谓商物分离是指流通中两个组成部分——商业流通和实物流通各自按照自己的规律和渠道独立运动。"商",指"商流",即商业性交易,实际是商品价值运动,是商品所有权的转让,流动的是"商品所有权证书",商流是通过货币实现的;"物"即"物流",是商品实体的流通。物流学正是在商物分离的基础上对物流进行独立考察后形成的学科。图1-5即为商物分离示意图。

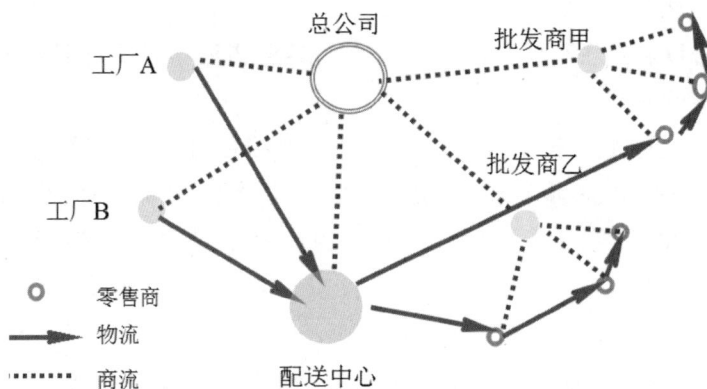

图 1-5　商物分离示意图

商物分离包括以下几个方面的分离:
(1)商流过程与物流过程的分离;
(2)商流责任人与物流责任人的分离;
(3)流通总体中的专业分工。

2.商物的融合

商物分离并非绝对,在科学技术有了飞跃发展的今天,优势可以通过分工获得,也可以通过趋同获得,"一体化"的动向在原来许多分工领域中变得越来越明显。在流通领域中,发展也是多形式的,绝对不是单一的"分离"。

事实上,有一些国家的学者提出了商流和物流在新基础上的一体化问题,欧洲一些学者对物流的理解本来就包含企业的营销活动,即在物流研究中包含着商流研究。在物流的一个重要领域——配送领域中,配送已成为许多人公认的既属商流又属物流的概念。

(二)"黑暗大陆"和"物流冰山"学说

1.物流是经济领域的"黑暗大陆"

著名的管理学权威学者德鲁克认为,流通是经济领域里的"黑暗大陆"。德鲁克泛指的是流通,但是,由于流通领域中物流活动的模糊性尤其突出,其是流通领域中人们更认识不清的领域,所以,"黑暗大陆"说现在主要针对物流而言。

"黑暗大陆"主要是指尚未认识、尚未了解的领域。在"黑暗大陆"中,如果理论研究和实践探索照亮了这块大地,那么摆在人们面前的可能是一片不毛之地,也可能是一片宝藏之地。"黑暗大陆"说也是对物流学本身的正确评价:这个领域未知的东西还很多,理论和实践皆不成熟。

2."物流冰山"说

"物流冰山"说是日本学者西泽修提出来的。他在专门研究物流成本时发现:现行的财务会计制度和会计核算方法都不可能完全掌握物流费用的实际情况,因而人们对物流费用的了解是一片空白,物流费用甚至有很大的虚假性,他把这种情况比作"物流冰山"。大家只看到物流费用露出水面的冰山的一角,却看不见潜藏在海水里的整座冰山,海水中的冰山才是物流费用的主体部分,也正是物流的潜力所在。一般来说,企业向外部支付的物流费用是很小的一部分,真正的大头是企业内部发生的物流费用。如图1-6所示。

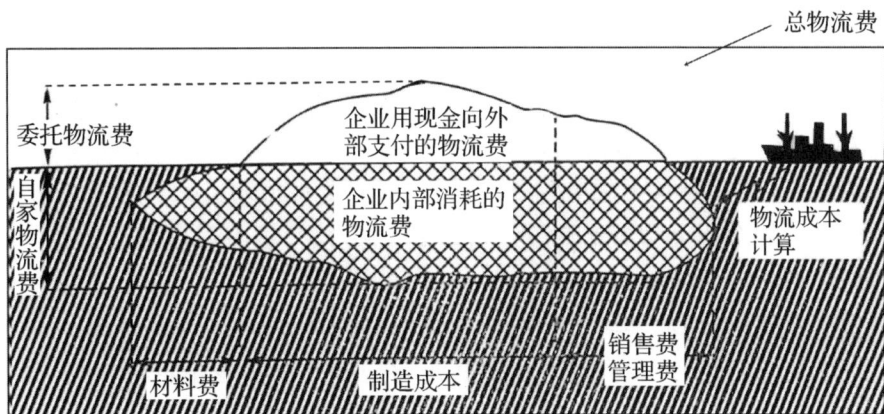

图1-6　物流费用冰山

"物流冰山"说之所以成立,有三个方面的原因:一是物流成本的计算范围太大;二是在运输、保管、包装、装卸以及信息筹备等物流环节中,以哪几个环节作为物流成本的计算对象尚未明确;三是选择将哪几种费用列入物流成本的计算尚无明确规定。

（三）"第三利润源"说

"第三利润源"说是由日本学者西泽修提出的。"第三利润源"说的含义是,物流可以为企业提供大量直接和间接的利润,是形成企业经营利润的主要活动。非但如此,对国民经济而言,物流也是国民经济中实现创利的主要活动。物流的这一作用,被表述为"第三利润源"。

从经济发展历程来看,能够大量提供利润的领域主要有两个:

第一个是资源(生产)领域。起初是依靠对廉价原材料、燃料的掠夺获得,而后则是依靠科技进步降低生产中的物质材料消耗获得,这一类利润来源称为第一利润源。第二个是人力(消费)领域。起初是依靠廉价劳动力获得,而后是通过提高管理技术、水平,采用先进的管理手段,降低人力资源消耗而获得,我们把因节约劳动消耗而增加的利润称为第二利润源。在这两个利润源潜力越来越小、利润开拓越来越困难的情况下,物流领域的潜力被人们所重视,因此把节约物流费用而增加的利润称作第三利润源。

这三个利润源侧重于生产力的不同要素:"第一利润源"的挖掘对象是生产力中的劳动对象;"第二利润源"的挖掘对象是生产力中的劳动者;"第三利润源"则主要挖掘生产力中劳动工具的潜力,同时也挖掘劳动对象和劳动者的潜力,因而更具有全面性。

（四）"效益背反"说和物流的整体概念

1."效益背反"说

在经济学中,"效益背反"是指同一资源的两个方面处于相互矛盾的关系之中,要想较多地达到其中一个方面的目的,必然使另一个方面的目的受到部分损失。

效益背反是物流领域中经常出现的现象,指的是物流的若干功能要素之间存在着损益的矛盾,即某一个功能要素的优化发生的同时,必然会存在另一个或另几个功能要素的利益损失,反之亦如此。

"效益背反"说在物流领域中指的是在物流的各个环节中,单纯的某一个环节的优化必然会对其他环节产生一定的利益损失,这在供应链理论中也得到充分的体现。将物流细分成若干功能要素来认识它,将包装、运输、保管等功能要素有机联系起来,从整体的角度来认识物流,能有效解决效益背反问题,追求总体效果。

2.物流的整体概念

曾有学者用"物流森林"的结构概念来表述物流的整体观点,指出物流是一种"结构",对物流的认识不能只见功能要素而不见结构,即不能只见树木而不见森林。物流的总体效果是森林的效果,即使是和森林一样多的树木,如果各个孤立存在,那也不是物流的总体效果,这可以归纳成一句话:"物流是一片森林而非一棵棵树木。"

对这种总体观念的描述还有许许多多种提法,诸如物流系统观念、多维结构观念、物流一体化观念、综合物流观念、后勤学和物流的供应链管理等都是这种思想的另一种提法或者是同一思想的延伸和发展。

(五)"成本中心"说、"服务中心"说和"战略"说

"成本中心"说的含义是,物流在企业战略中,只对企业营销活动的成本产生影响。物流是企业成本重要的产生点,因而,解决物流费用的问题,并不在于支持保障其他活动,而是通过物流管理和物流的一系列活动降低成本。所以,"成本中心"既是指主要成本的产生点,又是指降低成本的关注点,"物流是降低成本的宝库"等说法正是对这种认识的形象表述。

"服务中心"说代表了美国和欧洲的一些学者对物流的认识。他们认为,物流活动最大的作用,并不在于为企业降低了成本或增加了利润,而是在于提高了企业的服务水平,进而提高了企业的竞争力。因此,他们在使用描述物流的词上选择了"后勤"(logistics)一词,特别强调其服务保障的职能。通过物流的服务保障职能,企业以其整体能力来压缩成本和增加利润。

"战略"说是当前非常盛行的一种说法。实际上学术界和产业界越来越多的人已逐渐认识到,物流更具有战略性,是企业发展的战略而不是一项具体的操作任务。应该说这种看法把物流放在了很高的位置。企业战略是什么呢?是生存和发展。物流会影响企业总体的生存和发展。

案例分析

练习与思考

(1)物流的基本职能是什么?其中核心职能是什么?

(2)物流与商流之间有哪些区别与联系?

(3)简述物流、商流、信息流、资金流之间的关系。

(4)举例说明物流中的效益背反现象,并说明"效益背反"学说对促进物流发展的意义。

(5)为什么说物流是"第三利润源"?

(6)为什么说物流是经济领域的"黑暗大陆"?

(7)简述物流系统的模式。

(8)结合实际谈谈物流系统的目标。

第二章 大宗商品流通

本章导读

大宗商品是金融投资市场上可同质化、可交易、被广泛作为工业基础原材料的商品，具有易于标准化、供需量大、交易规模大、有现货价值及价格波动剧烈等特征。正是由于大宗商品既具有商品属性，又具有金融属性，它不但对生产制造领域有极大的影响，而且对整个国家的经济安全有重大的影响。通过发展大宗商品流通领域的电子交易和物流，可以实现商流、物流、信息流和资金流的一体化运作。

大宗商品交易市场具备大宗商品的战略储备、调节物价、组织生产和套期保值四大基本功能。此类市场发展连锁经营、物流配送、电子商务等现代流通方式是减少流通环节、提高流通效率、降低流通成本的重要途径，是我国大宗商品传统交易方式的转变与创新，是现代流通发展的必然趋势。

大宗商品物流作为大宗商品流通领域的重要内容迫切需要发展。大宗商品的物流可以分为集货、运输、仓储、加工、装卸、搬运等环节。每增加一轮这样的物流活动，就会增加商品的损耗和物流成本，从而影响最终消费品的价格。因此，减少流通环节、合理布局物流节点、优化物流线路和运输方式，是降低大宗商品流通成本的重要措施。

本章主要叙述了大宗商品的定义、特征及大宗商品对国际经济的影响，从而得出结论：大宗商品流通领域是值得好好研究的领域。并且详细地分析了流通领域的两大重点构成要素：大宗商品交易和大宗商品物流。最后阐述了大宗商品物流除了物流的基本职能以外，还有基于大宗商品特性的新兴物流职能：物流金融服务。

第一节 大宗商品概述

一、大宗商品的定义

大宗商品目前存在许多定义，但最主要的定义是：可进入流通领域，但非零售环节,具有商品属性,用于工农业生产与消费的大批量买卖的物质商品。这个定义源自国家标准《大宗商品电子交易规范》(GB/T 18769—2003)。

在金融投资市场,大宗商品指同质化、可交易、被广泛作为工业基础原材料的商品。包括 3 个类别,即能源化工产品、金属产品和农产品。全球每年大宗商品的产值约占世界 GDP 的 20%,大宗商品贸易已成为世界贸易活动的重要组成部分。我国作为世界性的贸易大国,大宗商品贸易量更是逐年上升,已连续多年成为全球大宗商品消费和进口的第一大国。在全球 25 个主要大宗商品品种中,我国有 19 个品种消费量排名全球第一。铁矿石、稀土、PTA(精对苯二甲酸)、煤炭、甲醇、精炼铜、铝、棉花等 8 个品种的消费量占全球消费量的比重超过 40%,对外依存度较高。

大宗商品有如下几个基本特征:一是可以买卖;二是数量大,以吨、万吨、亿吨为计量单位;三是其为用于最终消费品制造的原料、材料、辅助材料;四是交易方式多为整批买卖。需要指出的是,这种分类仍然是模糊分类。举个例子:小麦是面粉的原料,可以称作大宗商品;而面粉如果用于规模化地生产面条、面包,也可以是大宗商品,但如果用作家庭做饭的原料,则被看作最终消费品。

二、大宗商品的特征

大宗商品的特征可以总结为两大属性:商品属性和金融属性。

(一)大宗商品的商品属性

大宗商品的商品属性体现为其是生产制造的基础原材料,有商品用途、生产厂家、商品名称、商品类别、商品品质、商品价格、商品数量等基本要素。从交易角度而言,大宗商品的商品属性体现为:易于标准化、交易规模大、具有现货价值。

1. 易于标准化

大宗商品交易经历了从初级到高级的发展过程,即从现货交易到中远期交易再到期货交易的发展过程。从发展历程来看,标准化商品是大宗商品交易市场的核心交易品种。例如有色金属中的铝。国内铝的标准品是铝锭,符合国标《重熔用铝锭》(GB/T 1196—2017)中 Al 99.70 的规定,即其中铝含量不低于 99.70%;伦敦金属交易所交割的铝的标准品是注册铝锭,符合该所的相关要求。煤炭作为可标准化的大宗商品,可以根据其发热量的不同来加以分类。期货合约事先规定了交割商品的质量标准,因此,期货品种必须是质量稳定的商品,否则,就难以进行标准化的统一规定。

2. 交易规模大

大宗商品由于是生产制造的基础原材料,具有大贸易、大物流的特点。大宗商品交易的成交数量和成交金额都非常大,远远超过一般消费类产品的交易数量和金额。在全球贸易中,大宗商品以万吨和亿美元为单位成交。原油、矿石、煤炭是全球交易量和贸易量最大的品种。

此外,粗钢、有色金属、橡胶、大豆、玉米在全球贸易中规模也较大。大宗商品交易市场与期货市场功能的发挥一样是以商品供求双方广泛参与交易为前提的,只有现货供求量大的商品才能在大范围内进行充分竞争,形成权威价格。从 2023 年 4 月 26 日各大交易所交易的实时行情可以看出,每个交易品种的成交量都很大,如表 2-1 所示。

表 2-1 2023 年 4 月 26 日各大交易所交易实时行情

品种	持仓量/万吨	今开价/元	最高价/元	最低价/元	最新价/元	成交量/万吨	昨结算价/元	涨跌/%
棉花主力	66.47	15065	15420	15030	15325	87.12	15190	0.89
豆油主力	53.85	7536	7618	7422	7596	89.15	7550	0.61
焦炭主力	4.75	2201	2225	2168	2187	3.43	2233	−2.06
沪铜主力	18.31	66850	67500	66660	67430	15.57	8170	−1.09
热卷主力	75.90	3740	3800	3729	3771	43.10	3786	−0.40
螺纹钢主力	201.04	3670	3736	3662	3719	177.18	37199	0
聚丙烯主力	46.76	7540	7563	7481	7518	46.27	7558	−0.53
PTA主力	150.54	5682	5690	5594	5654	189.01	5718	−1.12
玉米主力	91.36	2671	2690	2671	2685	50.89	2665	0.75
沪铅主力	6.71	15280	15320	15255	15315	5.37	15280	0.23
原油主力	2.52	563.60	564.60	549.30	556.90	15.23	565.80	−1.57

数据来源:同花顺期货通 2023 年 4 月 26 日。

3.具有现货价值

大宗商品由于是工业化生产中的重要原材料,要求有稳定的供货机制,库存量对商品价格的变动影响较大。社会总库存量直接反映了市场供求关系,影响商品的即期价格和远期价格。生产商通过调整产量获得有利的交易价格,贸易商通过库存现货数量保持货源稳定,获得更好的流通利润。大宗商品的现货稳定,直接关系到产业链的稳定和可持续发展。商品期货一般都是远期交割的商品,这就要求这些商品易于储存、不易变质、便于运输,以保证期货实物交割的顺利进行。

(二)大宗商品的金融属性

大宗商品的金融属性体现在其与价格相关联。由于供应的不稳定性,大宗商品价格波动大,加之交易规模大,需要占用较多的资金,这对企业的商品融资和资金周转提出了较高要求。

因为大宗商品交易的金融特点,商品期货交易机制逐渐形成。商品期货交易机制可以满足市场参与主体(最早是农户,后来发展为有交易资格的企业和投资者)的风险规避需求。期货交易机制的存在,除了给市场参与者提供了套期保值的可能外,也带来了许多投资机会。期货市场的价格发现特点得到生产商、贸易商等参与者的认同,使得期货价格成为商品交易基准价格。

影响大宗商品期货价格的因素众多,除了现货市场基本供求关系因素外(包括生产、进口、库存、消费和进出口情况等),还有宏观经济因素,包括经济增长率、利率、汇率、消费者信心等,另外还有政治因素,包括国家政策、国际关系、战争动乱等,这些都会引起市场价格波动。这从本质上决定了期货价格变动的复杂性。只有准确把握商品的金融属性,才能掌握商品定价的主导权。

三、大宗商品的分类

前文已有提及,在金融投资市场,大宗商品指同质化、可交易、被广泛作为工业基础原材料的商品。其包括 3 个类别,即能源化工产品、金属产品和农产品。

农产品包括玉米、大豆、小麦、稻谷、燕麦、大麦、黑麦、猪腩、活猪、活牛、大豆粉、大豆油、可可、咖啡、棉花、羊毛、糖、食用油、棕榈油、天然橡胶等,其中大豆、玉米、小麦被称为三大农产品期货。金属产品包括铁矿石、金、银、铜、铝、铅、锌、镍、钯、铂等。能源化工产品有原油、丙烷、合成橡胶、塑料粒子等。

截至 2021 年,在中国可以进行大宗商品期货交易的期货交易所及其交易品种如下。

上海期货交易所上市交易的品种有纸浆、铜、铝、锌、橡胶、燃油、黄金、螺纹、线材、铅、白银、热轧卷板、镍、锡、不锈钢等。

大连商品交易所上市交易的品种有大豆、豆粕、豆油、玉米、棕榈油、塑料、聚氯乙烯、冶金焦炭、焦煤、铁矿石、鲜鸡蛋、聚丙烯、玉米淀粉、豆粕期权、乙二醇等。

郑州商品交易所上市交易的品种有:(1)农产品类包括白糖、棉花、小麦、早籼稻、晚籼稻、粳稻、菜籽粕、油菜籽、菜籽油、棉纱、苹果等;(2)非农产品类包括动力煤、PTA、甲醇、玻璃、硅铁、锰硅等。

大宗商品可以设计为期货、期权,将其作为金融工具来交易,以更好地实现价格发现功能,规避价格风险。由于大宗商品多处于产业链最上游,因此反映其供求状况的期货及现货价格变动会直接影响到整条产业链。例如,铜价上涨将提高电子、建筑和电力行业的生产成本,石油价格上涨则会导致化工产品价格上涨,并带动其他能源如煤炭和替代能源的价格上升。投资者,尤其是相关行业的投资者应当密切关注大宗商品的供求状况和价格变动。

大宗商品同样也可以进行中远期现货交易。大宗商品现货的夜盘交易,丰富了投资者的交易时间选择,增加了投资者赚钱的机会。

第二节　大宗商品流通概述

一、大宗商品流通含义

前文已详细分析过什么是流通。流通的内容包含商流、物流、资金流和信息流。大宗商品流通同样也包含了商流、物流,以及伴随这两种流而产生的资金流和信息流。

大宗商品流通在国民经济中的地位举足轻重。在大宗商品流通中,能源和原材料构成了我国物流的主要部分,其中煤、矿石、钢铁、石油、粮食、矿物性建筑材料是消耗物流运

期货市场及大宗商品交易
市场行业背景概述

力的主力,此外,焦炭、化肥、农药、水泥、木材、盐也占有较多份额。2022 年中国铁路发送货物 39 亿吨,同比增长 4.7%。全国港口累计完成货物吞吐量 156.85 亿吨,同比增长 0.9%;完成外贸吞吐量 46.07 亿吨,同比下降 1.9%;累计完成集装箱吞吐量 2.96 亿 TEU,同比增长 4.7%。2022 年全国港口货物吞吐量构成如表 2-2 所示。

表 2-2　2022 年全国港口货物吞吐量构成

名称	总吞吐量/亿吨	比上年增长/%	外贸吞吐量/亿吨	集装箱吞吐量/亿 TEU
总计	156.85	0.9	46.07	2.96

数据来源:交通运输部。

大宗商品交易的商流和大宗商品的物流组成了大宗商品的流通。

大宗商品的交易可以分为批发和零售两大类,但批发可以有一次批发、二次批发等多次的交易活动。这是因为大宗商品的数量大,产地相对集中,而从事贸易的企业资金量不等,故有了多等级的批发行为,增加了流通环节和成本。

大宗商品的物流可以分为集货、运输、仓储、加工、装卸、搬运等环节。每增加一轮这样的物流活动,就会增加商品的损耗和物流成本,从而影响最终消费品的价格。因此,减少流通环节、合理布局物流节点、优化物流线路和运输方式,是降低大宗商品流通成本的重要措施。

知识链接

知识链接

中国(舟山)大宗商品交易中心已正式投入运行,浙江舟山群岛迈出从大宗散货集散地走向大宗商品储运、加工、贸易基地的重要一步。为推进浙江海洋经济示范区"三位一体"港航物流服务体系建设,杭州海关创新便捷通关举措,全力提升舟山大宗散货通关效率。

中国(舟山)大宗商品交易中心宣传视频　　　　大宗商品交易场所行业介绍

二、大宗商品交易概述

(一)大宗商品交易市场

大宗商品交易市场是将大宗商品进行交易的场所。大宗商品交易市场提供了一个集中、透明和规范的平台,使得买家和卖家可以在这里完成交易、对冲风险,以及获取市场价格信息。大宗商品交易市场可以是实物市场,即交割实际商品的市场;也可以是期货市场,即通过买卖期货合约来进行交易的市场。大宗商品交易市场具备战略储备、调节物价、组织生产和套期保值四大基本功能。

(二)大宗商品电子交易

在科学技术不断进步的现代经济社会,建设现代化的大宗商品交易市场是稳定经济发展的基础和条件。大宗商品电子交易也被称为网上现货交易或现货仓位交易,是采用计算机网络组织的同货异地、同步集中竞价、统一撮合、统一结算、价格行情实时显示的交易方式。大宗商品电子交易根据我国现货市场具体情况采用独特的B2B商业模式,是一种线上和线下相结合、现实和虚拟相结合、传统经济与新经济相结合的双赢模式,充分解决了信息来源、客户源、在线结算、物流等电子商务领域的瓶颈问题。

(三)大宗商品交易市场的发展

从市场特征来看,大宗商品交易市场大致分为两类:实体交易市场和虚拟交易市场。实体交易市场即现货交易市场,各种交易主体在空间上集聚;虚拟交易市场即期货交易所。近年来,国内出现一大批以电子商务平台为依托,以实体现货交易为基础,具有中远期交易功能的新型大宗商品交易市场。

1.国外大宗商品交易市场的发展

国外大宗商品交易市场起步较早,市场功能较为成熟。国外的大宗商品交易市场主要集中在纽约、伦敦、东京、鹿特丹等发达城市和地区。世界上著名的大宗商品交易市场包括纽约商业交易所、芝加哥商品交易所、伦敦金属交易所、新加坡商品交易所、东京工业品交易所和鹿特丹商品交易所等。这些市场主要以具有套期保值和投资套利功能的期货交易为主，一些有交割地点的基本现货交易也比较活跃。

国外大宗商品交易市场在能源化工、有色金属、农产品等大宗商品价格的形成中发挥了重要作用，特别是在石油、天然气等领域，国外期货市场占据大宗商品定价权制高点，其价格成为国际贸易的基准价格。纽约商业交易所、伦敦金属交易所和新加坡商品交易所建立了24小时全球动态交易系统，成为全球商品交易的定价中心。例如，在原油交易中，纽约商业交易所的原油价格成为全球定价基准；在燃料油交易中，新加坡普氏公开市场的燃料油价格成为全球定价基准；在有色金属交易中，伦敦金属交易所的有色金属价格是全球有色金属定价基准；在农产品交易中，芝加哥期货交易所的农产品价格是主要的农产品定价基准。

与这些大宗商品期货市场定价权的形成相匹配的，还有完善的现货交易交割功能，以及完善的金融服务和物流服务功能。

2. 国内大宗商品交易市场的发展

目前我国的市场交易体系包括传统现货批发市场、期货市场、证券交易市场、中远期现货电子交易市场（也就是大宗商品中远期现货交易市场）等。想了解大宗商品交易市场的发展，要从了解中国独特的大宗商品批发市场开始。中国的批发市场发展是从20世纪80年代开始的，到现在为止，经历了几个阶段：

1985年重庆率先提出建设工业和农产品的贸易中心；

1989年国家商业部开始建设郑州粮食批发市场，运营中开始加入中远期现货贸易；

1997年，国家经贸委等八部委联合论证成立一种新型现货交易模式，它通过网络与电子商务搭建的平台，对相应物品进行即期现货交易或中远期订货交易。这就是我国最早的大宗商品电子交易市场，以后基本上沿袭这种模式。

经过二十几年的发展，2022年，全国大宗商品电子交易市场有3500多个，其中28.3%是农产品电子交易市场。新零售、新消费、"互联网＋"现代农业、新农民创业创新等快速发展，推动农产品大宗市场同比增长33.1%。金属类市场约占11.5%，同比增长2.2%，但增速放缓，在所有行业中排名最末。

原油、成品油市场主要分布在山东青岛、江苏张家港、上海外高桥和浙江镇海等地；天津港建成了矿石交易中心；煤炭市场以产地交易市场为主；木材交易市场集中在江苏张家港等长江沿线港口以及大连港、广东盐田港等地；粮食交易市场遍布全国；糖交易市场基本集中在广西。

进口原油、成品油贸易执行配额管理制度，贸易单位受到国家宏观调控；化工品市场一般依托保税港区或保税库,形成"境内关外"的综合服务优势;矿石与煤炭相类似,交易市场以产、运、需衔接的方式进行集体谈判,敲定重点交易价格和数量,在重点交易完成之后,再参照重点价格完成剩余产品的购销;粮食和木材完全是自由贸易。

三、大宗商品交易市场的形成需要物流服务设施做支撑

完善的金融配套服务解决大宗商品贸易中的资金占用问题,提高资金的使用效率;物流服务则需要解决大宗商品流动中的搬运、存储、分包装、二次运输等问题,实现大宗商品快速、便捷地转运、分拨。因此大宗商品流通过程中想要顺利地实现商流,就需要相应的资金流和物流的支持。

(一)大宗商品物流发展的必要性

大宗商品电子交易市场的发展,极大地促进了电子商务市场的繁荣,但同时也对商品流通效率提出了新的要求。发展现代化物流、提升物流管理技术、完善物流体系,是加速电子商务发展、实现大宗商品电子交易优势的重要前提。

建立大宗商品电子交易市场,实现大宗原材料资源的集中管理,能够促进和完善我国生产要素资源价格形成机制,有利于政府进行宏观调控。2021年我国现货商品交易市场已达9万多家,年成交额达3.4万亿元,约占我国GDP总量的30%。而在物流方面,传统交易市场的商流与物流相互独立,不能从供应链角度优化商品流通过程,造成了我国物流成本居高不下。国际社会通常以物流成本占GDP的比重来衡量一个国家的物流发展水平。国家统计局数据显示,自2020年到2022年,我国的物流总费用占GDP的比值分别为14.7%、14.6%、14.7%,而美国、日本等发达国家的这项比值稳定在8%~9%。这反映出目前我国经济运行中的物流成本依然较高,还有较多的优化空间。《国家物流枢纽布局和建设规划》提出,到2025年,要"推动全社会物流总费用与GDP的比率下降至12%左右"。这足以体现提升物流管理水平和商品流转效率的迫切性及必要性。

(二)大宗商品物流与商流、资金流、信息流一体化运作

电子交易与物流配送信息化相结合,实现大宗商品流通环节的集成高效管理,可以很好地解决电子交易市场迅速增多而商品流通效率不足的矛盾。例如某科技公司顺应市场经济和电子商务的发展需要,推出了大宗商品电子交易与物流集成化系统管理平台,如图2-1所示。该平台提出了适合我国国情的大宗商品电子交易市场建设理论与方法体系,解决了交易模式、履约保证机制、物流交收服务规则、物流金融创新服务体系等亟待解决的问题,实现了对关系国计民生的大宗生产资料的电子商务活动和物流服务的信息化管理。

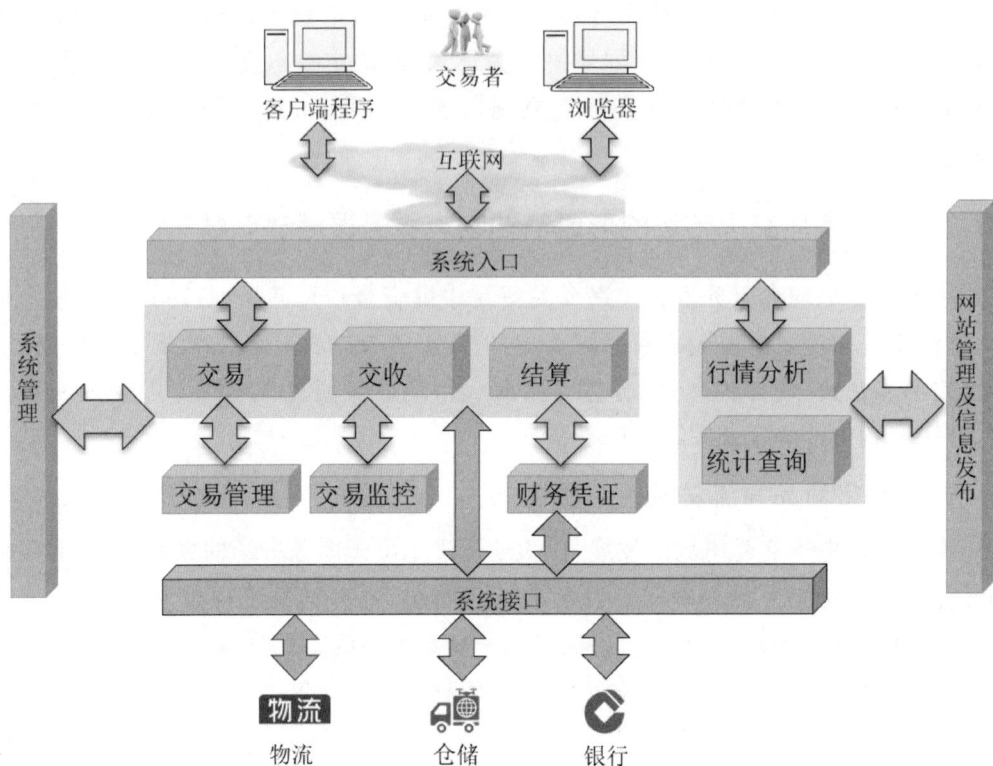

图 2-1　大宗商品电子交易与物流集成化系统管理平台总体架构

1. 大宗商品电子交易平台功能

大宗商品电子交易平台实现了现货挂牌交易、现货远期交易、竞价拍卖交易、竞价招投标交易、电子超市交易、网上商城交易、在线协商交易、专场交易等 8 种不同的电子交易模式的交易、交收、结算功能，以及交易管理、交易监控、财务管理、行情分析、统计查询、系统管理等功能，能够充分满足钢铁、化工、煤炭、粮食等各行业大宗商品生产商、供应商、采购商、贸易商等交易商的交易需求。

2. 物流配送平台功能

物流配送平台实现了交易、物流一体化管理，为电子交易中心和交易商提供电子交易所需的全程物流服务，包括交易与物流联动管理、交收管理、全面订单管理、仓储管理、运输配送管理、虚拟仓储管理、客户关系管理等，在电子交易仓单注册、挂单、撤单、交易、成交时，系统自动完成所对应货物的冻结、解冻、释放仓单等操作。

3. "四流"一体化运作的成效

"四流"一体化运作平台能满足国内大宗商品电子交易市场的信息化要求，实现大宗商品跨地域 B2B 电子交易、一体化交收，以及物流配送的集成高效信息化管理。"四流"一体化运作平台在电子交易市场的应用，创造了巨大的经济效益和社会效益，在帮助电子交易市场扩大大宗商品的交易范围、节省交易时间、降低交易成本和物流成本、提升供应链整体协作效率等方面成绩卓著。

第三节 大宗商品物流职能

大宗商品物流的基本职能与物流的基本职能是一致的,主要包括七大职能:包装、装卸搬运、仓储保管、运输、配送、流通加工及信息服务,其中,核心职能是大宗商品运输与大宗商品仓储。本书第二篇核心职能篇就将分品种地阐述农产品物流、金属矿产物流和能源化工产品物流。

除此之外,大宗商品物流出现了一个新的职能:物流金融服务。在发达国家的物流业务中,基础性的物流操作如仓储、运输,其利润率已经越来越低,物流的主要利润来源已经转向各种增值服务。近年来,物流金融服务日益成为物流服务的一个主要利润来源。不管是世界最大的船运公司,还是世界最大的快递物流公司,排在第一位的利润来源已经是物流金融服务。

一、大宗商品物流活动的特点

近年来,随着电子商务技术的快速进步,大宗商品的发展速度已经远远超过经济增长速度,全国各地的大宗商品交易市场蓬勃发展。虽然大宗商品的交易日益火爆,但大宗商品的物流状况却令人担忧。许多产品因为运输不及时、仓储不当或没有进行必要的加工,出现了严重损耗。比如国内的农产品在采摘、运输、储存等物流环节上的损失率为 25%~30%。特别是电子交易商,在服务过程中只是简单地为客户代办仓储和运输等基本物流业务,没有从更深层次把物流供应链的理念引入企业经营,使得企业在经营过程中,不仅业务繁忙,而且支出的代办费用巨大,结果物流储运的成本支出成了企业一块很大的成本支出。

综合来看,大宗商品物流主要有以下几个方面的特点。

(一)物流规模比较大

大宗商品物流每一次的物流数量都比较大,这是符合物流规模经济要求的,因此采用的运输方式主要是运输能力非常大的水路和铁路运输,比如运输石油、煤炭及农产品类的大宗干散货。液体和气体主要靠管道运输。公路运输也占了较大比例,原因在于内陆运输的铁路运输网络运力有限、内河航道建设较为落后等。航空运输在这个领域的应用基本可以忽略。

(二)物流里程比较长,运输流转效率低

由于大宗商品是工业基础原材料,其从生产到各个领域制造应用要经历多次的

批发贸易,时间和空间跨度都比较大,产业链比较长。因此,物流里程也比较长,中途停顿的点较多,中途停顿的时间也很长,需要停靠的仓库比较多,这种停顿不仅发生在生产的过程中,也发生在运输的过程中。比如煤炭的物流特性就是如此,加之煤炭企业的井口散乱,又非临近主要交通干线,导致运输方式很难规范,物流体系难以健全,物流费用居高不下。

(三)内部管理体制不健全,重视度不够

尽管很多大型的大宗商品企业先后建立了一整套的物流管理体系,但受传统思维模式的影响,大多数企业从原材料采购到产品流转分销主要依靠企业自身力量,以企业内部解决为主。虽然将物流作为"第三利润源"的观点越来越显示出其价值内涵,但相关企业的物流活动还远未受到企业管理者的高度重视,物流的战略地位并未得到体现,企业缺乏提高物流效率、降低物流成本的有效手段和内在动力。

(四)物流管理不科学,管理技术更新慢

虽然大宗商品行业里有一些物流中心,但是物流中心规划并不完善,对地区物流中心的管理仍停留在简单的接货、验货、入库、在库管理和出库等业务操作层面,没有对其服务的对象进行分析整理。大宗商品行业里的物流中心有从业务操作层面向更高的供应链管理层面发展的空间。

(五)大宗商品物流管理的电子化程度不高

大宗商品物流的信息管理主要集中在电子商务交易系统上,而物流系统的结构很简单。随着网络技术的不断发展,以及电子商务在整合企业内外部资源方面的优势逐渐显现,很多企业开始利用网络平台进行物流管理。虽然许多企业在物流方面尝试推行物料需求计划、制造资源计划和企业资源计划等,但成功地将信息技术有效运用到大宗商品物流管理中的企业却是凤毛麟角。

(六)物流管理的成本收益分析不足

根据"物流冰山"说的理论观点,在企业财务统计数据中,只能显示支付给企业外部运输的委托物流费用,而真正的大头是"潜藏在海水中的冰山主体",即企业内部发生的物流费用。原因在于,物流基础设施的折旧费、企业利用自有车辆运输与配送产生的费用、内部库房保管费用、装卸费用等都计入了原材料、生产成本、管理费用和销售费用等会计科目中,而没有把物流成本明确地列出来,也没有正规的专门负责物流成本核算的会计人员和机构,计算方法不标准,因而物流管理效益难以体现。由于对物流成本的核算缺乏主客观的认识,这就导致了企业只重视物流管理的收益,成本收益分析工具未能在物流管理中得到充分重视,从而减少了企业进行物流管理的内在动力和激励机制,也不利于查找物流成本中的不合理和低效率之处,无益于物流管理效益的提升。

二、大宗商品物流基本职能

(一)大宗商品包装

包装作为物流的基本职能之一,与运输、储存、装卸搬运、流通加工等均有十分密切的关系,对物流的合理化有着极为重要的推动作用。我国《包装术语 第1部分:基础》(GB/T 4122.1—2008)对包装的定义为"为在流通过程中保护产品,方便储运,促进销售,按一定技术方法而采用的容器、材料及辅助物等的总体名称。也指为了达到上述目的而采用容器、材料和辅助物的过程中施加一定方法等的操作活动"。显然,大宗商品包装作为商品包装的一种,定义与包装基本一致,具有保护产品和方便储运的功能,但是不具备促进销售的功能,这是大宗商品包装区别于商品包装的一个方面,还有很多的大宗商品是没有包装的,比如煤炭、矿石等。

商品包装按包装的功能来分,可以分为商业包装和运输包装。显然,大宗商品包装就是运输包装,又称为工业包装,是以方便运输、储存和保护商品为主要目的的包装。运输包装管理的目标是:在满足物流要求的基础上,包装费用越低越好。

运输包装里有一种分类是集合包装或集装化包装。集装化的定义是:用集装器具或采用捆扎方法,把物品组成标准规格的单元货件,以加快装卸、搬运、储存、运输等物流活动。实行集装化的有形手段是集装工具。利用集装工具可以将一定数量的包装件或产品,组合成一个更大的、具有一定规格和强度的单元货件,即集合包装。集合包装既是一种包装形式,也是一种新型的运输单元,比如集装箱、托盘、集装袋、货捆及滑板等。特别是集装箱和集装袋,在大宗商品的包装中用得很普遍,比如PTA等化工产品都是用集装袋来包装的,金属铜板、镍板都是一捆一捆地打包,然后装到集装箱中进行运输和中转的。

(二)大宗商品装卸搬运

在同一地域范围内(如车站范围、工厂范围、仓库内部等),以改变"物"的存放、支承状态为目的的活动称为装卸,以改变"物"的空间位置为目的的活动称为搬运,两者合称"装卸搬运"。在特定场合,单称"装卸"或单称"搬运"也包含了"装卸搬运"的完整含义。

大宗商品的产业链比较长,因此中途装卸搬运的次数也会很多,而装卸搬运费用占整体物流成本的比例是非常大的。进行装卸操作时往往需要接触货物,因此,这是在物流过程中造成货物破损、散失、损耗、混合等损失的主要环节。例如袋装水泥纸袋破损和水泥散失主要发生在装卸过程中,煤炭等大宗商品在装卸时最容易造成损失。由此可见,装卸活动是大宗商品物流过程中影响物流效率、决定物流技术经济效益的重要环节。

大宗商品的装卸搬运方法其实有很多种,我们可以从大宗商品的分类入手分析。

首先,石油、成品油、天然气等液体、气体类商品用管道运输或灌装,装卸搬运也是同样由管道来完成;而其他固体类的产品主要通过两大类方式装卸搬运:集装化装卸搬运和散装化装卸搬运。

1. 大宗商品集装化装卸搬运

集装作业是对集装单元进行装卸搬运的作业方法。集装作业一次作业装卸量大,装卸速度快,且在装卸时并不逐个接触货体,而仅对集装体进行作业,因而货损率和货差率相对较小。如金属类的大宗商品,多数是以货捆和托盘的形式装载在集装箱里,PTA等塑料原料都是由集装袋包装好装载在集装箱里。集装作业由于集装单元较大,不能进行人力手工装卸。虽然在不得已时,可用简单机械偶尔解决一次装卸,但对大量集装单元而言,只能用机械进行装卸。常用的大型机械设备有集装箱吊车、集装箱叉车及托盘叉车等。同时受装卸机具的限制和集装单元存放条件的限制,集装作业的机动性较差,因此必须在有条件的场所进行这种作业。

2. 大宗商品散装化装卸搬运

散装作业指对大批量粉状、粒状物品进行无包装的散装、散卸的装卸搬运作业。例如对煤炭、矿石、建材、水泥、盐、粮食等的运输采用散装作业方法。散装化装卸搬运可连续进行,也可间断进行。在特定情况下,且批量不大时,可采用人力装卸搬运,但是劳动强度极大。散装作业与成件商品的集装作业已成为装卸现代化的两大发展方向。散装作业具有节省包装用具、节省劳动力、减轻劳动强度、减少损耗、减少污染、缩短流通时间等优点,对提高装卸效率、加速车船周转、提高经济效益,具有重要意义。开展散装作业必须具备一定的条件。如配备专用的设备,包括专用散装运输工具和设施以及仓库、港口、车站的装卸设备,做到装、卸、运、储各个环节的工具设备配套。发、转、收各部门之间要加强横向联系,形成综合能力,如果有一个环节在设备的衔接或工作的配合上脱节,就将影响散装作业的开展。

(三)大宗商品仓储

"仓"即仓库,是存放、保管、储存物品的建筑物和场地的总称,仓库可以是房屋建筑、洞穴、大型容器或特定的场地等,具有存放和保护物品的功能;"储"即储存、储备,表示收存以备使用,具有收存、保管、交付使用的意思。仓储就是利用仓库存放、储存未及时使用的物品的行为。大宗商品仓储也具有同样的含义,也同样需要仓库保管,例如铁矿石、煤炭等,这类实物商品需要仓库保管。不同的商品其仓储条件不一样,实物商品还存在自然损耗及仓库保管费用。大宗商品产业链较长,使得仓储时间较长,所以,大宗商品仓储是大宗商品物流的核心职能之一。

仓储的基本业务有物资储存、流通调控、数量管理和质量管理。随着现代物流业的发展,出现了相应的新业务:交易中介、流通加工等。

交易中介:仓储经营人凭借大量存放在仓库的有形资产,凭借与物资使用部门广泛的业务联系,具有开展现货交易中介较为便利的条件,同时现货交易中介也有利于加速仓储物的周转和吸引仓储。由于大宗商品具有相关的金融属性,大宗商品物资的所有权转让次数较多,但往往仓储位置不发生变化,特别是大宗商品交易平台的出现使得这种现象更普遍,这样可以大大节省物流费用。

流通加工:加工本是生产的环节,但是随着产品生产的发展,又为了严格控制物流成本,生产企业将产品的定型、分装、组装、装潢等工序留到最接近销售的仓储环节进行,使仓储成为流通加工的重要环节,并有效地降低了物流成本。例如把木材磨制成木屑提供给造纸厂使用,把钢材卷板切割成企业需要的规格,煤炭的除矸加工,等等。

大宗商品仓储除了上述的基本业务和新业务,近几年又出现了金融仓储、交易所指定交割仓库管理等新业务。金融仓储是指金融仓储企业作为第三方为银行开展仓储金融业务提供仓储保管、监管、咨询等系列服务。简而言之,就是银行抵质押品的仓储保管监管业务。交割仓库是指经交易所指定的为期货合约履行实物交割的交割地点。

除了基于正常的商业和工业需求,大宗商品有相应的储存外,也有一些大宗商品是基于国家经济安全需要作为战略物资进行储备的,例如石油、棉花等。又如中国投资公司建立了国内急需大宗商品的战略储备体系,能够起到保证能源和原材料的稳定供应和平抑价格的作用。在国际商品价格高企的时候,国家可以抛售商品储备中的原材料来调节价格;在国际商品的价格低位,又可以在国际市场上寻找合适的买入时机,随时补充国内的战略储备。如此,大宗商品储备的构建将在一定程度上化解资源价格上涨给中国宏观经济造成的巨大风险。

(四)大宗商品运输

运输是物流系统中最重要的子系统之一。运输是指通过合理的方法,使用一定的运输工具,将货物从生产地移动到消费地,或者使货物在物流据点之间流通的过程。运输解决了物资生产与消费在地域上具有不同步性的矛盾,创造了商品的空间效益,具有扩大市场、稳定价格、促进社会生产分工等经济功能,对拉动生产与消费、促进经济发展、提高国民生活水平具有重要作用。

大宗商品运输是大宗商品物流的核心职能之一,而且大宗商品运输都是大批量、长距离的,很多是从国外运至国内,所以,主要涉及的运输是水路运输和铁路运输。液体、气体类的商品通过管道运输,末端物流部分采用汽车运输,而航空运输极少涉及。比如长江沿线的冶金、能源、机械等大型企业的原材料运输80%是由水路运输来完成的。

(五)大宗商品配送

配送是运输中的末端运输、支线运输,和一般运输形态的主要区别在于:配送是较短距离、较小规模的运输形式,一般使用汽车作为运输工具,而大宗商品的配送就复杂许多:因为大宗商品以大批量流动为主,货物单个体积或重量都比较大,需要大型运输设备进行专门配送,因此大宗商品配送对运输车辆、设备的要求都比较高,运输途中的风险增大,安全隐患也更易出现,路途不平、关口检查等给运输安全和装卸工作带来挑战。另外,大宗商品的配送通常有时间限制,需要在规定时间内完成配送,否则可能会引发交易风险。因此,在大宗商品的配送中,需要进行精确把握及严格管理,以提高配送效率,满足用户需求。

(六)大宗商品流通加工

流通加工职能可以提高物流速度和物品的利用率。在物品进入流通领域后,即在物品从生产者向消费者流动的过程中,为了促进销售、维护商品质量和提高物流效率,要对物品进行一定程度的加工。

有些商品本身的形态使之难以进行物流操作,而且商品在运输、装卸搬运过程中极易受损,因此需要进行适当的加工,从而使物流各环节易于操作,提高物流效率,降低物流损失。例如,石油气的液化加工使很难输送的气态物转变为容易输送的液态物,可以提高物流效率。为衔接不同运输方式,散装水泥中转仓库把散装水泥装袋。将大规模散装水泥转化为小规模散装水泥的流通加工,就衔接了水泥厂大批量运输和工地小批量装运的需要。

(七)大宗商品物流信息管理

物流是一种由信息引导并伴随大量信息交换活动的经济活动,信息流是物流作业的关键,信息的收集和处理在物流管理活动中起着重要作用。大宗商品物流的信息化管理更是重要,通过大宗商品电子交易平台能够实现交易、物流一体化管理。交易平台有价格发现的功能,同时,及时、准确的信息管理可以有效降低大宗商品物流的成本,提高物流效率。

大宗商品物流信息的特点是数量大、分布广、动态性强、种类多。在管理的过程中会涉及很多的物流信息技术,如电子数据交换和物联网技术等。

基于以上种种现状,大宗商品物流行业要不断完善大宗商品交易平台的物流功能,适应大宗货物仓储需求的大型化要求,设立大宗商品仓库或堆场,有效缩短货物流通时间,降低物流总体成本。还要引导物流企业为大宗货物交易平台提供一体化物流服务,满足交易平台网络化服务需求。围绕重点货种,加大国内外知名贸易流通商的引进力度,拓展加工、配送等增值功能,提供一体化供应链物流服务。

三、大宗商品物流新兴职能

物流金融是指在面向物流业的运营过程中,通过开发和应用各种金融产品,有效地组织和调剂物流领域中货币资金的运动。这些资金运动包括发生在物流过程中的各种存款、贷款、投资、信托、租赁、抵押、贴现、保险、有价证券发行与交易,以及金融机构

供应链融资业务介绍

所办理的各类涉及物流业的中间业务等。

物流金融是为物流产业提供资金融通、结算、保险等服务的金融业务,它伴随着物流产业的发展而产生。物流金融涉及三个主体:物流企业、客户和金融机构。物流企业与金融机构联合起来为资金需求方提供融资,所以物流金融的开展对于这三方来说,都是非常需要的。物流和金融的紧密融合能有力支持商品的流通,促使流通体制改革的顺利进行。目前物流金融正成为国内银行一项重要的金融业务,其作用正逐步显现。

物流金融是物流与金融相结合的复合业务概念,它不仅能提升第三方物流企业的业务能力及效益,还可以提升企业融资及资本运用的效率。对于金融业务来说,物流金融的功能是帮助金融机构扩大贷款规模,降低信贷风险,在业务扩展服务上能协助金融机构处置部分不良资产,有效地进行客户关系管理,提升质押物评估、企业理财等顾问服务项目的水平。从企业行为研究出发,可以看到物流金融的发展起源于"以物融资"业务活动。物流金融服务是伴随着现代第三方物流企业而生的,在金融物流服务中,现代第三方物流企业业务更加复杂,除了要提供现代物流服务外,还要与金融机构合作,一起提供部分金融服务。

案例分析

练习与思考

(1)什么是大宗商品?大宗商品具有什么特征?

(2)大宗商品对经济发展有什么影响?

(3)简述大宗商品流通的内容。

(4)分析大宗商品物流发展的必要性。

(5)大宗商品电子交易对大宗商品物流的发展有怎样的促进作用?

(6)大宗商品物流的基本职能是什么?核心职能又是什么?

(7)简述大宗商品物流与一般物流的区别。

(8)大宗商品物流的新兴职能是什么?

第三章 物流经济地理

本章导读

在世界经济全球化的背景下,物流经济地理已成为每一个国家经济发展中的热议话题。如何看待每个地域自身的物流经济优势与缺陷,怎样利用自身地理优势来促进本地经济发展,这些问题已成为事关地方经济发展方向的核心问题。对物流经济地理宏观层面上的把握,有利于进一步加深对各种产业物流布局的理解。

物流经济地理学以地理学的观点,从区域经济的角度分析物流现象,研究各种物流的地域布局问题。它涉及各地区经济部门在地域上的布局,各地区经济部门的结构、规模和发展情况,地域布局和部门结构的相互联系,等等,可以为国家或地区物流体系构建提供理论和规划依据。

物流经济地理主要研究中国物流环境和物流布局、中国区域物流地理、中国工农业部门物流地理和国际物流地理等。中国交通运输地理和国际物流地理将在后面具体涉及运输的章节中再做详细介绍。本章从宏观层面上阐述中国的物流环境和物流布局,了解这些才更有利于学习大宗商品物流。

第一节 认识物流经济地理

一、物流经济地理的含义

(一)物流经济地理的学科性质

物流经济地理学是一门新兴学科,是伴随着现代物流业的发展而成长起来的,是物流经济学和经济地理学相结合的一门学科,也是涉及自然、社会经济、技术条件等多方面研究的综合性学科。

1.物流经济学

物流就其本质而言是一种客观存在的社会现象,物流学就是为了解决社会经济活动中日益凸显的问题——流通成本上升而产生的。21世纪"地球村"概念的诞生,标志着生产力获得了长足的发展,经济一体化是其具体表现。新形势下,生产力布局必须考虑区域之间的关系,以及全球的发展空间。物流经济是联系区域之间、区域与全球间的重要纽带,而这恰恰也是物流经济地理学研究的重要领域。

2. 经济地理学

经济地理学的核心内容是生产的地域布局系统。经济地理学中的部门经济地理学对物流有了很深的探讨。例如,运输经济地理学研究交通运输在生产力地域组合中的作用,商业地理学研究商品分布及其流通。

3. 物流经济地理学与数学的联系

科学的发展和进步离不开数学理论与方法在相关领域中的应用。物流经济地理学也同数学建立了越来越密切的联系。数学模式不仅用于解决具体的物流空间地理分布、物流基础设施的配置、物流空间流向及流量的预测、物流中心和物流网络的建设与规划等问题,而且逐渐使物流经济地理学的基本理论定量化。

(二)物流经济地理学的定义

物流经济地理学以地理学的观点,从区域经济的角度分析物流现象,研究各种物流的地域布局问题。它涉及各地区经济部门在地域上的布局,各地区经济部门的结构、规模和发展情况,地域布局和部门结构的相互联系,等等,可以为国家或地区物流体系构建提供理论和规划依据。

二、学习物流经济地理的意义

(一)学习物流经济地理有助于相关理论研究

目前的物流研究仍然局限于少数学科和领域,主要集中在物资流通和交通运输领域,并且与其他领域的物流问题相分离,而侧重于空间经济研究的经济地理学领域关于物流经济的研究也较少,因此,如何以地理学的观点,从区域经济角度出发分析物流现象,探讨物流经济发展问题便开始成为地理学者尤其是经济地理学者所面临的重要课题。

(二)学习物流经济地理是推动经济发展的需要

《中华人民共和国国民经济和社会发展第十一个五年规划纲要》(以下简称"十一五"规划)第一次明确了物流产业的地位。"十一五"规划明确提出"十一五"期间"大力发展现代物流业"。其理论依据在于,现代物流业是跨经济领域、跨部门、跨地区的复合性产业,现代物流虽然有不少和其他经济领域、其他产业存在一定差异的"个性"领域,但更多的是"共性"或者"通性"的领域。在"十一五"规划这个大方针下,如何实现物流产业与第一产业、第二产业及第三产业主要部门的整合,如何加快各区域物流中心的建设与规划等,都是亟待研究和解决的问题。可以确信,物流经济地理学在这些方面均可以发挥作用,为国民经济的发展做出贡献。

(三)物流业的发展为物流经济地理学提供了新的学科发展机遇

现代物流业的经营理念使物流经济地理学的理论进一步适应经济全球一体化的发展要求,由静态布局向动态的经营理念转变,推动物流经济地理学向更高层次——管理方向迈进。

第二节　中国的物流环境与物流布局

一、中国物流环境

探讨一个地区的物流发展,必须了解该地区的物流环境,才能把握物流布局。物流环境主要包括社会经济环境、自然环境和与之相关的生产力布局。生产力布局影响和决定着地区的物流布局。物流布局必须遵照七大原则,系统规划物流网络,通过物流基础设施建设构筑物流基础平台。

(一)中国物流社会经济环境

物流经济环境是指在物流业周边对物流业产生影响的重要行业的具体分布。改革开放以来,中国综合国力显著增强,社会主义市场经济体制的确立和完善使资源配置更加科学,这极大地推动了物流业的发展。

1. 国民经济实现快速增长,为物流发展提供良好的经济基础

21世纪,中国成为世界第二大经济体。根据最终核实数据,2021年中国国内生产总值接近115万亿元,比2020年增长8.1%。1991—2021年,中国的国内生产总值如图3-1所示。经济的迅速增长,使得中国对能源、农产品等大宗商品的需求与日俱增,中国成为世界上最大的商品出口国和第二大商品进口国,这为物流发展提供了良好的经济基础。

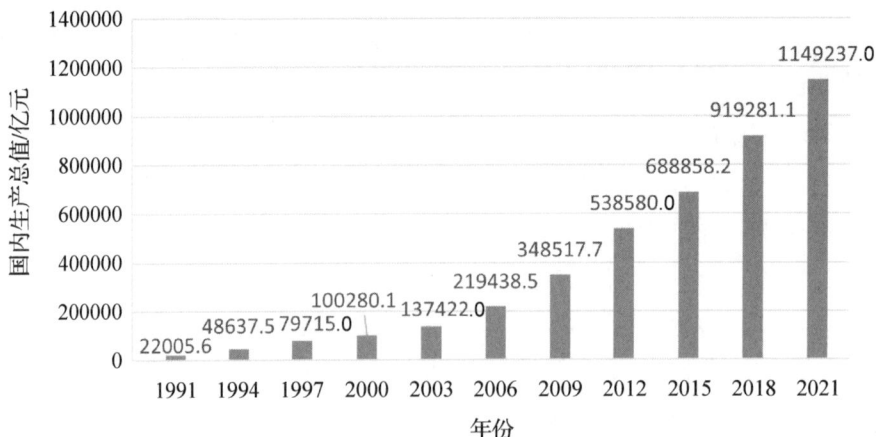

图3-1　1991—2021年中国国内生产总值

资料来源:国家统计局。

同时,我国重要工农业产品的产量跃居世界前列。我国的主要农产品中,谷物、肉类、棉花、花生、茶叶等产品产量已居世界第 1 位,甘蔗、大豆的产量分别居世界第 3 位、第 4 位。主要工业产品中,钢、煤、水泥、化肥产量居世界第 1 位,水电装机容量和发电量居世界第 1 位,原油产量居世界第 5 位。

2.三大产业全面发展,经济结构不断优化,对物流发展提出了更高的要求

我国近年来三大产业全面发展:(1)农业生产稳步发展。据统计,2021 年全国粮食总产量有 68285 万吨,比上年增加 1336 万吨,增长 2.0%。粮食产量再创新高,畜牧业生产稳定增长。棉花、油料、糖料等产量均平稳增长。(2)工业保持快速的发展,不仅解决了基本生活必需品的短缺问题,而且还使我国逐渐成为一个世界制造业大国,主要工业产品产量成倍增长。(3)第三产业的发展不仅满足了人们不断增长的对服务业的需求,还在与第一、第二产业的良性互动中催生了大量新兴产业,比如蓬勃发展的物流快递业。三大产业全面发展,经济结构不断优化,第一、第二、第三产业比例由 1952 年的 50.5%、20.9% 和 28.6% 转变为 2021 年的 7.3%、39.4%、53.3%。产业结构的合理化和优化,特别是第三产业的快速发展,带动了交通运输仓储和批发零售贸易等领域的发展,从而为物流发展提供了良好的产业基础。

3.对外经济的迅猛发展促进了国际物流的发展

根据海关总署统计,2021 年我国外贸进出口总值超过 30 万亿元,达 39.1 万亿元,比 2020 年增长 21.4%。其中,出口总值为 21.73 万亿元,增长 21.2%;进口总值为 17.37 万亿元,增长 21.5%。与 2019 年相比,我国货物贸易进出口总值、出口总值、进口总值分别增长 23.9%、26.1%、21.2%,贸易顺差 6764.3 亿美元。自 2001 年正式加入世界贸易组织以来,我国对外贸易增长速度连续 18 年保持在 40% 以上,2005 年我国外贸进出口总值超过 10 万亿元,2010 年超过 20 万亿元,2020 年超过 30 万亿元,比 2019 年的历史高位多 0.62 万亿元。

(二)中国物流自然环境

自然资源是自然环境中与人类社会发展有关的、能被用来产生使用价值并影响劳动生产率的自然要素。它包括有形的土地、水体、动植物、矿产和无形的光、热等资源。基于物流经济地理学研究的内容要求,这里主要探讨能够产生大量货流的矿产资源和林业资源。

1.矿产资源

矿产是泛指一切埋藏在地下(或分布于地表的)可供人类利用的天然矿物资源。矿产的范畴一般有以下 3 类:①可以从中提取金属元素的金属矿产;②可以从中提取非金属原料或直接利用的非金属矿产;③可以作为燃料的可燃性有机矿产。

(1)中国矿产资源状况。

截至 2020 年底,中国已发现 173 种矿产。按矿种大类分,有能源矿产 13 种,金属矿产 59 种,非金属矿产 95 种,水气矿产 6 种。2020 年,中国地质勘查投资较 2019 年下降 12.2%,新发现矿产地 96 处,油气勘探获重大战略突破。采矿业固定资产投资减少 14.1%,主要矿产品生产增速放缓。

我国是全球矿产资源种类比较齐全的国家之一。我国的矿产资源状况呈现以下特点:

①矿产资源总量相对较为丰富,人均占有量少。中国查明的矿产资源总量相对较多,约占世界的 12%,但是矿产资源人均占有量仅为世界平均水平的 58%。

②优质、大宗矿产资源相对不足。石油、天然气储量不足,铁、锰、铬、铜、铝、钾等用量较大的大宗矿产资源储量不足。2021 年我国石油消费对进口的依赖程度达到 72%。铜、铁矿石等的进口比例更高,这可能会加大国际市场波动对国内经济建设的影响。

③在矿产资源中,贫矿多,难选矿多,中小型和坑采矿多,大型、超大型矿与露采矿少。

④经济可利用的资源储量少。许多矿产资源的经济可采储量仅仅相当于其查明资源量的 20%～30%。

⑤资源产区与加工消费区不匹配。中国 90% 的煤炭查明资源储量集中于华北、西北和西南地区;70% 的磷矿查明资源储量集中于云、贵、川、鄂四省;铁矿主要集中在辽、冀、川、晋等省。北煤南调、西煤南运、西电东送和南磷北调的局面长期存在。

⑥成矿地质条件良好,找矿潜力大。我国地处三大成矿域交会处,构造岩浆活动频繁,演化历史复杂,成矿条件良好。我国西部地区矿产调查勘查程度较低,但成矿条件很好,有很大的找矿余地。在中东部地区已知的重要成矿带找盲矿床及新类型矿床的潜力也很大。

(2)中国矿产资源的需求与保证程度。

中国已进入工业化快速发展阶段,矿产资源需求快速增长。根据相关统计资料,如果要实现 GDP 翻两番,一般需要用矿产资源翻一番(或略多)来保证。以可供储量静态计算保证程度,45 种主要矿产中有 9 种可以保证,10 种基本保证,铁、锰、铜等 21 种不能保证。

部分大宗支柱性矿产资源,如石油、富铁、铜、优质铝、优质锰、铬、钾盐,必须充分利用国外资源。优势矿产,如稀土、钨、锡、钼、锑、煤及某些非金属矿产,应采取有力措施,继续保持储量优势。

2. 林业资源

中国现有林区按地域可划分为三大区域:东北林区、西南林区和南方林区。其中东北林区和西南林区是中国主要的天然林生产基地。

我国六大林业工程分别是:天然林资源保护工程、退耕还林工程、京津风沙源治理工程、三北及长江流域等重点防护林体系建设工程、全国野生动植物保护及自然保护区建设工程、重点地区速生丰产用材林基地建设工程。

(三)中国生产力布局

生产力布局制约着物流布局,物流布局必须为生产力布局服务。

1.生产力布局的概念

生产力布局亦称生产力配置。生产力在地理位置上的分布和配置,即在一定范围内(国家、地区、城市)生产力系统的空间分布与组合。生产力布局是一个由点、线、面、网组成的多层次、多侧面、纵横交织的网络系统。生产力布局包括工业生产布局、农业生产布局、商业布局和交通布局等,其中最重要的是工业生产布局。

2.中国生产力布局的原则

我国的生产力布局有两个部分的原则。一部分是经济原则,以提高经济效益和劳动生产率为目标,如减少不合理运输原则、发展生产地域分工原则等。在这部分原则中,距离衰减规律有决定性影响,不少内容与区位理论相通。另一部分是政治原则,如缩小城乡差距原则、尽可能地平衡发展原则、巩固国防原则。如图 3-2 所示。

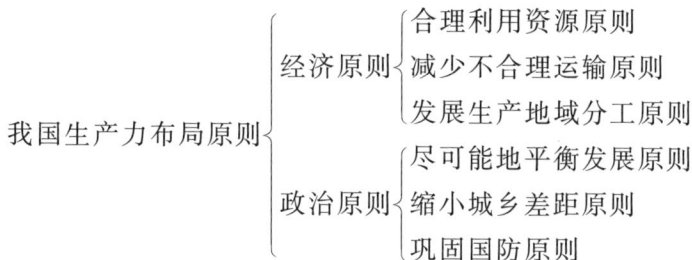

$$
\text{我国生产力布局原则}
\begin{cases}
\text{经济原则}
\begin{cases}
\text{合理利用资源原则} \\
\text{减少不合理运输原则} \\
\text{发展生产地域分工原则}
\end{cases} \\
\text{政治原则}
\begin{cases}
\text{尽可能地平衡发展原则} \\
\text{缩小城乡差距原则} \\
\text{巩固国防原则}
\end{cases}
\end{cases}
$$

图 3-2　中国生产力布局原则

二、中国物流布局

这里的物流布局既是一个过程,又可以理解为物流设施利用配置的状态,是一个由点、线、面、网组成,多层次、多类别、多部门、多项目交织的网络结构。物流布局必须与中国的生产力布局相适应,在遵循物流布局原则的前提下,有层次地进行规划设计。

物流布局

首先是宏观国家级的物流网络规划,着重以物流基础设施和物流基础网络为核心进行物流基础平台设计;其次是省、市级的物流节点及物流园区的规划布局;最后是微观企业层面的以提高企业竞争力为目的的营销支持、流程再造等企业物流资源的合理配置。

接下来将对物流布局的原则、宏观国家级的物流网络布局和基础设施空间布局进行分析。

(一)物流布局的基本原则

物流布局的目的是实现物流的合理化,必须遵循以下基本原则。

1.计划化原则

计划化原则是指物流的组织管理要科学规划和计划。这是实现物流合理化的首要条件。

2.直达化、短距化原则

直达化、短距化原则是指在物流过程中,尽量减少中间环节,设计最佳的运送路线,使运距最短,这样既可缩短商品运送时间,创造时间价值,又可降低物流费用,是物流企业实现物流合理化的主要目标。

3.钟摆化原则

物流钟摆化也称钟摆式运输,是指在组织货物运送过程中,要尽可能组织双向物流运输,增大运输工具的回运系数,提高里程利用率。

4.集中化原则

集中化原则就是物流大量化,而大宗商品物流的特性就是大量化。

5.社会化原则

社会化原则是指物流活动商品化、专业化和社会化,使物流成为相对独立的系统,这是物流合理化的必要条件。

6.服务化原则

物流企业属于第三产业,它既有经营又有服务,是以服务为主的经营服务型企业,应明确和规范物流活动及其行为的属性。

7.标准化原则

标准化原则是指以物流为系统,制定系统内部设施、机械设备、专用工具等各个分系统的技术标准,从而便于系统功能、要素间的有效衔接与协调发展,通过对各分系统的研究,达到技术标准与工作标准配合一致的效果。

(二)中国物流业格局的形成

经过多年的发展,中国物流业已经取得了巨大的成绩,在东部地区已经形成了以沿海大城市群为中心的四大区域性物流圈格局:以北京、天津、沈阳、大连和青岛为中心的环渤海物流圈;以上海、南京、杭州和宁波为中心的长江三角洲物流圈;以厦门和福州为中心的环台湾海峡物流圈;以广州和深圳为中心的珠江三角洲物流圈。这四大物流圈以滚动式、递进式的扇面辐射形态,带动中国中部和西部地区的发展,激活和融通了全国范围内的物流、人流、资金流和信息流。

中国国情使物流业首先在经济发达地区发育,并且在这些区域中,物流业首先在城市兴起,使城市成为物流业发展的中心,带动周围地区和邻近城市的发展,然后向区域中的农村地区辐射、蔓延,由点到线,由线到面,最终覆盖全国,与世界物流业发展接轨,与全球物流业融为一体,形成遍及全世界的物流网络。

(三)中国物流基础设施空间布局

物流基础设施布局是否得当直接影响着物流效率。物流园区、物流中心、配送中心、运输枢纽、仓储设施设置是社会和地区在布局物流基础设施时必须考虑的重要内容。

1. 物流设施的概念

现代物流是将运输、仓储、装卸、加工、整理、配送与信息服务等有机结合,形成完整的供应链,为用户提供多功能、一体化的综合性服务。从上述思路出发,物流基础设施的内涵自然是提供物流相关职能和组织物流服务的场所。

2. 物流基础设施的基本功能

物流基础设施的基本功能应当体现在物流服务上。

(1)专门化设施的概念。

专门化设施是指在特定区域,因具有上下游业务关系和产品生产过程联系的企业相对集中,或货流较为集中,而提供满足集中物流组织管理要求的设施。对于按照成本、效率、服务要求等可以集中提供物流组织服务的区域,应按照专门化的设施进行建设,从而使其具有相应的综合物流组织功能。

①物流中心。从事物流活动的场所或组织,应基本符合以下要求:主要面向社会服务,物流功能健全,信息网络完善,辐射范围大,品种少,批量大,存储吞吐能力强,物流业务统一经营管理。

②配送中心。接受并处理末端用户的订货信息,对上游运来的多品种货物进行分拣,根据用户订货要求进行拣选、加工、组配等作业,并进行送货。

③分拨中心。主要面向快递业、运输业,功能与物流中心相同。

④物流园区。物流园区是指在物流作业集中的地区,在几种运输方式衔接地,将多种物流设施和不同类型的物流企业在空间上集中布局的场所,也指有一定规模和具有多种服务功能的物流企业的集结点。物流园区包括 8 个功能:综合功能、集约功能、信息交易功能、集中仓储功能、配送加工功能、多式联运功能、辅助服务功能、停车场功能。其中,综合功能的内容为:综合各种物流方式和物流形态,全面处理储存、包装、装卸、流通加工、配送等作业,以及进行不同作业之间的相互转换。

（2）专门化设施的功能。

①各类运输场站。运输场站是根据一定区域的货运组织和货流特点进行规划和建设的,它具备满足分散的物流组织服务需要的功能。

②仓储设施。其具有调节流通、控制库存的功能。

（四）中国物流设施空间布局的思路

尽快形成各种物流、运输、仓储设施综合开发及资源整合利用的局面,是推进现代物流发展的前提条件,更是推动运输设施合理发展,营造多式联运、集装箱运输、运输网络等综合运输环境,提高运输效率,帮助物流组织实现高效率、低成本和优质服务的关键。

中国物流设施空间布局的思路如下:首先,加深既有资源的整合程度和设施的综合利用程度;其次,加强新建设施在规划上的宏观协调和功能整合;再次,推进物流基础设施的合理空间布局与功能完善;最后,提升物流基础设施网络化和信息化功能。

第三节 中国物流经济分区地理

一、经济区划概述

长期以来,中国的经济发展和规划是以行政区划为基础进行的,分析中国经济必须结合行政区划来进行。

（一）经济区划与行政区划

1.经济区划

经济区划是根据社会劳动地域分工的规律、区域经济发展水平和特征的相似性,以及经济联系的密切程度,或者依据国家经济社会的发展目标与任务分工,对国土进行的战略性划分。

经济区是生产力发展的产物,是客观存在的。如果经济区存在的客观性得到科学的认识,并通过经济区划来实现合理的劳动地域分工,便能够极大地促进国民经济的发展。经济区也可以理解为一种具有专业化地区经济特色,以中心城市为依托,在生产、流通等方面紧密联系,互相协作,内部具有很强经济集聚性的经济综合体。

（1）经济中心:经济中心是经济区经济发展的核心,其集聚和辐射效果对整个经济区的经济发展具有重大影响。例如,中国最大的广域经济区——长江三角洲经济区,就是以沪、宁、苏、锡、常、杭等城市组成的城市群为核心的。长三角经济区的发展很大程度上依赖这些城市本身的成长和它们对周边地区的辐射。

（2）经济腹地：经济腹地是一个与经济中心或中心城市相对应的概念。其内涵是经济中心的吸收和辐射能力能够达到并能促进其经济发展的地域范围。如果没有经济腹地，也就没有经济中心生存的基础。

（3）经济联系：既包括经济区内的商品流通、技术协作、资金融通、信息传递，也包括经济区内的交通运输网络和通信网络。一般来讲，经济区内的经济联系越紧密，经济区的一体化程度也越高。

2.行政区划

行政区划是国家对行政区域的划分。

目前中国有 34 个省级行政区，包括 23 个省、5 个自治区、4 个直辖市、2 个特别行政区。在历史上和习惯上，各省级行政区都有简称。省行政机关所在地称为省会（省城），中央人民政府所在地为北京。

3.经济区与行政区的关系

经济区与行政区之间存在的关系包含以下几个方面：一是行政区经济具有自然经济特点，经济区经济则具有市场经济特点；二是行政区源于行政管理，经济区则以社会化大生产为前提，要跨越几个行政区；三是行政区经济以地区经济利益为着力点，经济区经济则以地域甚至整个国家的利益为着力点；四是行政经济有自己特定的边界，经济区则因区域经济的发展、经济中心辐射能力的提升而常扩张其边界。

（二）经济区划对物流的影响

2005 年，中国首次结合各区域自身的区位和资源条件以及经济发展特征与潜力，将东、中、西部和东北地区作为一个整体，完整阐述全国区域经济的宏观布局和四大区域的发展战略定位。不同区域的发展战略定位，决定了各区域相应的物流发展重点。

现代物流实质是一种供应链管理。城市发展现代物流，就是在组织和理顺各种供应链关系，只有建立高效运作的物流系统，理顺各种供应链关系，整体经济才能高效运行。只有建立高水平的物流业，解决好城市的货物积聚问题，商品才能快捷、经济、安全地运送到城市周边地区乃至更远的地区，城市对乡村的辐射功能才能真正得以发挥。

二、八大综合经济区

（一）东北综合经济区

东北综合经济区包括黑龙江、吉林、辽宁等地。东北综合经济区的建设重点是：建设成为全国重型装备和设备制造业基地，保持能源原材料制造业基地的地位；以玉米、大豆和甜菜为主,建设成为全国性的专业化农产品生产基地。

东北综合经济区物流发展已形成以大连、沈阳、长春、哈尔滨等主要城市为中心,多个物流网络交叉的格局。东北综合经济区的物流发展以辽宁省为重点,而辽宁省的物流发展又以沈阳市和大连市为重点。

(二)北部沿海综合经济区

北部沿海综合经济区包括北京、天津、河北和山东等地。北部沿海综合经济区充分发挥人才、知识密集以及信息畅通的优势,力图建设成为全国最有实力的高新技术研发和制造中心;以京津大都市圈和山东半岛城镇群为依托,加速区域一体化进程,尽快形成又一个具有世界影响力的城镇群。

北部沿海综合经济区的物流发展涵盖首都北京,具有得天独厚的政治优势。该区域也是人们常说的环渤海地区,物流发展潜力巨大。

(三)东部沿海综合经济区

东部沿海综合经济区包括上海、江苏、浙江三地,是最具影响力的多功能制造业中心,也是最具竞争力的经济区之一。这一地区现代化起步早,历史上对外经济联系密切,在改革开放的潮流中许多领域先行一步,人力资源丰富,发展优势明显。

以上海为中心、以苏浙为两翼的"长三角"城市圈处于亚太地区核心位置,内外交通发达,是我国经济规模大、潜质好的区域经济体之一,是我国经济重要的增长极。独特的地理位置和较高的经济发展水平,奠定了该地区发展现代物流业的良好基础。东部沿海综合经济区物流基础设施的建设经过 20 多年的发展,居于中国领先水平,目前已成为中国物流发展的风向标之一。

(四)南部沿海综合经济区

南部沿海综合经济区包括福建、广东、海南三地。该地区毗邻我国的香港、澳门、台湾地区,是我国重要的外向型经济发展的基地、消化国外先进技术的基地、高档耐用消费品和非耐用消费品生产基地、高新技术产品制造中心。

在南部沿海经济区里,广东省,这个全国经济强省早早地经受了改革开放的风雨洗礼,应充分发挥"排头兵"作用。南部沿海经济区要进一步开放物流市场,整合分散的物流资源,在竞争中壮大实力,构建粤港澳大物流圈,增创地缘新优势。

(五)黄河中游综合经济区

黄河中游综合经济区包括陕西、山西、河南、内蒙古四地。黄河中游综合经济区煤炭及天然气资源丰富,拥有我国最大的煤炭开采和煤炭深加工基地、天然气和水能开发基地、钢铁工业基地、有色金属工业基地、奶业基地。黄河中游综合经济区地处内陆,战略地位重要,结构调整任务艰巨。

黄河中游综合经济区自然资源丰富,商品货流量大,但物流发展水平总体不高,基础设施建设不够完善。因此,这一经济区要加快完善基础设施建设,与此同时,注意物流基础设施建设与产业相关联。

(六)长江中游综合经济区

长江中游综合经济区包括湖北、湖南、江西、安徽四地,拥有以水稻和棉花为主的农业地区专业化生产基地及相关深加工基地,以及以钢铁和有色冶金为主的原材料基地。近年来,长江中游综合经济区内各省在基础设施、产业发展、生态文明、公共服务等方面紧密合作、同向发力,取得了一系列积极成效。

长江中游综合经济区东连长三角、西接川渝、南临粤港澳、北望京津冀,位于我国四个主要经济区的几何中心,是连接全国铁路、水路、公路、航空运输大动脉的中心节点。建设长江中游综合经济区有利于发挥承东启西、连南接北的独特区位优势,形成五大主要经济区优势互补、联动合作、融合发展的"钻石型"发展格局。

(七)西南综合经济区

西南综合经济区包括云南、贵州、四川、重庆、广西五地,以重庆为中心的重化工业和以成都为中心的轻纺工业是该综合经济区的两大优势。西南综合经济区内较大的物流园区及物流中心坐落在重庆及昆明两座城市,它们内部联系着整个西南综合经济区,外部联系着其他七个综合经济区,特别是东部沿海综合经济区,带动了整个西南综合经济区内物流经济的发展。

我国西南地区资源丰富,发展潜力巨大。钒、钛、锡储量居世界前列,铅、锌、铝、铜等的储量居全国前列。该综合经济区人口密集,资源丰富,交通发达,城市发展速度快,物流发展前景广阔。

(八)西北综合经济区

西北综合经济区包括甘肃、青海、宁夏、西藏、新疆五地。西北综合经济区拥有丰富的能源资源,如煤炭、石油、天然气等。此外,该综合经济区还拥有大片的农田和丰富的水资源,农田面积广阔,适宜发展粮食种植、蔬菜种植和果树种植等农业产业。同时,该地区还具备发展畜牧业的条件,养殖业在地区经济中占有重要地位。

西北地区是中国重要的交通枢纽之一。该地区的铁路、公路、航空和管道运输网络不断完善,为物流运输和贸易提供了便利条件。政府对西北综合经济区的发展给予了重要支持,通过制定政策、加大投资力度和推动产业转型升级等方式,推动该综合经济区经济增长,改善人民生活。与此同时,该区域的发展也面临一些挑战,如部分地区地理环境较为恶劣、基础设施不够完善等,需要进一步加强合作与开放,推动经济可持续发展。

第四节　中国工农业物流地理

在传统经济学理论中,产业主要指经济社会的物质生产部门。一般而言,每个部门都专门生产和制造某种独立的产品,某种意义上每个部门也就成为一个相对独立的产业部门,如农业、工业、交通运输业等。要了解整个中国的物流地理,我们必须从这些产业部门的物流地理来进行更加细致的了解,本节主要介绍中国农业物流地理和中国工业物流地理。

中国工农业物流地理

一、中国农业物流地理

在农业物流中,货流量比较大的是粮食作物、经济作物、林产品、畜产品、渔产品和土特产,接下来会分别讲述。

(一)农业物流概述

1.农业物流相关概念

农业的概念有狭义和广义之分。狭义的农业指种植业,即在耕地上种植农作物的农业生产部门。广义的农业是指利用动植物的生物机能,经过人工种植、培育、饲养等生产活动,获得各种农产品的生产部门,也即通常所说的"大农业",包括种植业、林业、畜牧业和渔业等。在国民经济中,农业属于第一产业。

本书所讲的是广义上的农业。横向包括农、林、牧、副、渔,以及它们之间的相互关系,还包括产业的内部关系。例如,玉米分工业用玉米、饲料用玉米、食用玉米等,其他种类的产品亦是如此。纵向包括各种农产品加工业以及与运输、销售等有关的服务业,把从生产到加工以及销售的全过程作为整个产业链来看待。

农业物流是从农业生产资料的采购、农业生产的组织到农产品的加工、储运、分销等,从生产地到消费地、生产者到消费者的一系列过程中所形成的包括信息传递在内的一系列计划、执行、管理、控制的过程。

根据农业物流的流体对象,农业物流可分为农业生产资料物流和农产品物流;根据农业生产的主要过程和物质转移,农业物流可以分为农业产前物流、农业生产物流、农产品流通物流、农业废弃物物流。

2.农业与物流的关系

中国农业的生产过程(如图 3-3 所示)大致分为产前准备、产中管理、产后加工、商业流通和最终消费等五大环节。如果把这五个环节作为整体来看,就形成了中国农业生产的链状结构。在中国农业生产链状结构的各环节中,农业物流发挥着重要的衔接作用,它深刻地影响着农业生产和流通的状况与水平。

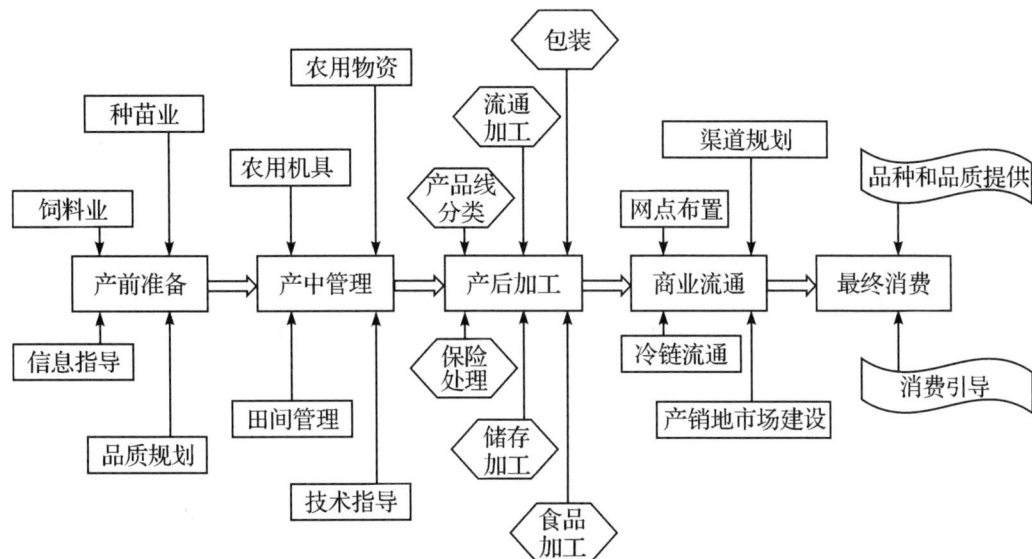

图 3-3　中国农业的生产过程

(二)种植业物流地理

种植业是指在耕地上种植农作物的农业生产部门。其中,农作物是在耕地上人工种植的、以满足人们某种需要为目的的草本植物,包括粮食作物和经济作物两种。

1. 中国粮食作物的地区分布及其特点

粮食作物,亦可称为食用作物,是谷类作物(包括水稻、小麦、大麦、燕麦、玉米、谷子、高粱等)、薯类作物(包括甘薯、马铃薯、木薯等)、豆类作物(包括大豆、豌豆、绿豆、小豆等)的统称。其产品含有淀粉、蛋白质、脂肪及维生素等。

除少数纯牧区县外,中国各县均有粮食栽培,但地区分布很不平衡,粮食组合又各具特色。内蒙古乌拉特中旗—乌审旗一线以东及长城以南、青藏高原以东地区,粮食播种面积和粮食总产量分别占全国的 95% 和 96%;西部地区粮食播种面积不足全国的 5%,粮食产量仅为全国的 4%。不同的粮食作物分布相对集中,主要有以下特点。

(1)秦岭、淮河以南,青藏高原以东:以稻谷生产为主,同冬季作物(小麦、油菜、大豆、豌豆)进行复种轮作,实行一年两熟制或三熟制,粮食耕地复种指数约 195%。

(2)秦岭、淮河以北:以小麦生产为主,在其偏南的冬麦区主要和夏季作物(玉米、谷子、大豆)轮作,实行两年三熟制或一年两熟制,粮食耕地复种指数约 150%,在其偏北的春麦区主要同谷子、马铃薯、玉米、豌豆等轮作,以一年一熟为主,粮食耕地复种指数约 115%。

(3)东北三省大部分地区:以玉米、大豆、高粱、谷子为主,和小麦轮作,基本上实行一年一熟制,粮食耕地复种指数低于100%。

(4)西部青藏高原山区:以青稞、豌豆、春麦为主,实行轮歇轮作,粮食耕地复种指数约95%。

中国九大商品粮基地主要包括:①生产条件和基础好的地区——太湖平原、洞庭湖平原、江汉平原、鄱阳湖平原、成都平原、珠江三角洲;②增产潜力较大的地区——江淮地区;③粮食商品率较高的地区——松嫩平原、三江平原。

2.中国主要粮食作物及其分布

中国的粮食作物以水稻、小麦、玉米、高粱、薯类、大豆等为主,其中,水稻、小麦、玉米分布最广、产量最多,三者合占全国粮食总产量的86%以上。

(1)水稻。

中国是世界上种稻最早的国家。水稻在各种粮食作物中平均单产最高,约占粮食播种面积的30%、总产量的42%。按自然条件和水稻栽培制度及品种类型划分,主要有以下几个生产区:华南双季稻区,长江中下游单、双季稻区,云贵高原稻区,四川盆地丘陵稻区。

(2)小麦。

小麦播种面积和产量分别占全国粮食的27%和23%左右,广布全国,有东北春麦、北部春麦、西北春麦、新疆冬春麦、青藏冬春麦、北部冬麦、黄淮冬麦、长江中下游冬麦、西南冬麦以及华南冬麦10个麦区。按其走向可分为南北两大区。

(3)玉米。

中国玉米总产量约占世界总产量的20%,仅次于美国。从物流的角度看,玉米产销量大,流通量大,商品化程度高,用途广,产业链长,市场化程度高,价格波动比较明显,易于标准化,储存性良好。大连是我国最大的玉米转运口岸和集散地。

玉米在粮食作物构成中仅次于水稻和小麦。玉米的主要集中栽培区是从黑龙江省大兴安岭地区,经辽南、冀北、晋东南、陕南、鄂北、豫西、四川盆地四周及黔、桂西部至滇西南,其玉米种植面积占全国玉米种植总面积的80%左右,其中东北多于西南。

(4)高粱。

高粱产量在杂粮中居首位,中国年产300万吨左右,其中,东北地区总产量占全国总产量的67%左右。高粱商品化、市场化程度高,用途广,价格波动大,易于标准化。

高粱出口主要是通过北方环渤海港口,如营口、锦州、大连和天津各港。其中,东北的辽宁和吉林两省高粱出口量占全国总出口量的90%左右。

(5)大豆。

大豆栽培历史悠久,在我国主要集中分布在东北的沈阳—哈尔滨—克山铁路两侧平原地带、松花江下游、黄淮海平原,其大豆种植面积和产量分别占全国的76%和80%左右。

2022年,我国大豆产量约为2028.5万吨,同比增长23.7%,消费量约为11124.36万吨,同比下降1.2%。我国是全球大豆消费大国,随着近年来经济的快速发展,饲料、豆制品、食用油等下游领域对大豆的需求持续增长。

(6)薯类作物。

薯类作物以甘薯为主,甘薯种植面积约占薯类种植总面积的80%。其次为马铃薯和木薯。甘薯除青藏高原外,各地均有种植,以黄淮海平原、长江中下游、珠江流域和四川盆地最多。黄淮海平原和长江中下游以夏秋薯为主,华南沿海以秋冬薯为主,内蒙古东部及东北三省以春薯为主。马铃薯主要分布在东北、内蒙古和西北各地。木薯集中分布在南岭以南区域。

3. 中国经济作物及其分布

经济作物又称技术作物、工业原料作物,指具有某种特定经济用途的农作物。按其用途可分为纤维作物(如棉花、麻类)、油料作物(如花生、油菜、芝麻、大豆、向日葵等)、糖料作物(如甜菜、甘蔗)、饮料作物(如茶叶、咖啡、可可)、嗜好作物(如烟叶)、药用作物(如人参、贝母)等。广义的经济作物还包括蔬菜、瓜果、花卉等。经济作物适宜进行专业化生产。

中国经济作物主要有棉花、油料、烟叶、麻类、药材等,其播种面积约占农作物总播种面积的14%,尚有茶、桑、水果、橡胶等木本经济作物未包括在内。经济作物产值约占种植业总产值的30%。

(1)棉花。

中国是产棉大国,但国内植棉面积有限,还需进口外棉。

中国棉花种植分布在北纬19°~45°,东经76°~125°范围内。中国五大商品棉基地分别位于:冀中南鲁西北豫北平原、长江下游滨海沿江平原、江淮平原、江汉平原、南疆地区。

(2)油料作物。

油料作物是供人食用并有商品性特点的经济作物。目前中国主要有五大油料作物,即油菜、花生、芝麻、向日葵和胡麻。其中,花生、油菜、芝麻和胡麻四大油料作物种植面积占全部油料作物的90%左右。油菜是第一大油料作物,花生是第二大油料作物。

木本油料作物有油茶、核桃,但很少用于榨油。此外,植物油源中还有棉籽(棉花的副产品)和大豆,特别是大豆,其有30%供榨油使用,但不属于油料作物。

(3)糖料作物。

糖料作物包括甘蔗和甜菜,种植面积分别占全部糖料作物种植面积的60%和40%。但在全国食糖产量中,甘蔗糖占80%,甜菜糖占20%。

甘蔗是中国制糖的主要原料,蔗糖是人类必需的食用品之一,也是糖果、饮料等食品工业的重要原料。同时,甘蔗还是轻工、化工和能源产业的重要原料。其主要分布在广东、广西、海南、福建、台湾、云南、四川等地。两个重要主产区在广西和海南。

甜菜主要分布于长城以北,以东北地区松嫩平原为最大产区,其次为内蒙古河套平原及新疆玛纳斯河流域一带。产地包括东北、华北、西北 3 个产区。

(4)茶叶。

按茶叶的加工方法分类,中国市场上销售的茶叶有 6 类:红茶、绿茶、黑茶、青茶、白茶和黄茶。茶树在秦岭淮河以南、青藏高原以东的广大南方丘陵地区均有种植。

(5)烟叶。

中国种植的烟叶类型较多,河南、云南同是中国最大烤烟生产基地,其次为贵州、广西、安徽、湖南等地。

(6)麻类作物。

我国的麻类作物包括黄麻、红麻、亚麻、苎麻、苘麻等。黄麻主要分布于浙江、广东、广西、四川、安徽、江苏等地;红麻种植区域辽阔,南起海南岛,北至黑龙江,东抵台湾,西达新疆,各个地区都有栽培。

(三)林业物流地理

1.中国森林资源

中国森林覆盖率低,资源数量少,地区分布不均,在世界上属于少林国家。但中国的树林种类丰富,珍贵经济林木繁多。

2.中国主要林区分布

中国林区主要有东北林区、西南高山林区、东南低山丘陵林区、西北高山林区、热带林区五大林区。森林覆盖率以东北林区最高,西南高山林区最低;森林面积以东南低山丘陵林区最多,西北高山林区最少;森林蓄积量以西南高山林区最多,西北高山林区最少。各林区主要森林资源如下。

(1)东北林区:以针叶林及针阔叶混交林为主。东北林区是中国最大的天然林区,也是最主要的木材供应基地,树木以红松、云杉、桦树、兴安落叶松等用材林为主。

(2)西南高山林区:以高山针叶林和针阔叶混交林为主。西南高山林区位于青藏高原的东南部。

(3)东南低山丘陵林区:以松杉林、常绿阔叶林及油茶、油桐等经济林为主。

(4)西北高山林区:以落叶阔叶林、油松林、侧柏林为主。

(5)热带林区:以热带雨林为主。

(四)畜牧业物流地理

1.中国畜牧业分布

中国地域辽阔,自然条件复杂多样,畜牧业资源分布不均,畜牧业生产发展的地区差异显著。北部和西部广大地区历来为全国重要牧区,而以种植业为主的东部广大农区却拥有全国一半以上的牲畜头数。中国畜牧业可划分为:牧区畜牧业、农区畜牧业、半农半牧区畜牧业、城郊畜牧业 4 种。

（1）牧区畜牧业：主要分布于北部的内蒙古高原、西部的新疆和西南部的青藏高原。从东向西呈明显的地带性变化，包括了内蒙古牧区、新疆牧区、青海牧区、西藏牧区和甘肃牧区五大牧区。

牧区畜牧业是以天然草地为主要饲料来源的放牧畜牧业，家畜以牛、马、羊、骆驼等草食牲畜为主。

（2）农区畜牧业：以从属于种植业，并带有副业性质的舍饲畜牧业为特点，猪和家禽占重要地位，而黄牛、水牛、马、驴、骡等畜种则主要供役用。

（3）半农半牧区畜牧业：沿长城南北呈狭长的带状分布，相关地区是农区役畜和肉食牲畜的主要供应基地之一，在历史上曾是农牧业交替发展变化较大的地区。

（4）城郊畜牧业：以生产肉、乳、禽、蛋为主，属于小规模集约化经营和生产。其中生猪、奶牛、菜牛、奶羊和家禽所占比重较大，主要为城市提供肉制品、乳品和禽、蛋类产品，商品率高。饲料来源主要是农产品加工后的副产品、混合饲料等，目前城郊畜牧业正向集中、大型和专业化方向发展。

2.中国畜牧业生产基地

中国目前已形成以长江中下游为中心产区并向南北两侧逐步扩散的生猪生产带，以中部肉牛带和东北肉牛带为主的肉牛生产带，以西北牧区及中部和西南地区为主的肉羊生产带，以东部为主的肉禽生产带和以中部为主的蛋禽生产带，以及以京津沪等城市郊区为主的奶业优势生产带。

（五）水产业物流地理

1.中国水产业资源

水产业，或称渔业，是在海洋和江、河、湖等水域从事捕捞或养殖水生动植物的生产事业。它包括了捕捞、养殖、保鲜加工和运销等一系列生产环节，一般以鱼类捕捞、养殖和加工为主。

水产业作为中国的传统产业，具有悠久历史。2011年，中国水产品出口额达177.9亿美元，连续12年位居中国农产品出口首位，连续10年位居全球水产品出口首位。2021年，中国水产品贸易总量达931.70万吨，同比下降1.83%；贸易总额达397.69亿美元，同比增长14.92%；贸易顺差为39.89亿美元，同比增长14.76%。其中，进口量达571.95万吨，同比增长0.72%；进口额达178.90亿美元，同比增长14.94%。出口量达359.75万吨，同比下降5.62%，出口额达218.79亿美元，同比增长14.91%。资料显示，世界水产品产量的70%以上都是经过加工后销售的，而我国目前的水产品加工比例不到30%，大宗淡水产品的加工比例更低。

中国水产业资源大致可以分为：鱼类、甲壳动物类、软体动物类、藻类等。其中鱼类在水产资源中数量最多。全世界约有3000种鱼类，中国约有2400种。

（1）海洋水产资源。

中国海洋水产品产量约占中国水产品总产量的 57.7%，其中鱼类的数量占绝对优势。海洋水产资源产区主要分为以下几个区域。

①黄海、渤海海区：共有鱼类约 250 种，经济品种有小黄鱼、鳕鱼、鲱鱼等，该区捕捞产量占中国海洋捕捞产量的 27.9%；

②东海海区：共有鱼类约 440 种，是带鱼、大黄鱼、小黄鱼、乌贼四大经济海产的最大产区。东海、黄海的浅海渔场是世界较大渔场之一，素有"天然鱼仓"之称。东海带鱼总量约占全国总产量的 85.0%，该区捕捞产量占中国海洋捕捞产量的 51.8%；

③南海海区：该区水产资源品种繁多，但单一品种数量较少。主要经济品种有鲷鱼、沙丁鱼、金枪鱼等。该区捕捞量占中国海洋捕捞量的 20.3%。

（2）近海水产资源。

中国养殖的近海水产品累计有 60 多种。近年来，渤海、东海和南海实施了增殖放流和投放人工鱼礁的措施，以增加近海的水产资源，取得了一定效果。

（3）内陆水产资源。

中国内陆水域共有鱼类 800 多种，主要经济鱼类有四五十种，其中草鱼、鳙鱼、青鱼、鲢鱼为中国四大家鱼，此外还有虾、蟹、贝类。

2. 中国水产业经济布局

中国的水产业分为海洋水产业和淡水水产业。

（1）海洋水产业。

中国海域辽阔，从北到南分布有四大海区渔场：渤海海区渔场、黄海海区渔场、东海海区渔场、南海海区渔场。

（2）淡水水产业。

从渔业生产的自然条件、资源分布和渔业生产现状来看，可将全国分为四大水产区：长江、淮河流域渔区，华南塘鱼精养区，华北平原及黄土高原塘库粗养渔业区，东北河、湖、库、泡渔业区。

（六）土特产品物流地理

1. 干菜类

（1）黄花菜。主要产于湖南、江苏、四川、河南、陕西、甘肃等地。

（2）黑木耳。主要产于湖北的郧阳、保康，广西的百色，黑龙江的牡丹江，吉林的延边。

（3）白木耳。著名产地有四川的通江、万源，贵州的遵义，福建的古田。

（4）菇类。中国是世界菇类生产大国，口蘑、猴头蘑、元蘑主要分布在内蒙古锡林郭勒盟以及大兴安岭一带；香菇主要分布在新疆阿勒泰、玛纳斯河滨和西藏察隅等地。

(5)笋干。主要分布于浙江、广东、广西、江西和福建等地的山区。

(6)榨菜。榨菜生产遍及全国,其中重庆是榨菜的主要产地,主要分布于涪陵、忠县、江北、长寿等地,以"涪陵榨菜"最为著名。

2.调味类

(1)八角。主要产于广西百色、凭祥等地,产量占全国总产量的80%,另外还有云南富宁等地也出产八角。

(2)花椒。主要产于山东、河北、山西、甘肃、陕西、四川、云南等地。

(3)胡椒。主要产于台湾、海南、广东及云南等地。

3.药材类

(1)鹿茸。产区主要在吉林、西藏和四川等地。

(2)人参。有野参(又称山参)和家参(又称园参)之分。野参主要产自长白山和小兴安岭一带。家参主要产于吉林抚松、通化等地。

(3)当归。甘肃岷县、陕西安康,重庆宁厂、湖北恩施都是当归的主要产地。

(4)冬虫夏草。产地主要有西藏那曲、昌都等地海拔3500米以上的阴湿地带和青海地区。其中西藏产量居全国第一。

(5)枸杞。主产地在宁夏回族自治区的中卫市及贵州省毕节市。

(6)甘草。主要产于内蒙古、宁夏和甘肃等地,其中内蒙古产量最大。

二、中国工业物流地理

(一)工业物流概述

1.工业物流的相关概念

工业指采掘自然物质资源和对工农业生产的原材料进行加工或再加工的物质生产部门。现代工业主要包括重工业和轻工业两大类。

工业物流是以集中采购为主,以零部件加工为核心,为工业企业产品消费搭建平台,引导仓储、运输、配送企业发挥协同作用,提高社会资源的综合利用效率,降低企业间的互动成本,面向全球工业企业提供延伸和成套服务的系统工程。工业物流类型也可以划分为重工业物流和轻工业物流。

2.工业与物流的关系

(1)工业企业是拉动物流业发展的原动力。

物流活动是伴随着工业企业的投入—转换—产出而发生的。工业企业物流是相对于社会物流而言的,以工业企业为核心的物流活动是工业生产和经营的组成部分,也是社会化物流的基础。工业企业物流过程如图3-4所示。

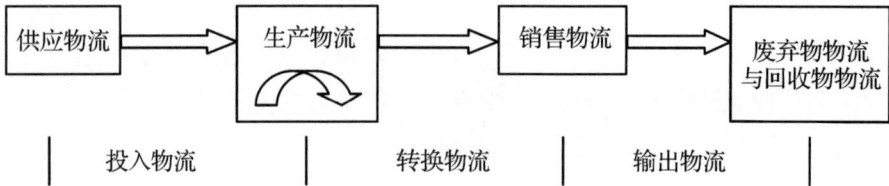

图 3-4　工业企业物流过程

（2）物流在工业企业发展中的重要作用。

物流是工业企业生产正常运行的保证。企业生产有节奏、有秩序、连续不断地运行，不可避免地要受到生产所需物料的相关装卸、搬运、运输以及生产的运动方向、流量和流速等因素的影响；同时，物流为工业企业经营创造良好的外部环境，可以降低工业企业的成本，成为企业的"第三利润源"。

工业企业物流部门参与情况如图 3-5 所示。

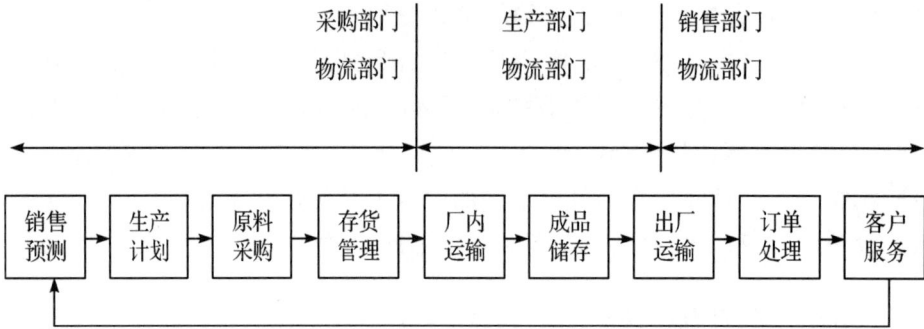

图 3-5　工业企业物流部门参与情况

（3）工业企业物流滞后性已影响物流业的发展。

虽然中国许多大中型企业在生产流程、物料搬运、库存控制、定制管理、物流系统等方面取得了相当不错的成绩，出现了一批像青岛海尔、广州宝供等建立在电子化、网络化、共同化、自动化基础上的企业，但只有把工业企业融入供应链的物流服务，将其渗透到物流的组织运作中，参与物流信息平台构建，制定物流服务标准，物流产业和物流企业才有可能得到全面、健康、可持续的发展。

（二）重工业物流地理

1. 能源工业

产生机械能、热能、光能、电磁能、化学能等各种能量的自然资源称为能源。能源根据形成方式可分为一次能源和二次能源。一次能源是客观存在于自然界中，未经加工或转换的能源，也称为初级能源或天然能源，如煤炭、石油、天然气、水能、风能等；二次能源是由一次能源经过加工转换而成的其他形式和种类的能源，如电力、汽油、焦炭、煤气、蒸汽等。中国拥有丰富的煤炭、石油、天然气、水力等各类能源资源。

(1)煤炭工业。

煤炭在中国国民经济建设中的地位非常重要,发电、炼焦、运输、取暖等都要用到煤炭。中国是世界上煤炭资源最丰富的国家之一,也是产煤最多的国家,2022 年,中国原煤产量达 45.6 亿吨。

中国煤炭资源的特点是资源丰富、品种齐全、煤质较好,开发条件良好,但是经济布局与煤炭资源不相适应。因为中国的煤炭资源主要集中在北部、西部,而煤炭主要消费区在东部沿海,这种煤炭生产与消费的地理特征决定了北煤南运、西煤东运的格局。

(2)石油工业。

进行石油、天然气勘探、开采及加工的能源产业称为石油工业,其设有地质勘探、油气田开发、开采及油气加工、储运等部门。石油工业是国民经济的基础产业。石油易燃烧、烟尘少、无灰烬,是现代内燃机的主要燃料,也是重要的有机化工原料。

中国石油和天然气资源储存量低于世界平均水平。无论是储存量还是产量,尚不能满足本国需要,因此对进口石油的依赖程度较深。2000 年,世界油价攀涨,7000余万吨原油进口量大约使我国多支付了 80 亿美元,使中国 GDP 增长率降低了约 0.5个百分点。

石油价格对中国 GDP 的影响如图 3-6 所示。

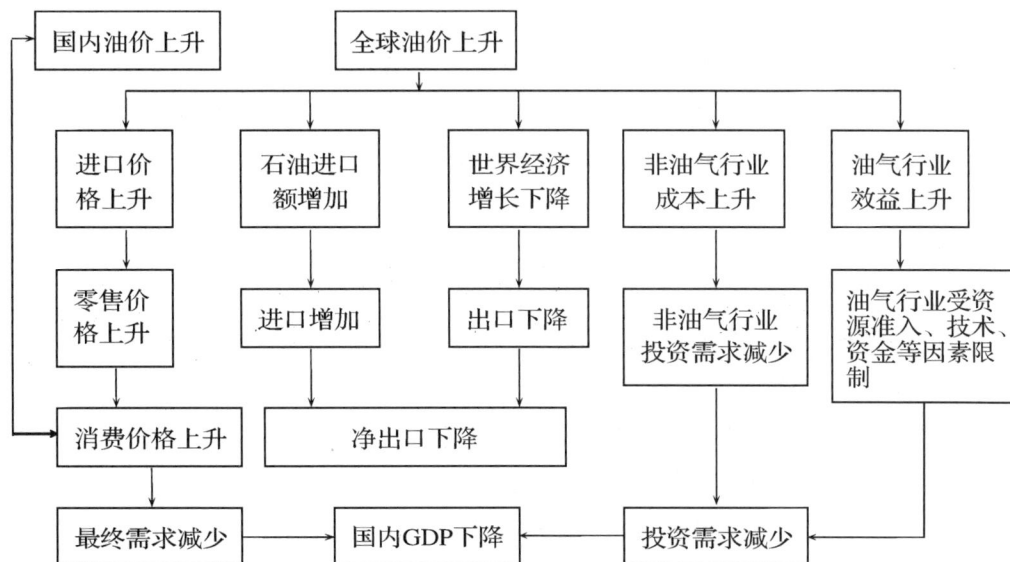

图 3-6　石油价格对中国 GDP 的影响

①采油工业布局。

a.东部陆上油矿区:主要由海拉尔盆地—鄂尔多斯盆地、松辽盆地—华北—江汉盆地、苏北—清江盆地—佛山三大地带组成。

b.西部内陆油矿区:分布在准噶尔盆地、吐鲁番盆地、河西走廊、塔里木盆地等处。主要有克拉玛依油田、塔里木盆地油田。

c.大陆架海底石油区:沿海大陆架沉积岩面积有 121 万平方公里。从渤海湾到北部湾查明有 140 个储油构造。

②炼油工业布局。

中国炼油工业随着采油工业的发展而迅速扩展。

a.东北地区。东北地区是中国原油加工能力最大的地区,有大庆、抚顺、大连、锦州等大型石油加工基地。成品油占全国总量的 40% 左右,消费量仅占 10%。

b.华北、西北地区。华北、西北地区以北京,天津,山东的淄博,甘肃的兰州、玉门,新疆的独山子等地的炼油企业为主。这些企业既靠近原油产地,又接近消费中心,加工能力与消费水平基本相当。

c.华东、华中地区。华东、华中地区的大型炼油企业分布在上海、南京、九江、武汉、岳阳、荆门等地。原油产量占全国总产量的 5%,加工能力占 23%,油品消耗量占 20%。这些企业选择在靠近消费区的地方建厂。

d.东南沿海地区。在浙江的镇海,广东的广州、茂名等东南沿海地区建有大型炼油厂,它们利用海运和港口,加工北方原油。产品以在省内消费为主。茂名炼油厂的成品油部分调运至广西、贵州、云南等地。

(3)电力工业。

中国电力工业发展迅速。2011 年全国发电装机容量达到 10.569 亿千瓦,超过美国成为世界第一电力装机大国。2021 年,全国发电装机容量为 23.769 亿千瓦,同比增长 7.9%。其中,非化石能源装机容量为 11.2 亿千瓦,占总装机容量的 47.0%,历史上首次超过煤电装机规模。得益于近年来的供给侧结构性改革,以及防范化解煤电产能过剩工作的大力推进,我国煤电装机容量破 10 亿千瓦的时间明显延缓。

我国的电站布局情况如下。

①火电站的布局。

a.接近燃料基地。中国大多数火电站以烧煤为主,耗煤量大,所以将电站建于北方的产煤区,以节约煤炭的运费,降低投入成本。

b.接近负荷中心。这种布局需要增加燃料运费,但可以保证城市供电,长江中下游和珠江三角洲等地的城市电厂采用此形式。

c.同时接近燃料基地和负荷中心。中国许多工业基地附近都有煤矿,是火电站的理想布局,如北京、唐山、太原、包头等地的城市电厂采用此形式。

②水电站的布局。

中国水力资源主要分布在西部,西部的水力资源占总量的 76.85%,其次是中部,占 14.58%,而经济发达、用电集中的东部的水力资源仅占 8.57%。

截至 2020 年底,中国水电总装机容量为 3.909 亿千瓦,同比增长 5.6%,占总装机容量的 16.4％,新增水电并网容量 2349 万千瓦。

③核电站的布局。

核电工业自 20 世纪 70 年代开始部署,布局于缺煤、缺水的东南沿海地区:秦山核电站(位于浙江省嘉兴市海盐县)靠近上海和杭州,1991 年建成发电,是中国自行设计和建造的第一座实用性核电站;大亚湾核电站(位于广东省深圳市)靠近中国香港,1994 年投入运行,是中国第一座大型商用核电站。

④中国电网的布局。

中国基本上进入了大电网、大电厂、高电压输电、高度自动控制的时代。

2022 年,全国累计发电装机容量约为 25.6 亿千瓦,同比增长 7.8％,全国可再生能源总装机容量超过 12 亿千瓦,水电、风电、太阳能发电、生物质发电装机容量均居世界首位。其中,风电装机容量约有 3.7 亿千瓦,同比增长 11.2％;太阳能发电装机容量约有 3.9 亿千瓦,同比增长 28.1％。截至 2022 年,华东电网和华中电网全口径新能源装机容量均突破 1 亿千瓦,西北电网新能源发电装机容量为 1.585 亿千瓦,南方电网统调发电装机容量为 3.9 亿千瓦。

2.原材料工业

原材料工业包括冶金、化工、建材等类别。

(1)冶金工业。

①钢铁工业。

钢铁工业是国民经济的重要基础产业,是实现国民经济可持续发展的保障。中国钢铁工业已形成包括采选矿、烧结、焦化、炼铁、炼钢、轧钢,以及勘探、设计、施工、科研等门类齐全、结构完整的钢铁工业体系。

中国钢铁工业资源比较丰富。2020 年亚洲全年粗钢产量达到 13.749 亿吨,同比增长 1.5％。其中,中国的粗钢产量为 10.53 亿吨,同比增长5.2％。中国粗钢产量占全球粗钢产量的份额由 2019 年的 53.3％上升到 2020 年的 56.5％。

②有色金属工业。

有色金属通常指铁(有时也包括锰和铬)和铁基合金以外的所有金属。其中以铜、铝、铅、锌为主,产量占有色金属总量的 93％。

有色金属工业原材料消耗量大,综合性强,连续性强,设备复杂,机械化程度高,对环境的影响较大,"三废"(废气、废水、固体废弃物)排放量较多。其布局要求是:采选结合,接近原料地;分散粗炼,集中精炼,消费地加工;注重资源的综合开发利用和保护环境。

(2)化学工业。

化学工业是多行业、多品种、配套性强的重要原材料工业部门,为工农业、交通运输业等提供生产资料。化学工业的发展程度是衡量一个国家工业技术水平的标志之一。

中国化学工业的矿物资源比较丰富,除煤炭、石油、天然气和盐外,还有硫化矿物、磷矿石及其他化工矿物。

化学工业包括酸碱盐工业、化肥工业和有机化学工业。酸碱盐工业指生产"三酸"(硫酸、硝酸、盐酸)和"二碱"(纯碱、烧碱)的化学工业部门。"三酸"产品腐蚀性极强,不利于远距离运输,工厂宜分布在消费区附近;"二碱"工业以盐为原料,一般布局在盐产地,烧碱工业广泛应用电解法,宜布局在电源充足、交通方便、水质良好的消费区。

化肥工业是指生产氮、磷、钾三大无机矿物肥料及各种复合肥料的工业部门。

有机化学工业包括有机原料工业和有机合成工业。有机原料工业按原料源分为石油化工和煤化工。

(3)建材工业。

建筑材料是国民经济各部门基本建设的物质基础。建材产品按其性质可分为三大类:建造房屋和各项工程用的建筑材料,非金属矿产品及其制品,供农业生产、交通运输和国防尖端科学用的各种无机非金属新材料。中国建材矿产资源丰富,有石灰石、石英砂、大理石、石棉、石膏、高岭土等。主要建材的工业布局如下:

水泥是当今世界最重要的建筑材料之一,广泛应用于建筑、水利、桥梁、道路和国防等工程。国内规模较大的水泥生产地有唐山、北京、哈尔滨、南京、洛阳、广州、贵州等。

玻璃广泛应用于建筑、工农业、交通及日常生活。玻璃种类较多,如供建筑用的平板玻璃、供工业用的钢化玻璃等。玻璃工业企业的布局应接近燃料地和石英砂矿区,靠近消费城市。国内大型玻璃生产企业大都分布在秦皇岛、洛阳、成都、上海、北京、沈阳、齐齐哈尔等地。

(三)轻工业物流地理

1. 纺织工业

中国是世界纺织工业大国之一。纺织工业布局形成棉、毛、麻、丝、化纤相结合的全国纺织工业分布体系。2016—2020年,我国纺织行业企业数量从20201家下降至18344家,2021年有小幅回升,达18729家。2017—2020年,我国规模以上纺织企业营业收入和利润总额持续下滑。2021年,营业收入回升至51749亿元,同比增长12.3%;实现利润总额2677亿元,同比增长25.4%。中国的纺织工业在满足人民衣着需求、增加社会就业、扩大出口创汇、积累建设资金等方面发挥了重要作用。纺织工业包括棉纺织工业、毛纺织工业、丝纺织工业、麻纺织工业、化学纤维纺织工业。

2. 造纸工业

据中国造纸协会的调查资料,2021年全国纸及纸板生产企业约有2500家,全国纸及纸板生产量为12105万吨,较上年增长7.50%;消费量为12648万吨,较上年增长 6.94%,人均年消费量为 89.51 千克(按 14.13 亿人计)。2012—2021 年,纸及纸板生产量年均增长率为 1.87%,消费量年均增长率为 2.59%。

中国造纸工业常用的原料有木材、芦苇、甘蔗渣、稻麦秸、龙须草等。中国植物纤维丰富,造纸原料来源广泛,为造纸工业的发展提供了条件。全国各省(区、市)都发展了机制纸生产,并呈现出明显的地域差异。

3. 食品工业

食品行业是典型的防御性行业之一,其经营活动状态不受经济周期影响,需求对行业收入的影响弹性较小。近几年中国食品工业总产值年增长速度保持在 10% 左右,行业正处在成长期。2021 年 1—12 月,全国食品工业规模以上企业实现利润总额 6187.1 亿元,同比增长 5.5%。其中,农副食品加工业实现利润总额 1889.9 亿元,同比下降 9.2%;食品制造业实现利润总额 1653.5 亿元,同比下降 0.1%;酒、饮料和精制茶制造业实现利润总额 2643.7 亿元,同比增长 24.1%。

案例分析

练习与思考

(1)谈一谈中国物流网络布局情况。

(2)分析物流布局的基本原则。

(3)分析经济区域对物流的影响。

(4)考察一个距离你所在学校最近的物流园区,了解其功能,分析它在区域物流经济中的地位和作用。

(5)草拟一份调研提纲,利用周末及其他假期考察你家乡的物流发展情况,回校后撰写一份调研报告,然后在课堂上与同学交流。

(6)结合本章图 3-3,谈一谈物流在农业生产和流通中的作用。

(7)简述中国粮食作物和经济作物的生产布局。

(8)课后考察农产品市场,记录不同农产品物流的流向,找出它们的特点。

(9)分析中国工业物流的现状和存在的问题。

(10)叙述中国能源工业(以煤炭为主)的生产布局。

第二篇　核心职能篇

第四章　能源化工产品运输

本章导读

中国能源蕴藏量位居世界前列,能源消费呈刚性增长态势。2022 年,我国能源消费总量达 54.1 亿吨标准煤,同比增长 2.9%。在我国的能源消费结构中,煤炭占56.2%,石油占 17.9%,天然气占 8.4%。我国未来以煤炭作为主要能源的现状不会在短期内改变。

世界经济发展进程表明,能源供应已成为影响经济增长的基本要素,这一现象在我国将尤其突出。而研究我国大宗商品的基本流向有助于我们充分了解能源供应。商品流向就是一定时期内一定品种和数量的商品在地域上的具体运转路线及方向。本章结合大宗商品能源化工类产品的种类,分别对煤化工、石油化工及天然气化工的资源分布、开采加工、消费布局全过程的运输情况进行综合介绍,包括运输线路介绍,运输节点设计及要求介绍,危险品运输规范介绍,等等,并对中间产品的物理及化学特性进行分析,结合我国的现实供需情况,从可持续发展的角度进行阐述。

大宗商品运输方式

第一节　能源化工行业概述

一、能源化工产品

能源可以分为一次能源和二次能源。一次能源是指从自然界获得且可以直接应用的热能或动力,通常包括煤、石油、天然气等化石燃料以及水能、核能等。二次能源通常是指由一次能源(主要是化石燃料)经过各种化工过程加工制得的,使用价值更高的能源。例如由石油炼制获得的汽油、喷气燃料、柴油、重油等液体燃料。它们广泛用于汽车、飞机、轮船等,是现代交通运输和军事领域的重要物资。由煤加工所制成的工业煤气、民用煤气等是重要的气体燃料。此外,二次能源也包括由煤和油页岩等固体可燃矿物经过加工得到的人造石油。

化工与能源的关系非常密切。化石燃料及其衍生的产品不仅是能源,而且是化学工业的重要原料。在化工生产中,有些物料既是某种加工过程(如合成气生产)的燃料,又是原料,两者合而为一。所以化工生产企业既是生产二次能源的单位,本身又往往是耗能的大户。

能源化工产品可分为以下几类。

(1)煤炭类:原煤、煤制品。

(2)石油和天然气类:原油、石油燃料、天然气。

(3)电力类:水能、核能等。

(4)新能源类:太阳能、风能等。

中国拥有丰富的煤炭、石油、天然气、水力等各类能源资源。中国是世界上煤炭资源最丰富的国家之一,也是产煤最多的国家。2022年,全国原煤产量为45.6亿吨,比上年增长10.5%,已探明的石油、天然气资源储量相对不足,虽然油页岩、煤层气等非常规化石能源储量潜力较大,但是开采的技术要求高,投入产出不足,制约了对相关资源的开发和利用。

中国拥有较为丰富的可再生能源资源,包括水力资源——理论蕴藏量折合年发电量为6.19万亿千瓦时,经济可开发年发电量约1.76万亿千瓦时,相当于世界水力资源量的12%。但是水资源的利用和开发存在来自环境的约束,已经开发的水力资源从投入和产出上来说是不可持续的,在环境和资源约束更加严峻的21世纪,水力资源的开发比以往更加困难。

二、石油化工产品

(一)石油的定义

本书中的石油均指原油,其是从地下深处开采的棕黑色可燃黏稠液体,主要是各种烷烃、环烷烃、芳烃的混合物。它是古代海洋或湖泊中的生物经过漫长的演化形成的混合物,与煤一样属于化石燃料。

石油主要用于炼制燃料油和汽油,燃料油和汽油是目前世界上重要的二次能源。石油也是许多化学工业产品如化肥、杀虫剂和塑料等的工业原料。统计数据显示,在石油化工中,开采的石油约有88%用作燃料,其余12%用作化工原料。

(二)石油化工

石油化工指化学工业中以石油为原料生产化学品的领域。石油化工产品由炼油过程提供的原料油和气经过进一步化学加工获得。生产石油化工产品的第一步是对原料油和气(如丙烷、汽油、柴油等)进行裂解,生成以乙烯、丙烯、丁二烯、苯、甲苯、二甲苯为代表的基本化工原料。第二步是以基本化工原料生产多种有机化工原料(约200种)及合成材料(如塑料、合成纤维、合成橡胶等)。这两步产品的生产属于石油化工的范围。

(三)石油化工的产品

石油化工产品又称油品,主要包括汽油、煤油、柴油、润滑油、石油焦、石蜡、石油沥青等。生产石油化工产品的加工过程常被称为石油炼制,简称炼油。

石油馏分可制取乙烯、丙烯、丁二烯等烯烃和苯、甲苯、二甲苯等芳烃。石油轻馏分和天然气可制取合成气,进而生产合成氨、合成甲醇等。从烯烃出发,可生产各种醇、酮、醛、酸类及环氧化合物等。烯烃、芳烃经加工可生产包括合成树脂、合成橡胶、合成纤维等高分子产品及一系列制品。

三、煤化工产品

(一)煤化工

煤化工是以煤为原料,采用化学转化法使煤转化为气体、液体、固体,并进一步加工成各种化学品、燃料和其他产品的流程制造业,包括煤的一次化学加工、二次化学加工和深度化学加工。煤的焦化、汽化、液化,以及煤的合成气化工、焦油化工和电石乙炔化工等,都属于煤化工的范围。

(二)煤化工原料

(1)褐煤:多为块状,呈黑褐色,光泽暗,质地疏松;含40%左右的挥发性成分,燃点低,容易着火,燃烧时上火快,火焰大,冒黑烟;含碳量与发热量较低(因产地煤级不同,发热量差异很大),燃烧时间短,需经常加煤。

(2)烟煤:一般为粒状、小块状,也有粉状的,多呈黑色而有光泽,质地细,含30%以上的挥发性成分,燃点不太高,较易点燃;含碳量与发热量较高,燃烧时上火快,火焰长,有大量黑烟,燃烧时间较长;大多数烟煤有黏结性,燃烧时易结渣。

(3)无烟煤:有粉状和小块状两种,呈黑色,有金属光泽。杂质少,质地紧密,固定碳含量高,可达80%以上;挥发性成分含量低,在10%以下,燃点高,不易着火;发热量高,刚燃烧时上火慢,火上来后比较大,火力强,火焰短,冒烟少,燃烧时间长;黏结性弱,燃烧时不易结渣。应掺入适量煤土使用,以减轻火力强度。

(4)泥煤:碳化程度最浅,含碳量少,水分多,所以需要露天风干后使用。泥煤的灰分很容易熔化,熔点低,挥发性成分多,因此极易着火燃烧。因此,泥煤在工业上使用价值不高,且不宜长途运输,一般只作为地方性燃料使用。

碳是煤中最重要的组分,其含量随煤化程度的加深而增高。泥煤中碳含量为

50%~60%,褐煤中碳含量为61%~70%,烟煤中碳含量为71%~90%,无烟煤中碳含量为91%~98%。

硫是煤中有害的化学成分。煤燃烧时,其中的硫生成二氧化硫,腐蚀金属设备,污染环境。煤中硫的含量可将煤分为5级:高硫煤,硫含量大于4%;富硫煤,硫含量为2.5%~4%;中硫煤,硫含量为1.5%~2.4%;低硫煤,硫含量为1.0%~1.4%;特低硫煤,硫含量小于1%。依据煤中硫含量的差异可以将原料煤分为有机硫煤和无机硫煤两大类。

(三)煤化工的产品

以下是一些常见的煤化工产品:

(1)煤焦油:煤焦油是煤炭在高温热解过程中产生的液体副产品,主要由苯、甲苯、二甲苯等芳香烃组成。它在煤化工及其他化学工业中被广泛应用,可用于生产染料、农药、医药、橡胶等。

(2)煤气:煤气是通过煤的汽化或燃烧产生的混合气体,主要成分包括一氧化碳、氢气、甲烷等。煤气可以用作燃料或用于合成其他化学品,如合成氨、甲醇等。

(3)焦炉气净化产品:煤在焦化过程中,通过净化处理可得到煤气净化产品,如煤气干燥剂、焦炉煤气净化剂等,用于去除煤气中的杂质和污染物。

(4)甲醇:煤气经过催化反应也可以制得甲醇,甲醇是一种有机溶剂、化工原料,广泛应用于塑料、涂料、医药等领域。

四、天然气

(一)天然气的成分

天然气的成分主要是甲烷,甲烷是最短和最轻的烃分子。另外,天然气也可能会含有一些较重的烃分子,例如乙烷、丙烷和丁烷,还有一些酸性气体,如二氧化碳和硫化氢。部分气田所产天然气还含有二硫化碳和羰基硫等成分。

有机硫化物和硫化氢是天然气常见的杂质,在大多数情况下必须先除去。尽管天然气是无色无味的,然而在送到最终用户处之前,还要用硫醇来给天然气添加气味,以助于泄漏检测。天然气不像一氧化碳那样具有毒性,它本质上是对人体无害的。不过如果天然气处于高浓度的状态,并导致空气中的氧气不足以维持生命的话,还是会致人死亡的。

(二)天然气的开采和生产

1.油井中吸取

天然气的商业生产主要来自油田和天然气田。天然气和石油常常并存于同样的岩层中,可以在这些油井中吸取天然气。此外,在煤矿、泥页岩和结构紧密的砂岩中也会存在天然气,然而从中开采天然气的成本较高,相关技术要求也很高。

2.厨余垃圾等发酵产生

植物、厨余垃圾、污水和动物的排泄物等发酵时会产生沼气,性质类似天然气,可以为城市提供能源。

第二节　石油化工产品运输

一、中国石油基本情况

(一)中国的石油分布

中国石油和天然气资源储量低于世界平均水平,无论是储量还是产量均不能满足本国需要。

根据石油地质、交通及开采经济性等,可将中国油气资源划为四大类型区。

1.东北、华北和沿海大陆架地区

该类型区油气资源丰富,埋藏条件简单,交通运输方便,开采成本低廉,是中国重要的勘探和开发地区,有东北的大庆油田、华北的胜利油田等。

2.西北地区

该类型区油气资源丰富,埋藏条件中等,开采成本较高,被列为重点勘探和开发地区,如西北的塔里木盆地、准噶尔盆地、柴达木盆地以及河西走廊等。

3.西南和中部地区

该类型区油气资源较丰富,但勘探程度较低,埋藏条件较差,开采成本中等偏高,属次要勘探和开发地区。

4.西藏地区

该类型区油气资源不丰富,勘探程度较低,投资成本较高,属待勘探和开发地区。

我国石油资源集中分布在渤海湾盆地、松辽盆地、塔里木盆地、鄂尔多斯盆地、准噶尔盆地、珠江口盆地、柴达木盆地和东海大陆架,其可采资源量有上百亿吨,约占全国总可采资源量的81%。

从资源深度分布看,我国石油可采资源有80%集中分布在浅层(<2000米)和中深层(2000米～3500米,不含3500米),而深层(3500米～4500米)和超深层(>4500米)分布较少;从地理环境分布看,我国石油可采资源有76%分布在平原、浅海、戈壁和沙漠;从资源品位看,我国石油可采资源中优质资源占63%,低渗透资源占28%,重油占9%。

（二）中国石油的主要进口国

改革开放以来，我国能源需求持续增长，但能源使用效率低于世界平均水平。由于我国"富煤、贫油、少气"的能源禀赋条件，作为世界上最大的石油和天然气进口国，2022年，我国原油进口对外依存度达到71.2%，天然气对外依存度达到40.2%。中国油气对外依存度历史首次双下降。

为保证国家能源安全，我国2022年石油总进口量为50827.60万吨，主要进口来源国是沙特阿拉伯、俄罗斯、伊拉克、阿拉伯联合酋长国、阿曼、马来西亚、科威特、安哥拉、巴西和哥伦比亚，进口量分别为8748.85万吨、8624.81万吨、5548.67万吨、4277.08万吨、3937.01万吨、3576.59万吨、3328.33万吨、3008.79万吨、2492.86万吨和856.31万吨。从这10个国家进口原油44399.30万吨，占总进口量的87.4%。2022年中国进口石油来源国分布如图4-1所示。

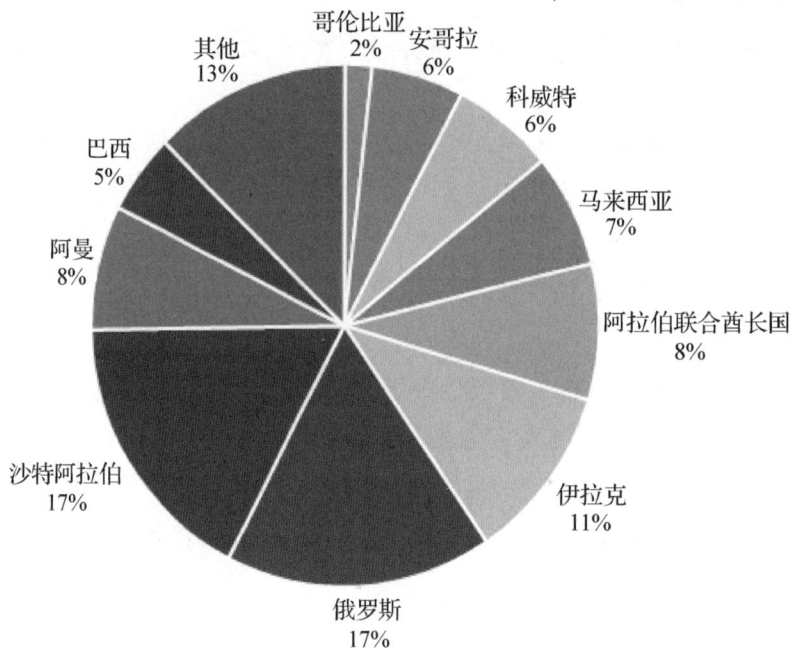

数据来源：中国海关总署。

图4-1 2022年中国进口石油来源国分布

我国2022年石油总进口额为24350亿元，平均进口单价为4791元/吨。进口金额较大的来源国同样是沙特阿拉伯、俄罗斯、伊拉克、阿拉伯联合酋长国、阿曼、马来西亚、科威特、安哥拉、巴西和哥伦比亚，分别为4323.83亿元、3893.17亿元、2607.96亿元、2159.4亿元、1937.61亿元、1468.38亿元、1636.39亿元、1495.3亿元、1239.88亿元和382.75亿元。沙特阿拉伯和俄罗斯的石油售价依然居于核心位置，沙特阿拉伯石油平均每吨售价为4942元，俄罗斯石油平均每吨售价在4514元左右。

二、石油在全球的分布

(一)世界石油资源的分布

世界的主要储油区有:

(1)北非及西非几内亚湾浅海大陆架;

(2)中东波斯湾沿岸和波斯湾海底;

(3)里海海底、伏尔加—乌拉尔地带和西西伯利亚;

(4)中国西北部盆地和东部平原及浅海大陆架;

(5)东南亚(主要集中在印尼、马来西亚、文莱浅海大陆架);

(6)委内瑞拉马拉开波湖;

(7)墨西哥东海岸和大陆架;

(8)美国墨西哥湾沿岸及内陆的俄克拉何马州、西南部加利福尼亚州及阿拉斯加州北部大陆架;

(9)加拿大西部;

(10)西欧北海大陆架。

(二)石油主要运输路线

石油的分布从总体上来看极端不平衡。从东西半球来看,约 3/4 的石油资源集中于东半球,西半球约占 1/4;从南北半球看,石油资源主要集中于北半球;从纬度分布看,主要集中在北纬 20°~40°和 50°~70°两个纬度带内。波斯湾及墨西哥湾两大油区和北非油田均处于北纬 20°~40°内,该地带集中了 51.3% 的世界石油储量;北纬 50°~70°的纬度带内有著名的北海油田、俄罗斯伏尔加及西伯利亚油区和阿拉斯加湾油区。

世界主要的国际海运航线有大西洋航线、太平洋航线和印度洋航线。三大洋的航线通过苏伊士运河(或好望角)、巴拿马运河(或麦哲伦海峡、合恩角)和马六甲海峡(或巽他海峡)连接起来,形成一条环球航线。其中,印度洋航线以石油运输线为主。世界主要石油运输路线如下。

(1)波斯湾—好望角—西欧航线。该航线主要由超级油轮行驶,是世界上最主要的海上石油运输线。

(2)波斯湾—东南亚—日本航线。该航线东经马六甲海峡或龙目海峡(20 万吨载重以下船舶可通行)、望加锡海峡(20 万吨载重以上超级油轮可通行)至日本。

(3)波斯湾—苏伊士运河—地中海—西欧航线。该航线目前可通行 30 万吨级的超级油轮。

三、石油运输方式

世界石油运输方式主要有海洋运输、铁路运输和管道运输。就国际石油贸易而言,主要有海洋运输、管道运输 2 种,铁路运输作为补充。从全球石油跨国运输网来看,超过 3/5 的石油贸易通过海洋运输,不到 2/5 的石油贸易经由管道运输。从运输成本来看,海运最低,管道运输次之。但铁路运输在调整运输量方面具有很强的灵活性,当海运受阻,管道尚未贯通时,能够迅速弥补地区石油供应短缺的局面。

(一)海洋运输

中国进口石油运输以海运为主,进口石油来源地相对集中,主要在中东、北非和东南亚的一些沿海地区。

从这些地区所处的地理位置来看,它们直接或间接地邻接海洋,因此从那些地区把原油运往中国,海运是优先于陆运的运输方式。海运的特点有以下几点。

(1)便宜:油轮运输的建设成本、管理成本等比铺设管道更低。

(2)安全:油轮运输的船体是经过特殊设计的,船体在海面以下部分会自然冷却。整个运输过程伴随着科学监测,比管道运输监测方便,还能降低石油在管道中流动产生静电的可能性,从而降低起火的风险。

(3)便捷:油轮运输受地域、政治、经济影响小,哪里需要就运到哪里。相比管道运输来说投资风险小得多。

(二)管道运输

石油管道运输的特点:量大、安全、便捷、经济等。管道主要用于陆路运输,是各国油田与油港、炼油中心之间的纽带。在国际石油贸易中,管道运输是与海运互为补充的重要运输方式。目前,与我国相连接的石油运输管道有:

(1)瓜达尔港工程输油线路:从巴基斯坦瓜达尔港到中国新疆。

(2)中缅天然气管道:时兑港—缅甸瑞丽—云南昆明。

(3)中哈石油运输管道:从哈萨克斯坦西部到中国新疆。

(4)泰纳线:东西伯利亚—太平洋石油管线。

(三)铁路运输

铁路运输的特点:运输成本高,运输时间较长,运载量有限,等等。

铁路运输是海洋运输和管道运输的重要补充形式。铁路运量有限,运输成本较海运、管运相对较高,但是在陆地上缺乏管道的地方,它是唯一的选择。

中亚地区与我国相连接的铁路运输线路有 2 条:俄罗斯的伊尔库茨克—中国满洲里;哈萨克斯坦—中国新疆阿拉山口。

由于中俄两国铁路轨距不同,火车经过满洲里时需要换装,这使得铁路运输的成本要比管道运输高。对于中俄这两个邻国来讲,管道运输是最具优势的运输方式,不但具有安全、环保的特点,而且损耗只有铁路运输的1/2,成本仅占铁路运输的1/3。

第三节 煤化工产品运输

一、煤炭的基本情况

煤是一种可以燃烧的黑色固体,是古代植物埋藏在地下经历了复杂的化学变化和高温高压而逐渐形成的固体可燃性矿物,俗称煤炭。煤炭被人们誉为"黑色的金子"、工业的食粮,它是18世纪以来人类世界使用的主要能源。

近年来,受全球经济快速发展的推动,煤炭作为基础能源,产量快速增长。2019年,全球煤炭产量达8133.4百万吨,较2018年增加了58.14百万吨,同比增长0.72%,2020年突如其来的新冠疫情,对全球经济造成巨大影响,全球煤炭产量有所下滑,2020年全球煤炭产量为7741.6百万吨,较2019年减少了391.8百万吨,同比减少4.82%。

(一)全球煤炭的分布

煤炭是地球上蕴藏量最丰富、分布地域最广的化石燃料,是一种不可再生的重要战略资源。据世界能源委员会的评估,截至2022年,世界上煤炭探明可采储量为15980亿吨,2022年全球煤炭消费量首次超过80亿吨,同比增长1.2%,世界煤炭总产量为83.18亿吨。2022年各主要产煤国煤炭产量如表4-1所示。

表4-1 2022年各主要产煤国煤炭产量

排名	国家	煤产量/亿吨	同比增长/%
1	中国	39.02	6.0
2	印度	7.59	7.1
3	印度尼西亚	5.65	9.2
4	美国	4.86	8.3
5	澳大利亚	4.70	2.1
6	俄罗斯	4.00	8.8
7	南非	2.46	−4.3
8	德国	1.07	17.6
9	哈萨克斯坦	1.13	2.3
10	波兰	1.01	7.2

(二)中国煤炭资源分布

煤炭是我国重要的基础能源。我国能源资源的基本特点是富煤、贫油、少气。我国能源禀赋并不乐观,主要的一次能源(石油、天然气、煤炭)的储采比低于世界平均水平。值得注意的是,尽管我国的一次能源禀赋结构被称为是"富煤、贫油、少气",但既有的能源禀赋结构造成煤炭在我国一次能源消费结构中所占的绝对比重达到约70%,以煤为主的能源消费结构与欧美国家以石油为主,煤炭、天然气为辅,水电、核能为补充的情况差异显著。

虽然我国煤炭资源比较丰富,但炼焦煤资源相对较少,炼焦煤储量仅占我国煤炭总储量的27.65%。炼焦煤类包括气煤(占13.75%)、肥煤(占3.53%)、主焦煤(占5.81%)、瘦煤(占4.01%)、其他为未分牌号的煤(占0.55%)。非炼焦煤类包括无烟煤(占10.93%)、贫煤(占5.55%)、弱碱煤(占1.74%)、不缴煤(占13.8%)、长焰煤(占12.52%)、褐煤(占12.76%)、天然焦(占0.19%)、未分牌号的煤(占13.80%)和牌号不清的煤(占1.06%)。炼焦煤的主要用途是炼焦炭,焦炭由焦煤或混合煤高温冶炼而成,一般1.3吨左右的焦煤才能炼1吨焦炭。焦炭多用于炼钢,是目前钢铁等行业的主要生产原料,被喻为钢铁工业的基本食粮。中国是焦炭生产大国,也是世界焦炭市场的主要出口国。

中国煤炭资源丰富,除上海外其他各省(区、市)均有分布,但分布极不均衡。在中国北方的大兴安岭—太行山、贺兰山之间的地区,地理范围包括煤炭资源量大于1000亿吨以上的内蒙古、山西、陕西、宁夏、甘肃、河南六省(区)的全部或大部,是中国煤炭资源集中分布的地区,其资源量占全国煤炭资源量的50%左右,占中国北方地区煤炭资源量的55%以上。

在中国南方,煤炭资源量主要集中于贵州、云南、四川三省,这三省煤炭资源量之和为3525.74亿吨,占中国南方煤炭资源量的91.47%,探明保有资源量也占中国南方探明保有资源量的90%以上。

二、煤炭的运输

中国煤炭运输主要依靠铁路、公路和水路。煤炭的运输方式包括铁路、公路和水路的单方式直达运输,或铁路、公路、水路多式联运。

(一)铁路煤炭运输

铁路运输是我国煤炭运输的主要方式,而煤炭历来是铁路运输的主要货物。我国铁路煤运量一直占煤运总量的60%以上,煤炭运输量占铁路货运总量的40%左右。尽管铁路运输价格低廉、运输量大、速度快、可靠性强,但是投资大、运营成本高、可达性差,也增加了煤化工的成本。

我国由于煤炭资源分布不均匀,形成了若干从北向南、由西向东的运煤铁路大通道,西煤东运、北煤南运对我国经济发展尤其重要。中国的主要煤运铁路路线如下。

(1)北通路:大秦线—京原线—神黄线—丰沙线—集通线;

(2)中通路:石太线—邯长线;

(3)南通路:太焦线—陇海线—宁西线—侯月线—西康线。

北煤南运运量大、运距长,主要采用铁路、海洋和内河水路运输。京沪线、京九线、京广线、焦枝线等以及沿海、长江和京杭运河等水路运输线都是北煤南运的主要线路。

(二)公路煤炭运输

公路运输速度快、机动性强、投资少、运量小、运营成本高、可靠性一般、环境污染较严重。铁路运输的价格低廉促使其成为煤炭最为适宜的运输方式。然而,由于铁路运输能力有限,铁路运力的不足由公路来补充。

由于成本和运价等因素,从理论上讲,公路煤炭运输只适合区域内近距离的运输。事实上,公路煤炭运输是铁路和水路煤炭运输的重要补充,在主要的煤炭生产基地和煤炭中转港腹地,一直有部分中、短距离的公路直达运输或公路集港运输。跨地区公路煤炭运输主要集结在山西、内蒙古等地区。

大规模的长距离煤炭运输并不能发挥公路运输方式的优势,然而随着经济发展对煤炭需求的大幅度增长,铁路运力不断趋紧,公路煤炭运输发展较快。以产煤大省山西为例。从成本核算的角度讲,公路煤运的经济运距应该不超过1000千米。但是,在电煤严重紧张、铁路运能无法满足的情况下,许多用煤企业不得不选择公路甚至高速公路进行运输,无形中成倍地提高了煤炭的消费价格。在山西、山东、河南和河北等省的高速公路上,都有运煤车排成黑色长队,超大吨位的运煤车不仅有可能损坏高速公路基础设施,而且有可能影响正常交通,无形中又增添了公路煤炭运输的附加成本。

(三)水路煤炭运输

1.我国煤炭水路运输概况

水运的特点是:运量大、投资少、运营成本低、速度慢、可靠性较差、可达性差。我国煤炭的水运分为远洋煤炭运输和内河、沿海煤炭运输。远洋煤炭运输:适合长或超长距离,运费最低,定期运输;内河、沿海煤炭运输:适合各种距离,运费低,定期运输。

沿海煤炭运输:首先通过铁路或公路将煤炭从生产基地集结到北方沿海中转港口,再由海轮运向渤海湾、华东和中南地区,以及国外。内河煤炭运输:通道主要包括长江和京杭运河,主要是将煤炭经过长江或运河的煤炭中转港或主要支流港中转后,用轮驳船运往华东和沿江(河)地区。这样的运输路线使我国形成了北煤南运、西煤东运的水上运输格局。

"铁水联运"是北煤南运的主要方式,因此海运在煤炭运输系统中的重要性仅次于铁路运输。不过,与铁路运输相比,由于各地港口和运输船队建设已经实施市场化运作,因此我国煤炭的海运能力提升较快,港口建设增长迅猛。

山西、内蒙古、陕西的煤炭主要通过北方的天津港、秦皇岛港、黄骅港下水转运，其中山西和内蒙古的煤炭主要通过天津港和秦皇岛港下水转运，陕西的煤炭主要通过天津港和黄骅港下水转运。另外，山东的煤炭主要通过日照港下水转运。

我国水路运输承运的煤炭主要走以下三条线路：一是"三西"（山西、陕西、内蒙古西部）地区煤炭经铁路、公路到北方沿海港口，中转至华东、华南沿海地区和出口海外；二是山西南部、河南、安徽、山东及贵州的煤炭由铁路、公路运至长江、大运河中转港口后转运到华东地区；三是贵州有少量煤炭经长江运往广东地区。沿海、长江是华东、华南煤炭运输的主要通道，水路运输承担了华南地区调进煤炭的 90%，承担了华东地区调进煤炭的 70%。

2.我国主要煤炭运输港口

（1）天津港。

截至 2019 年，天津港港口岸线总长 32.7 千米，水域面积 336 平方千米，陆域面积 131 平方千米。天津港由北疆港区、南疆港区、东疆港区、大沽口港区、高沙岭港区、大港港区 6 个港区组成。天津港拥有泊位 213 个，万吨级以上泊位 133 个。

2022 年，天津港集装箱吞吐量达到 2102.13 万标准箱，比上一年增长 3.7%，港口货物吞吐量 5.49 亿吨。2022 年 10 月 25 日，随着一列发往二连浩特的班列完成集装箱吊装，天津港 2022 年海铁联运量突破 100 万标准箱，比 2021 年提前 64 天。2023 年第一季度，天津港集团完成货物吞吐量 1.14 亿吨，同比增长 4.71%；完成集装箱吞吐量 504.7 万标准箱，同比增长 9.09%，创首季吞吐量历史新高。

（2）连云港港。

连云港港位于江苏省连云港市，海州湾西南岸。港口北倚长 6 千米的东西连岛天然屏障，南靠巍峨的云台山，为横贯中国东西的铁路大动脉——陇海铁路、兰新铁路的东部终点港，被誉为新亚欧大陆桥东桥头堡和新丝绸之路东端起点，是中国中西部地区最便捷、最经济的出海口。

截至 2020 年，连云港港泊位长度为 17540 米，生产用泊位有 84 个，其中万吨级以上泊位有 70 个。完成货物吞吐量 25168.95 万吨，完成集装箱吞吐量 480.34 万标准箱。进出港的主要货类有矿石、煤炭、粮食、铝矾土、胶合板、建材、液体化工、机械车辆、集装箱等。

（3）青岛港。

青岛港位于环渤海地区港口群、长江三角洲港口群和日韩港口群中心地带，也是距离国际主航线最近的港口之一，拥有世界上最大的 40 万吨级矿石码头、45 万吨级原油码头、可停靠世界上最大的 2.4 万标准箱船舶的集装箱码头和可停靠世界最大 22.7 万吨级邮轮的专用码头。青岛港是中国重要的煤炭出口基地之一，具有集装箱装卸、煤炭装卸、矿石装卸、原油装卸四大优势，拥有国际一流的现代化煤炭专用码头和全套先进的自动化翻车装船系统。

2022年,青岛港完成货物吞吐量6.27亿吨,同比增长10.3%;完成集装箱吞吐量2682万标准箱,同比增长13.1%;实现营业收入192.63亿元,同比增长14.71%;实现归母净利润45.25亿元,同比增长13.63%。吞吐量、经营业绩均实现两位数增长,展现了青岛港强大的发展韧劲与实力。

第四节　天然气运输

天然气经常以压缩天然气的形态储存在天然气井采空后遗留的地下洞穴内,或者以液化天然气的形态储存于气罐中。在市场需求低迷的时候,天然气就会被注入这些地方储存起来,待到需求旺盛的时候提取。储存点设在最终用户附近最有助于满足不断波动的需求,但实际操作中也可能遇到各种阻碍。

天然气利用过程中的主要困难是储存与运输。天然气管道运输的方案是非常经济的,但在需要穿越大洋的情况下并不可行,而且北美地区的许多现有天然气管线已经接近运输能力上限。槽车只能短途运输液化天然气(Liquefied Natural Gas,缩写为LNG)或压缩天然气(Compressed Natural Gas,缩写为CNG),而液化天然气油轮则可以横渡大洋来运输液化天然气。远洋轮船会直接运输到最终用户处,或是运到像管道这类能将天然气进一步输送的配送点。但是这种方式会因需要在生产地点增加额外的设施进行气体的液化或压缩而花费更多的资金,这种额外设施称为液化天然气站,并且还需要在相应的最终用户或输入管道的设施那里进行汽化或减压处理。

一、我国天然气资源基本情况

(一)我国天然气分布

我国天然气资源主要分布在中西部的盆地,据预测,资源总量可达40~60多万亿立方米。

目前,我国有四大天然气产区:一是塔里木盆地气区,是西气东输工程的主要气源;二是四川(川渝)气区,供应四川、重庆、武汉一带;三是陕北气区,主要供应北京一带;四是柴达木盆地气区,供应兰州一带。

(二)中国天然气进口

我国天然气主要管道进口国包括俄罗斯、土库曼斯坦、乌兹别克斯坦、哈萨克斯坦和缅甸。

2020年,中国天然气进口数量实现稳步增长,天然气进口来源呈现多元化特征。海关数据显示,2020年,中国天然气进口量为10166.1万吨,同比增长5.3%;进口金额为2314.9亿元,同比减少19.4%。

2020年，疫情叠加国际油价暴跌，天然气市场遭受重击，价格显著下降。随着中国有效防疫措施的实施，企业有序复工复产，天然气需求保持较快增长。据市场统计，2020年中国天然气表观消费量达3289亿立方米，同比增长7.6%。

随着我国天然气进口比重的增大，供应渠道的安全性也就成了必须要考虑的重要问题。为此，我国采取了天然气进口多元化的战略，投入巨资加紧构建东北、西北、西南和海上四大油气进口通道。其中，通过西北通道引进的中亚、俄罗斯等地的管道天然气将是未来境外天然气资源的重要来源。

二、天然气运输方式

天然气运输主要通过两种方式：输气管道运输和液化天然气海上运输。其中，利用天然气管道输送天然气，是在陆地上大量输送天然气的最主要方式。在世界管道总长中，天然气管道约占其长度的一半。相关数据显示，截至2021年8月，我国长输天然气管道总里程达到11万千米，达到"西气东输、北气南下、海气登陆、就近供应"的天然气供应目标，我国天然气管道发展开始步入快车道。

（一）输气管道运输

输气管道运输是天然气运输的最主要方式，可从产地直接运输到消费者所在地。输气管道的运行不仅需要铺设管道，还需要在管道上建立压力站保证天然气流动的速度，是一项非常浩大的工程。输气管道根据运输的不同段可以分成三类。

第一类是集气管道。它主要是指从气田井口装置经集气站到气体处理厂或起点压气站的管道，其用途主要是收集从地层中开采出来未经处理的天然气。由于气井压力很高，一般集气管道压力约在 $100kgf/cm^2$ 以上，管径为 $50\sim150mm$。

第二类是输气管道。它是指从气源的气体处理厂或起点压气站到各大城市的配气中心、大型用户或储气库的管道，以及气源之间相互连通的管道。其输送经过处理符合管道输送质量标准的天然气，是整个输气系统的主体部分。输气管道的管径比集气管道和配气管道管径大，目前最大的输气管道管径为1420mm。天然气依靠起点压气站和沿线压气站加压输送，输气压力为 $70\sim80kgf/cm^2$，管道全长可达数千千米。

第三类是配气管道。它是指从城市调压计量站到用户支线的管道。压力低、分支多，管网稠密，管径小，除大量使用钢管外，低压配气管道也可用塑料管或其他材质的管道。输气管道同输送液体管道相比具有以下特点：

（1）输气管道系统是个连续密闭输送系统。

（2）从输送、储存到用户使用，天然气均处于带压状态。

（3）由于输送的天然气比重小，静压头影响远小于液体，设计高差小于200米时，静压头可忽略不计，线路几乎不受纵向地形限制。

（4）不存在液体管道水击危害。

（5）发生事故时危害性大，波及范围广。管道一旦破裂，释放能量大，撕裂长度较长，排出的天然气遇有明火，还易酿成火灾。

1.中缅油气管道

缅甸是世界第十大天然气储藏国。我国进口天然气有一条非常重要的管线，就是中缅油气管道。原油管道起点位于缅甸西海岸马德岛，天然气管道起点在皎漂港。经缅甸若开邦、马圭省、曼德勒省和掸邦，从云南瑞丽进入中国，将在贵州安顺实现油气管道分离，而曾一度被"油荒"困扰的重庆，将成为原油管道的末站。天然气管道，则将南下到达广西。

中缅油气管道是继中哈原油管道、中亚天然气管道和中俄原油管道之后又一条重要的能源进口通道。它包括原油管道和天然气管道，可跨越马六甲海峡，对保障能源安全有重大意义。

2.西气东输管线

西气东输管线是我国距离最长、口径最大的输气管道。中国西部地区天然气向东部地区输送，主要是将新疆塔里木盆地的天然气输往长江三角洲地区。输气管道西起新疆塔里木的轮南油田，向东最终到达上海。

（二）液化天然气海上运输

液化天然气海上运输是最近几十年发展起来的天然气运输方式。天然气在产地被冷却成液体状态后装船，由专门运输液化天然气的巨型轮船将液态天然气运往拥有特殊设施的港口，重新将其汽化，然后利用已有的天然气管道进行运输。

案例分析

练习与思考

（1）谈谈能源与化工，能源化工包括哪些行业？

（2）能源化工产品有哪些？

（3）什么是石油化工和煤化工？

（4）列举 2022 年我国前十大石油进口国。

（5）简述石油化工产品主要运输方式。

（6）简述煤化工产品主要运输方式。

（7）简述我国的北煤南运、西煤东运工程及其意义。

（8）简述我国西气东输工程及其意义。

第五章　能源化工仓储

本章导读

　　能源是人类生存和发展的重要物质基础,历来备受世界各国所重视。我国是一个煤多油少、优质资源不足的发展中国家,在经济全球化、世界政治格局多极化的今天,如何保障能源化工的仓储,保证能源的可持续供应是关乎我国经济和社会可持续发展的重大战略问题。

　　能源化工储备可分为国防储备和经济储备。国防储备又称为战略性和关键性储备,是一种由政府控制的资源,库存只在战争或自然灾难时期才会投放,是以保障国家能源的不间断供给为目的的能源化工储备。经济储备强调的是物资的民用性,以平抑价格波动为目的。

　　能源安全是一个国家或地区可以持续、稳定、足量和经济地获取所需能源的状态或能力。其包括能源的经济安全(供应安全)和能源的生态环境安全(使用安全)。能源的经济安全包括三方面:保障供给、随机应变及可持续利用。能源储备可以采用多种方式实现,其中能源化工的仓储是能源安全重要的部分,即储备安全。

　　本章针对能源化工综合体系的物流仓储进行了阐述,对能源化工产品及市场,固体能源资源及产品的仓储、液体能源资源及危险产品的仓储及规范、气体能源资源及产品的仓储,以及全球能源资源及产品的交割仓库及相关业务分类,结合物流的流程及仓储要求、安全保障进行综合阐述。

第一节　固体资源及产品仓储

一、煤炭资源的储存

(一)煤化工产业

固体资源及产品的仓储

煤化工是以煤为原料,经过化学加工使煤转化为气体、液体、固体燃料以及化学

品的过程,生产出各种化工产品的工业。如图 5-1 所示。

煤化工包括煤的一次化学加工、二次化学加工和深度化学加工。煤的焦化、汽化、液化,煤的合成气化工、焦油化工和电石乙炔化工等,都属于煤化工的范围。

煤化工的生产技术中,炼焦是应用最早的工艺,并且至今仍然是煤化学工业的重要组成部分。煤的汽化在煤化工中占有重要地位,用于生产各种燃料气体,其属于清洁能源,有利于提高人民生活水平,改善环境质量;煤汽化生产的合成气是合成液体燃料等多种产品的原料。

煤直接液化,即煤高压加氢液化,可以生产人造石油和化学产品。在石油短缺时,煤的液化产品将替代目前的天然石油。

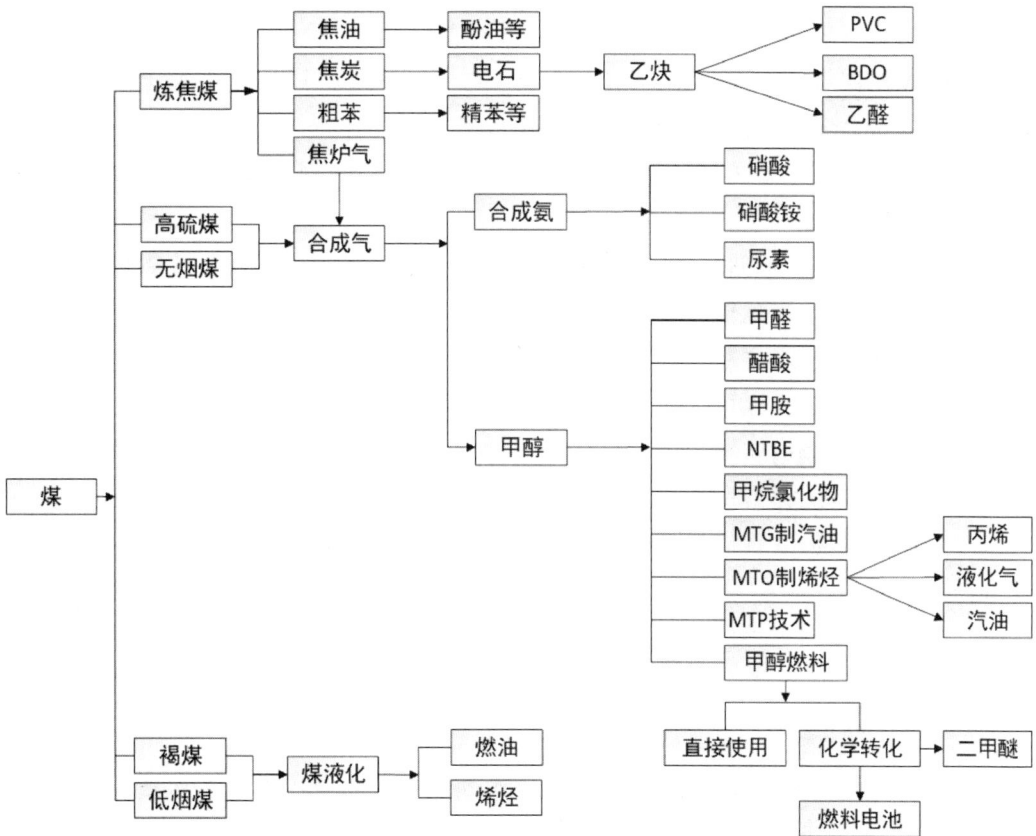

图 5-1　煤化工过程及范围

(二)煤炭的仓储

煤炭储存是指煤炭生产企业、煤炭经销企业、煤炭用户通过一系列配套设备将煤炭暂时存放在储存设施(如地坪或煤仓)中,以备用时所需。

储存已成为煤炭开采、加工及运销各环节中的重要一环,其作用是:①为保证煤矿正常生产和满足销售,而储存一定周转数量的煤炭。②煤炭经销企业接受来自煤矿的煤炭,进行中转环节的倒卸、倒装及保证供货的周转和必要的应急储备。③煤炭用户为维持正常均衡生产,抵御市场和客观条件给生产带来的影响,而储存一定量的煤炭。各国储存煤炭的数量视当时的能源形势和煤炭需求而定。

1. 储煤场的类型

(1)根据建筑物是否露天分类。

根据储煤场地是否露天将储煤类型分为 2 类。

①露天储煤场:将煤炭堆放在地坪储煤场上。

②封闭式储煤场:将煤炭储放在料仓内。

(2)根据储煤场装卸机械的不同分类。

根据储煤场装卸机械的不同可分为以下 4 类。

①扒煤机储煤场:这种储煤场使用广泛,通常采用倾斜溜槽将煤炭送到储煤场,溜槽上端位于储煤场上部通道内,下端在煤坑上。

②抓斗起重机储煤场:利用铲斗起重机来装卸煤炭,目前多使用履带转动的移动式旋转抓斗起重机。

③移动式装车机械储煤场:使用移动机械装车的储煤场包括栈桥式煤场、皮带运输机式储煤场、电铲和运输机混合作业储煤场。

④推土机储煤场:主要是利用推土机在储煤场上进行推煤和返煤作业。推土机不仅能在地面上推煤,也可以在煤堆上推煤。

(3)根据储煤场的布置形式分类。

①圆形储煤场:是最普遍最简单的一种露天储煤形式,煤在地面上储存。

②楔形储煤场:这种储煤场储煤能力大,且不同煤质可分别堆放,并可单独装车或混合装车。

③矩形储煤场:这种储煤场可采用移动卸煤小车或可逆式胶带输煤机堆煤,也可依地形布置。

2. 储煤仓的类型

储煤仓是一种储煤建筑物,内设储煤设施和必要的装车机械。储煤仓有方形、圆形、条形等。中国多采用条形和圆形。储煤仓的结构有木结构、金属结构、砖石结构、钢筋混凝土结构等。

大型煤矿多采用钢筋混凝土结构的储煤仓,这种储煤仓的使用年限长,容量大,坚固适用,但投资大,建造时间长,不能迁移。

3. 煤炭运输存储过程中自燃事故的预防

在煤矿生产过程中,因为实行"两强一快"快速推采,使用的又都是防爆阻燃设备,再加上到位的通风管理,采区一般不会发生煤炭自燃现象。但是煤炭运输、存储环节多,且煤炭在空气中暴露时间长,促使煤炭自燃的条件也较多。在此过程中的每一个阶段都有可能发生煤炭自燃的安全事故,会对设备造成严重破坏,导致停工、停产、抢修事故。这是煤炭企业潜伏着的重大安全隐患。

一般情况下,烟煤煤堆的储存温度以 49℃～66℃ 为宜;高硫煤应该有一个极限储存期限,还应保证煤堆通风状况良好;应保证煤堆有一定湿度,防止煤尘飞扬,但水分不可过高,否则促进煤的氧化进程;应限制煤堆的极限高度和储存期限。

(1)煤炭发生自燃的条件。

当煤炭暴露在空气中时,煤中的碳就会被氧化生成二氧化碳和一氧化碳。如果空气流通不足,这些气体就会积聚产生一定的热量。若氧化生成的热量较少并能及时散失,则煤炭温度不会升高;若氧化生成的热量大于向周围散失的热量,则煤炭温度将升高。随着煤炭温度的继续升高,氧化急剧加快,从而产生更多的热量,煤炭温度也会急剧上升,当煤炭温度达到着火点(150℃～300℃)时,煤即自发燃烧。煤炭自燃虽然是一个复杂的过程,受着多种因素的影响,但必须具备以下条件:

①煤型(即煤种有自燃倾向性,且以破碎状态存在,如烟煤);

②有连续的供氧条件(氧气浓度达到要求);

③有积聚氧化热量的条件(高固有水分、低灰分);

④上述三个条件持续足够的时间(1.5～3 个月)。

(2)煤炭在运输、存储过程中易发生自燃的部位。

在煤炭运输、存储过程中,因为流转环节较多,所以事故预防重点也较多。对煤炭自燃事故的研究发现,事故预防重点主要在井下漏煤眼、筒仓和地面煤场 3 处。主要有以下 3 个原因。

①煤从空气中吸收氧气时可产生热量,氧化后产生的热量可引发煤炭自燃,长时间存储的煤自燃可能性会加大。在"老煤"上放"新煤"可造成煤的粒度分离,从而扩大氧化面积,这也是引发煤炭自燃的一个重要原因。之所以井下漏煤眼、地面煤场和筒仓被确定为重大安全隐患,都有这个原因。

②煤变湿时,温度可能会上升至危险的程度,这是因为水在"润湿热"现象中的作用。润湿煤是一种放热过程,而旁边的煤就会吸收这一热量,因而会使温度升高,导致自燃。之所以井下漏煤眼、筒仓被确定为重大安全隐患,都有这个原因。

③煤干燥也很危险,因此时温度升高,更容易发生自燃。地面煤场被确定为重大安全隐患也有这个原因。

(3)避免煤炭在运输、存储过程中发生自燃。

①要核定存储煤的时间。资料显示,一般的煤炭自燃期为 1 个月到 3 个月,所以存煤时间尽量不要超过煤的自燃期限。

②避免"老煤"和"新煤"同仓存储。在"老煤"上放"新煤"会造成煤的粒度分离,从而扩大氧化面积,所以要严格避免这一现象。

③要保持适当的水分以延长煤炭的氧化期。根据分析,煤炭自燃前的全水分为

5％～7％,当含水量达到12％时,不会发生自燃。所以要对地面煤场、筒仓等采取措施防止水分流失,杜绝煤炭的氧化自燃。

④地面煤场在堆积中要用推煤机将煤一层一层压实压牢,这样可以使煤炭尽可能少地接触到空气,不被氧化。

⑤加强地面煤场、筒仓的现场管理,及早发现煤炭自燃(局部温度升高、冒热气、冒烟等)征兆,防止煤炭自燃。

⑥使用红外线自燃探测器检测煤炭自燃。一是可以快速检查所有易受影响的设备;二是高清晰度的热成像可以清楚地显示煤炭自燃现状;三是可以探测煤炭表面以下是否有阴燃;四是确定筒仓或储仓内热点位置等,便于处置。

二、固体石油化工产品的仓储

在传统的化工企业中,由于化工产品的稀缺性,企业把主要精力放在如何扩大生产和销售上,导致"重产销、轻储运"现象的普遍存在,因而忽视了仓储管理。传统观念对仓储工作存在一定的偏见,认为仓储管理不需要专业知识,也不需要专业设备,致使仓储设施长期落后,管理和操作人员的综合素质普遍不高,管理水平低下。进入21世纪,随着石油化工产业的不断发展,企业的生产规模越来越大,加上全球能源紧缺,化工产品的单位价值迅速攀升,仓储管理工作逐步得到重视,成为企业生产经营链条上重要的一环。

在大型石油化工企业,固体化工产品在储存中具有的易变质、易变形等特点,使其对仓储环境要求较高。而仓储作业过程中常会因为破损、变质等原因造成部分产品的损耗。由于化工产品生产工艺复杂,附加值高,能耗、物耗高,仓储过程中的损耗直接导致产品降等级销售和企业效益流失。因此,如何有效控制仓储过程的产品破损成为化工产品仓储管理的新重点,降低破损率也就成了提升企业经济效益的有效途径之一。

固体化工产品品种很多,本节选取一种典型的大宗有机原料PTA来具体分析其仓储管理。

(一)PTA物理及化学性质

PTA是精对苯二甲酸(Pure Terephthalic Acid)的英文缩写,是重要的大宗有机原料之一,其主要用途是生产聚酯纤维(涤纶)、聚酯瓶片和聚酯薄膜,广泛用于化学纤维、轻工、电子、建筑等与国民经济相关的各个方面,与人民生活水平的高低密切相关。

PTA的应用比较集中,世界上90％以上的PTA用于生产聚对苯二甲酸乙二醇酯(PET,简称聚酯),其余部分用来做聚对苯二甲酸丙二醇酯(PTT)和聚对苯二甲酸丁二醇酯(PBT)及其他产品的原料。

（二）PTA 的包装、运输和储存

袋装产品采用内衬塑料薄膜的包装袋包装，每袋产品净含量 25kg。包装袋上应印有生产厂名、厂址、商标、产品名称、等级、批号、净含量等。PTA 在仓库存放时被打包成托盘，托盘规格一般为 1.3m×1.1m，一般一托盘放 50 包、55 包或 60 包。一般按 25kg 一包计算，一托盘分别为 1.25t、1.375t 或 1.5t。当然也有散包运输的，直接装在集装袋里。

图 5-2　PTA 的托盘运输（左）和集装袋包装（右）

已包装的 PTA 产品可以使用普通货车或集装箱车运输。散装的 PTA 产品可使用不锈钢槽车装运，装料前应检查槽车是否清洁、干燥，装料后进料口应密闭并加铅封。PTA 产品运输中应防火、防潮、防静电。袋装产品搬运时应轻装轻卸，防止包装损坏；槽车装卸作业时应注意控制装卸速度，防止产生静电。

PTA 为易燃物质，遇高热、明火或与氧化剂接触，有燃烧的危险。PTA 产品应存放在阴凉、通风、干燥的仓库内，应远离火种和热源，与氧化剂、酸碱类物品分开存放，应防止日晒雨淋，不得露天堆放。PTA 粉尘具有爆炸性，因此，产品的生产和装卸过程应注意密闭操作，工作场所应采取必要的通风和防护措施，防止产品泄漏和粉尘积聚。PTA 属低毒类物质，对皮肤和黏膜有一定的刺激作用。对于易过敏者，接触本品可引起皮疹和支气管炎。空气中最高容许浓度为 0.1mg/m³。

第二节　液体资源及产品仓储

一、主要能源知识

石油主要被用来作为燃料，也是许多化学工业产品如溶液、化肥、杀虫剂和塑料等的原料。石油常用"桶"作为一个容

液体资源及产品的仓储

量单位,即 42gal,折合约 158.98L。因为各地出产的石油的密度不尽相同,所以一桶石油的重量也不尽相同。一般一吨石油大约有 7 桶,轻质油则为 7.1～7.3 桶不等。

(一)石油化工的基本知识

石油化学工业简称石油化工,是化学工业的重要组成部分,在国民经济发展中有重要作用,是我国的支柱产业之一。石油化工指以石油和天然气为原料,生产石油产品和石油化工产品的加工工业。

(二)石油化工产品的分类

石油化工产品可分为石油燃料、石油溶剂与化工原料、润滑剂、石蜡、石油沥青、石油焦 6 类。

(1)石油燃料。

①汽油:汽油是外观透明的液体,主要成分为脂肪烃和环烃类,并含少量芳香烃和硫化物。目前,按研究法辛烷值,一般把汽油分为 89 号、92 号、95 号和 98 号 4 个牌号。汽油有以下优点:具有较高的辛烷值和优良的抗爆性,用于高压缩比的汽化器式汽油发动机上,可提高发动机的功率,减少燃料消耗量;具有良好的蒸发性和燃烧性,能保证发动机运转平稳、燃烧完全、积炭少;具有较好的稳定性,在贮运和使用过程中不易出现早期氧化变质,对发动机部件及储油容器无腐蚀性。

②喷气燃料:喷气燃料即喷气发动机燃料,又称航空涡轮燃料,是一种轻质石油产品。主要由原油蒸馏的煤油馏分油经精制加工制得,也可由原油蒸馏的重质馏分油经加氢裂化生产制得。喷气燃料分宽馏分型(沸点 60℃～280℃)和煤油型(沸点 150℃～315℃)两大类,广泛用于各种喷气式飞机。煤油型喷气燃料也称航空煤油,在第二次世界大战后,其产量随喷气式飞机的发展而急剧增长。

③柴油:柴油又称油渣,是石油提炼后的一种油质产物。它由不同的碳氢化合物混合组成。它的主要成分是含 10～22 个碳原子的链烷、环烷或芳烃。它的化学和物理特性位于汽油和重油之间,沸点为 170℃～390℃,比重为 0.82～0.845kg/L。

④燃料油:大部分石油产品均可用作燃料,但燃料油在不同的地区却有不同的解释。在欧洲,燃料油的概念一般是指原油经蒸馏而留下的黑色黏稠残余物,主要用作蒸汽炉及各种加热炉的燃料;在美国则指任何闪点不低于 37.8℃ 的可燃烧的液态或可液化的石油产品,它既可以是残渣燃料油,也可以是馏分燃料油。

(2)石油溶剂和化工原料。

①石油溶剂:石油溶剂在香精、油脂、试剂、橡胶加工、涂料等工业中用作溶剂,或用于清洗仪器、仪表、机械零件。

②石蜡:石蜡产品包括石蜡(占总消耗量的 10%)、地蜡、石油脂等。石蜡主要做包装材料、化妆品原料及蜡制品,也可作为化工原料生产脂肪酸(肥皂原料)。

③润滑油：从石油中制得的润滑油占总润滑剂产量的95%以上。除润滑性能外，还具有冷却、密封、防腐、绝缘、清洗、传递能量的作用。

④润滑脂：润滑脂俗称黄油，是润滑剂加稠化剂制成的固体或半流体，用于不宜使用润滑油的轴承、齿轮部位。

⑤石油焦：石油焦在冶金（钢、铝）、化工（电石）行业做电极。

二、主要产品仓储

（一）石油的天然储存

分散的油滴随着地层的不断下降，温度的不断升高，加上地心引力的影响，逐渐活跃起来，并向地心的方向游移，越往深处温度就越高，油滴可能就越活跃。地层的物质结构不同，地层下的沉积物有时候颗粒较粗，颗粒间空隙较大，便形成了砂岩、砾石，有时候颗粒较细，就形成了页岩、泥岩。在地层压力的作用下，这些分散的油滴会不断地顺着它们可以通行的路线行进，最后被挤进多孔的砂岩层，而砂岩层也成为储积石油的地层；空隙很小的页岩层，由于油滴无法挤进去，储积不了石油，就成了防止石油跑掉的"隔离层"。

地壳是由密度较大的页岩——玄武岩组成的，而且凸凹不平，向上突起的叫背斜构造，向下弯曲的叫向斜构造；有的岩层像馒头一样隆起，叫穹隆构造。集合的油滴会沿着隆坡继续前行，不断向向斜构造或穹隆构造岩层的顶部汇集，这时石油位于上部，而处在中间、下部的则是水。进入凹陷的地壳区域，这里如同一个大的脸盆，油流汇集起来，越集越多，成为储藏石油的大"仓库"，这在地质学上被称为"储油构造"。从分散的油滴到汇集成的油流，最后都进入大的储油"仓库"。

（二）液体化工物质的仓储

石油化工物质在仓储的时候会按照成分的不同进行仓储，如表5-1所示。当然也会对储藏的场所有相关的规定，如表5-2所示。

表 5-1 易燃可燃液体储存分类及举例

储存类别		特征	举例
甲		闪点＜28℃的液体	汽油、石脑油、苯、甲苯、对二甲苯、丙酮
乙	A	28℃≤闪点＜45℃的液体	煤油、苯乙烯、喷气燃料
	B	45℃≤闪点＜60℃的液体	－35号轻柴油、环戊烷、硅酸乙酯
丙	C	60℃≤闪点≤120℃的液体	轻柴油、重柴油、苯胺、乙二醇、辛醇
	D	闪点＞120℃的液体	蜡油、润滑油、甘油、100重油等

表 5-2　液体化工产品的储罐型式

液体类别	储罐型式			
	固定顶罐		浮顶罐、内浮顶罐	卧罐
	≤1000m³	>1000m³		
甲、乙类	0.6D(固定式消防冷却) 0.75D(移动式消防冷却)	0.6D,且≤20	0.4D,且≤20	0.8
丙A类	0.4D,且≤15		—	
丙B类	2	5	—	

注:①表中D为相邻较大罐的直径;②储存不同类别液体的或不同型式的相邻储罐的防火间距,应采用本表规定的较大值;③高架罐的防火间距,不宜小于0.6m;④现有浅盘式内浮顶罐的防火间距同固定顶罐。

液体储罐型式

三、仓储安全

(一)石油仓储的注意事项

石油应储存于阴凉、通风的库房,远离火种、热源,应与氧化剂、卤素分开存放,切忌混储。采用防爆型照明、通风设施,禁止使用易产生火花的机械设备和工具,储区应备有泄漏应急处理设备和合适的收容材料。石油商品在储运和保管中,经常发生质量变化,因此,在保管过程中应采取措施,延缓其变化速度,确保出库商品质量合格。

1. 减少轻组分蒸发和延缓氧化变质

一些油品,特别是汽油、溶剂油等,蒸发性较强。由于蒸发,除大量轻组分损失外,油品质量也随之降低。如在7℃~48℃范围内,在有透气阀的露天油罐中储存70号汽油,10个月后10%馏出温度增高约10℃,饱和蒸气压也会下降;皂化溶剂油中的乙醇蒸发后会使乳化性能变差;等等。油品在长期储存中还会氧化,使油质量变差。例如,汽油、柴油的胶质增多,润滑油的酸值增大,润滑脂的游离碱变小或产生游离酸等。

2. 防止混入水杂造成油品变质

油品中的水杂,绝大部分是在运输、装卸、储存过程中混入的。在全部储存变质的油品中,由于混入水杂而导致质量不合格的占绝大部分。混入油品中的杂质除了会堵塞滤清器和油路,造成供油中断外,还会增加机件磨损;混入油品中的水分会腐蚀机件(水分在低温下冻结后也会堵塞油路);水分的存在会造成一些添加剂(如清净分散剂、抗氧抗腐剂、抗爆剂等)分解或沉淀,使其失效;有水分存在时,燃料氧化速度加快,其胶质生成量也加大;加有清净分散剂的润滑油和各种钠基润滑脂遇水会乳化;各种电器专用油品在混入水或杂质后绝缘性能急剧变差。

3.防止混油或容器污染变质

不同性质的油品不能相混,否则会使油品质量下降,严重时会使油品变质。特别是各种中高档润滑油,含有多种具有特殊作用的添加剂,当与加有不同性质添加剂的油品相混时,就会影响它的使用性能,甚至会使添加剂沉淀变质。润滑油中混入轻质油,会降低闪点和黏度;食品机械油脂混入其他润滑油脂,会造成食品污染;溶剂油中混入车用汽油会使馏程不合格并增加毒性。

(二)石油等油品仓储防护措施

1.降低温度,减小温差

温度高时蒸发量大,氧化速度也加快。所以要选择阴凉地点存放油品,尽量减少或防止阳光曝晒,还可在油罐外表喷涂银灰色或浅色的涂层,以反射阳光,降低油温。在炎热季节应喷水降温。有条件的地方应尽量使用地下、半地下或山洞储存油品,以降低储存温度,延缓油品氧化,减少油品胶质增多的倾向。

2.减少与空气、金属的接触

为减少油品与空气的接触面积,减少蒸发,应多用罐装,少用桶装。减少不必要的倒装,每倒装一次油品,就会增加一次蒸发损耗。实践证明,倒装 1t 汽油,仅大呼吸损耗即达 1.5～2.0kg,倒装还会增加油品与空气接触,加速氧化。

减少与铜或其他金属接触,各种金属特别是铜,能诱发油品氧化变质。实验证明,铜能使汽油氧化生胶的速度增大 6 倍。因此,油罐内部不要用铜制部件。油罐内壁涂刷防锈层,能较好地避免金属对油品氧化所起的催化作用(涂层还能防止金属氧化锈蚀),减缓油品变质的进程。减少与空气接触,尽可能密封储存。密封储存油品,具有降低蒸发损失、保证油品清洁、延缓氧化变质、减轻容器修饰等优点。密封储存对于润滑油较为适宜,特别是高级润滑油和特种油品,应当采用密封储存,以减少与空气接触和防止污染物侵入。对于蒸发性较强的汽油、溶剂油等,要采用内浮顶油罐储存,以降低蒸发损耗和延缓氧化。据国外测定,用浮顶罐储存汽油,可减少蒸发损失 80%～95%;同时还可减少环境污染,减少火灾爆炸事故的发生。

3.防止混入水杂,是搞好油品质量管理工作的主要环节

要定期检查油罐底部状况和清洗储油容器。油品储存的时间越长,氧化产生的沉积物越多,对油品质量的影响越严重。因此,必须每年检查罐底一次,以判断是否需要清洗。各种油罐的清洗周期要求是:轻质油和润滑油储罐 3 年清洗一次,重柴油储罐 2.5 年清洗一次。

定期抽检库存油品,确保油品质量。为确保油品质量,防止在保管过程中质量变

化,要定期对库存油品抽样化验。桶装油品每0.5年复验一次,罐存油品可根据其周转情况每3~12月复验一次。对于易变质、稳定性差、存放周期长的油品,都应缩短复验周期。

为了防止散装油品在卸收、输转、灌装、发运等过程中发生污染,应根据油品的不同性质,将各管线、油泵分组专用,不同性质的油品,不要混用,如必须混用时,要清扫管线余油,在管线最低位置用真空泵抽取余油或用过滤后的压缩空气清扫,有条件的也可用蒸汽清扫,再用拟输送的油品冲洗几分钟,放出油头,并经检查确认清洁后方可使用。

第三节 气体资源及产品仓储

由于天然气的产地往往不在工业或人口集中地区,因此必须解决运输和储存问题。天然气的主要成分是甲烷,其临界温度为190.58K,在常温下无法仅靠加压将其液化。天然气的液化、储存技术已逐步成为一项重大的先进技术。目前,液化天然气在中国已经成为一门新兴工业,正在迅猛发展。液化天然气技术除了用来解决运输和储存问题外,还广泛地用于天然气使用时的调峰装置。

一、气体资源基本知识

(一)气体资源的种类

天然气系古生物遗骸长期沉积地下,经慢慢转化及变质裂解而产生的气态碳氢化合物,具可燃性,多在油田开采原油时伴随而出或来自纯天然气气田。广义的天然气是指地壳中一切天然生成的气体,包括油田气、气田气、泥火山气、煤层气和生物生成气等。

天然气是一种多组分的混合气体,主要成分是烷烃,其中甲烷占绝大多数,比重约0.65,比空气轻,具有无色、无味、无毒之特性。另有少量的乙烷、丙烷和丁烷,此外一般还含有硫化氢、二氧化碳、氮和水汽,以及微量的惰性气体,如氦和氩等。

1. 液化天然气

天然气在常压下,冷却至约-162℃时,由气态变成液态,称为液化天然气。液化天然气的主要成分为甲烷,还有少量的乙烷、丙烷以及氮等。天然气在液化过程中进一步得到净化,甲烷纯度更高,几乎不含二氧化碳和硫化物,且无色、无味、无毒。

2. 液化石油气

液化石油气是石油产品之一,是由炼厂气或天然气(包括油田伴生气)加压、降温、液化得到的一种无色、易挥发的气体。由炼厂气所得的液化石油气,主要成分为丙烷、丙烯、丁烷、丁烯,同时含有少量戊烷、戊烯和微量硫化合物杂质。由天然气所得的液化气的成分基本不含烯烃。

3.液化煤层气

中国是世界煤炭生产大国,煤层气相应的储藏量也很大,基本和天然气储藏量一样。煤层气的基本成分是甲烷。它除了是廉价的化工原料外,主要作为燃料使用:不仅可以用作居民的生活燃料,而且还可用作汽车、船舶、飞机等交通运输工具的燃料。煤层气热值高,燃烧产物对环境污染少,被认为是优质洁净燃料。

二、天然气的储存方式

(一)天然气的气态储存

天然气的气态储存方式分为高压储气柜储存、地下储气库储存、高压管道储存、管束储存和吸附储存等。

1.高压储气柜储存

天然气高压储气柜又称定容储气柜,即其几何容积固定不变,依靠改变柜内的压力储存天然气。优质钢材的出现和焊接技术的提高为建设高压储气柜开拓了广阔的前景。高压储气柜按其形状分为圆筒形和球形两种。

(1)圆筒形储气柜。

圆筒形储气柜是两端为碟形、半球形或椭圆形封头的圆筒形容器,按安装方法的不同,可分为立式和卧式两种。

(2)球形储气柜。

球形储气柜一般是将在工厂压制成形的球片,试组装后运到现场拼装、焊接制成的,焊缝需退火处理。

2.地下储气库储存

天然气的地下储存通常利用枯竭的油气田、含水多孔地层或盐矿层。

(1)利用枯竭油气田储气。

为了利用地层储气,必须准确地掌握地层参数,其中包括孔隙度、渗透率、有无水浸现象、构造形状和大小、油气岩层厚度、有关井身和井结构的准确数据及地层和邻近地层隔绝的可靠性等。以前开采过而现在枯竭的油气层,其参数无疑是已知的,因此已枯竭的油气田是最好和最可靠的地下储气库。

(2)在含水多孔地层中建造地下储气库。

天然气储库由含水砂层及一个不透气的背斜覆盖层组成,其性能和储气能力依据不同地质条件而有很大差别。

(3)利用盐矿层建造储气库。

利用盐矿层建造储气库首先需进行排盐,将井钻到盐层后,把各种管道安装至井下。由工作泵将淡水通过内管压到岩盐层,饱和盐水从内管和溶解套管之间的管腔排出。当几个测点测出的盐水饱和度达到一定值时,排除盐水的工作即可停止。为了防止储气库顶部被盐水冲溶,要加入一种遮盖液,该液不溶于盐水,而浮于盐水表面。在不断地扩大遮盖液量和改变溶解套管长度的同时,储气库的高度和直径也不断地扩大,直至达到要求为止。当储气库建成后第一次注气时,要把内管再次插到储气库底部,从顶部打入燃气,将残留的盐水置换出库。

3. 高压管道储存

在高压供气系统中,将低谷负荷时多余的燃气储存在高压供气管道内,高峰负荷时自高压管道内输出,将输气和储存结合在一起,是一种比较理想的储气方法。但是,它有局限性,只有在具备高压输配供气的条件下才能实现。

4. 管束储存

管束储存是高压储气的一种形式,是指用直径较小(目前一般为 1.0~1.5m)、长度较长(几十米或几百米)的若干根乃至几十根钢管按一定的间距排列起来,压入燃气进行储存。管束储存的最大特点是由于管径较小,其储存压力可以比圆筒形和球形高压储气柜的压力更高。

5. 吸附储存

天然气的吸附储存是指在储罐中借助装入固体吸附剂,在一定的储存压力(3~4MPa)下使吸附天然气达到与压缩天然气相接近的存储容量。

(二)天然气的液态储存

天然气的液态储存目前一般采用低温常压储存的方法,即将天然气冷冻到其沸点温度(-162℃)以下,在其饱和蒸气压接近于常压的情况下进行储存。其储存方式主要有冻土地穴储存、地上金属储罐储存、预应力钢筋混凝土储罐储存等。

1. 冻土地穴储存

将液态天然气储存于周围都是冰冻土壤的地穴中。冻土地穴的建造方法是先插入一定数量的冷冻管,冻结土壤,然后挖去内部的沙土,深度达到不渗透的地层,形成地穴储罐。该罐的顶部结构为金属材料制造,并附有绝热层。整个地穴储罐只有顶部结构有可能损坏或受火灾影响,从安全考虑,这种冻土地穴储罐是很有吸引力的。

2. 地上金属储罐储存

地上金属储罐使用最广泛的是双壁金属储罐。内壁用耐低温的不锈钢(9%镍钢或铝合金钢)制成,外壁由一般碳钢制成,以保护充填在内、外壁之间的绝热材料。这类储罐的底部绝热材料必须具有足够的强度和稳定性,以承受内壁和液化天然气的自重,一般采用绝热混凝土。内、外壁之间的绝热材料一般用珍珠岩、玻璃棉等,或充装微压的惰性气体(如干氮气等)。

3.预应力钢筋混凝土储罐储存

这种储罐的顶部、侧壁和底部均用混凝土制成,施加预应力的目的是防止产生裂缝。这种储罐可建于地上或埋于地下。其绝热方法有混凝土外部绝热和内部绝热两种。

(三)天然气的固态储存(水合物储存)

天然气水合物又称固态甲烷,由天然气与水组成,呈固态,外貌极像冰雪或固体酒精,点火即可燃烧,因此被称为"可燃冰""气冰""固体瓦斯"。天然气水合物是一种重要的潜在能源。天然气的主要成分为甲烷,据估计,全球天然气水合物中甲烷的含量是现已探明的矿物燃料总储量的 2 倍以上,即大致为 $2.1 \times 10^{16} \, m^3$。天然气水合物的储存方法是将天然气在一定压力和温度下转变成固体结晶水合物,并储存于钢制的储罐中。甲烷能否形成水合物同其储存温度及压力有关,压力越高或温度越低,越易形成水合物。

案例分析

练习与思考

(1)简述煤炭的储煤类型。

(2)煤炭在运输、存储过程中易发生自燃的环节有哪些?

(3)防止煤炭在运输、存储过程中自燃的措施和注意事项有哪些?

(4)谈谈 PTA 仓储安全的注意事项。

(5)谈谈石油仓储安全的注意事项。

(6)中国石油战略储备基地有哪些?

第六章 金属矿产运输

本章导读

金属矿产已成为国民经济发展、人民日常生活及国防工业、科学技术发展必不可少的基础材料。金属矿产品种繁多,用途广泛,是机械制造、建筑、电子工业、航空航天、核能利用等领域不可缺少的材料,飞机、导弹、火箭、卫星、核潜艇等尖端武器以及核能、电视、通信、雷达、电子计算机等尖端技术所需的构件或部件大多是由有色金属中的轻金属和稀有金属制成的。此外,没有镍、钴、钨、钼、钒、铌等有色金属,也就没有合金钢的生产。金属在某些用途(如电力工业等)上,使用量是相当可观的。

随着科学技术的突飞猛进,金属矿产在人类发展中的地位愈来愈重要,它不仅是重要的生产资料,而且是人类生活中不可缺少的消费产品的重要材料,已成为重要的战略物资。本章第一部分为金属矿产概述,第二部分为对金属矿产运输方式的介绍,第三部分为对金属矿产集装箱运输的介绍,第四部分为对铁矿石运输的介绍。

第一节 金属矿产概述

一、金属的定义及分类

金属是一种具有光泽(即对可见光反射强烈),富有延展性,容易导电、导热的物质。按冶金工业分类法,分为黑色金属和有色金属。

黑色金属通常是指铁、锰、铬及它们的合金(主要指钢铁)。锰和铬主要应用于制合金钢,而钢铁表面常覆盖着一层黑色的四氧化三铁,所以把铁、锰、铬及它们的合金叫作黑色金属。这样分类,主要是从钢铁在国民经济中占有极重要的地位出发的。

有色金属通常是指除黑色金属以外的其他金属。有色金属可分为五类:①重金属,如铜、锌、铅、镍等;②轻金属,如钠、钙、镁、铝等;③贵金属,如金、银、铂、铱等;④稀有金属,如锗、铍、镧、铀等;⑤半金属,性质介于金属和非金属之间,如硅、硒、碲、砷、硼等。

二、世界金属矿产资源

金属存在的另一种形式是矿石,根据金属元素的性质和用途将其分为:黑色金属矿产,如铁矿和锰矿;有色金属矿产,如铜矿和锌矿;轻金属矿产,如铝镁矿;贵金属矿产,如金矿和银矿;放射性金属矿产,如铀矿和钍矿;稀有金属矿产,如锂矿和铍矿;稀土金属矿产;分散金属矿产;等等。其中铁矿石是目前金属物流中常见的品种。

矿产品种类繁多,分类方法也不少,但最基本的分类是两种:金属矿物和非金属矿物;燃料矿物和非燃料矿物。世界矿物原料消耗中,非金属矿物,尤其是砂石料等,所占的比重最大。这些矿物分布广泛,价格低廉,大多是就地生产,就近消费,投入国际市场的比例极低,大约只有总产量的 5%。金属矿物和某些天然肥料矿物的地域分布则相对较集中,在世界市场上的贸易量颇大,足以引起国际贸易界的重视。世界上应用较为广泛的金属矿物有 80 多种,其中的铁、铜、铝土、铅、锌、镍、磷酸盐、锡和锰等 9 种,具有产值大、国际贸易量较大等特点,地位相当重要。

(一)铁矿石

铁矿石是钢铁工业的重要原料。目前,全世界铁矿石的探明储量有 4000 多亿吨,按现在生产水平,可供 400 年。

近些年来,世界钢铁工业得到了进一步发展,钢铁工业的地区分布也有了较大调整,这使铁矿石的生产和贸易发生了相应的变化。2021 年世界铁矿石生产量达到 26 亿吨,铁矿石国际贸易总量相比上一年也有增长趋势,在国际贸易货物结构中,是仅次于石油的第二位大宗货物。2022 年我国累计进口铁矿石 11.07 亿吨,其中从澳大利亚进口 7.139 亿吨,从巴西进口 1.857 亿吨,从这两个国家进口的数量占我国铁矿石进口总量的 80% 左右。

(二)锰

锰是钢铁工业的基本原料之一,目前世界钢铁工业消费的锰占锰矿石总消费量的 90%。近年来,由于世界钢产量连续增长,世界锰矿的需求大幅增长。

世界陆地锰矿资源比较丰富,但分布很不均匀,锰矿资源主要分布在南非、乌克兰、澳大利亚、印度、中国、加蓬、巴西和墨西哥等国家。南非和乌克兰是世界上锰矿资源最丰富的两个国家,南非锰矿资源约占世界锰矿资源的 77%,乌克兰占 10%。我国的锰矿石主要分布在湖南、贵州、广西和重庆 4 个地区,但储量少且品位较低。故每年需从南非、哈萨克斯坦、巴西等国进口大量的锰矿石。

(三)铜

世界铜资源主要集中在智利、美国、赞比亚、刚果(金)、加拿大、俄罗斯和秘鲁等国。其中智利是世界上铜资源最丰富的国家,其铜金属储量约占世界总储量的 1/4。在产量方面,智利是全球最大的铜产国,2020 年智利精铜产量为 570 万吨,约占全球总产量的 25%。中国是目前世界上最大的铜资源进口国和消费国。

全球主要精铜生产国家和地区产量分析如表 6-1 所示。

表 6-1　全球主要精铜生产国家和地区产量分析

国家	2020 年铜产量/万吨	2021 年铜产量/万吨
智利	570	562.5
秘鲁	220	191.0
中国	170	229.9
美国	130	125.6
刚果(金)	130	165.3
澳大利亚	96	81.6
墨西哥	75	87.3
俄罗斯	67	84.9
加拿大	59	75.2
赞比亚	86	73.3

数据来源:国家统计局。

(四)铝

铝土矿的分布较为集中,主要分布在非洲、亚洲和南美洲。据统计,2021 年全球铝土矿储量约为 320 亿吨,已查明铝土矿储量可以满足全球市场的需求近 100 年,其中几内亚铝土矿储量约为 74 亿吨,约占世界总储量的 23.13%;澳大利亚铝土矿储量约为 53 亿吨,约占世界总储量的 16.56%。从 2021 年全球铝土矿资源储备分布看,中国铝土矿储备仅占世界的 3.13%。产量方面,据统计,2021 年我国铝土矿产量为 8500 万吨。

由于铝土矿、原铝产量和消费量在地域分布上的不一致,铝矿资源的生产和贸易严重脱节,铝的国际贸易范围不断扩大。

(五)铅

全球铅资源分布相对比较集中,世界铅资源主要分布在澳大利亚、中国、美国和哈萨克斯坦,其储量占世界总储量的 60.3%,储量基础占世界总储量基础的 71.2%。2015 年至 2018 年,受海外大型铅锌矿山关停的影响,全球矿山铅产量进入下行周期。2019 年,原料的日渐短缺,带动了铅价回升,刺激了全球停产项目复产,以及新建矿山项目投产,使得全球铅精矿产量有所上升。2020 年,受新冠疫情影响,相关的限制性措施严重影响了阿根廷、玻利维亚、墨西哥、秘鲁和南非等国的采矿业,铅矿产量较2019年下降5%左右。2021年海外矿山生产恢复,带动全球产量回升:1—10月全球铅精矿累计产量为389.31万吨,累计同比增长3.77%,但低于2019年同期的440.7万吨。

(六)锌

世界已查明的锌资源量有约19亿吨,锌储量18000万吨,储量基础48000万吨,世界锌储量的静态保证年限为15年。世界锌资源主要分布在澳大利亚、中国、秘鲁、美国和哈萨克斯坦,其储量占世界总储量的67.2%,储量基础占世界总储量基础的70.9%。

锌金属可用于电镀、铸造和冶金等多种工业部门,使用广泛。从全球范围来看,目前每年大约有含锌量300万吨的精矿或相当于全球总产量2/5的精矿被投放到国际市场,其中,日本和韩国约接纳100万吨,西欧约接纳180万吨。近几年,欧洲和日本的锌矿石产量呈下降趋势,而精炼锌产量则呈增长态势,因此,这些国家和地区越来越依赖进口精矿来满足冶炼的需要。所以,每年有大量的锌精矿通过国际市场流入这些国家和地区。加拿大是一个规模较大的锌净出口国,此外全球其他重要的锌精矿出口国还有澳大利亚、美国、西班牙、爱尔兰和玻利维亚等。

(七)锡

世界锡资源的储量按锡含量计大致有960万吨,而储量基础则在1200万吨以上。锡矿分布相当集中,且很有规律,主要产于环太平洋锡矿带,其分布主要集中在中国、巴西、马来西亚、印度尼西亚、玻利维亚等国家。其中,中国的锡资源储量居于世界首位,占世界总储量的36.5%左右,巴西占22.9%,马来西亚占12.5%。目前世界上有20多个国家开采锡矿。2022年全球锡矿产量达到31.45万吨,比2021年的30万吨增长4.83%。2021年,全球锡需求量为37.8万吨,较上年同期减少1.7%。

(八)镍

目前,全球已探明的镍储量约为1.6亿吨,其中硫化矿约占30%,红土镍矿约占70%。世界上红土镍矿分布在南北纬30°以内的热带国家,集中分布在环太平洋的热带—亚热带地区,主要有:美洲的古巴、巴西;东南亚的印度尼西亚、菲律宾;大洋洲的澳大利亚、新喀里多尼亚、巴布亚新几内亚等。我国镍矿资源储量的70%集中在甘肃,其次分布在新疆、云南、吉林、四川、陕西、青海和湖北,合计保有储量占全国镍资源总储量的27%。我国镍矿类型主要为硫化铜镍矿和红土镍矿。据海关数据统计,2022年中国镍铁进口量为589.6万吨。

第二节 金属矿产的运输方式

在国际货物运输中,涉及的运输方式很多,其中包括海洋运输、铁路运输、航空运输、内河运输、公路运输、管道运输、大陆桥运输以及由各种运输方式组合的国际多式联运等。

金属矿产根据特性主要可分为两大类:矿石类和金属原材料制品类。矿石类包括铁矿石、铜矿石、铝土矿、铅精矿、锌精矿、锡精矿和红土镍等,此类货物主要是散货形式;金属原材料制品类包括铜板、铝锭、铅锭、锌锭、锡锭和镍板、镍珠等,此类货物主要是装载在集装箱中进行运输。几种常见的金属矿产如图 6-1 所示。在世界范围内,金属矿产品的进出口运输主要是海洋运输,而在国内的运输方式涉及铁路运输、公路运输和内河运输。接下来主要介绍各种运输的特点和经营方式。

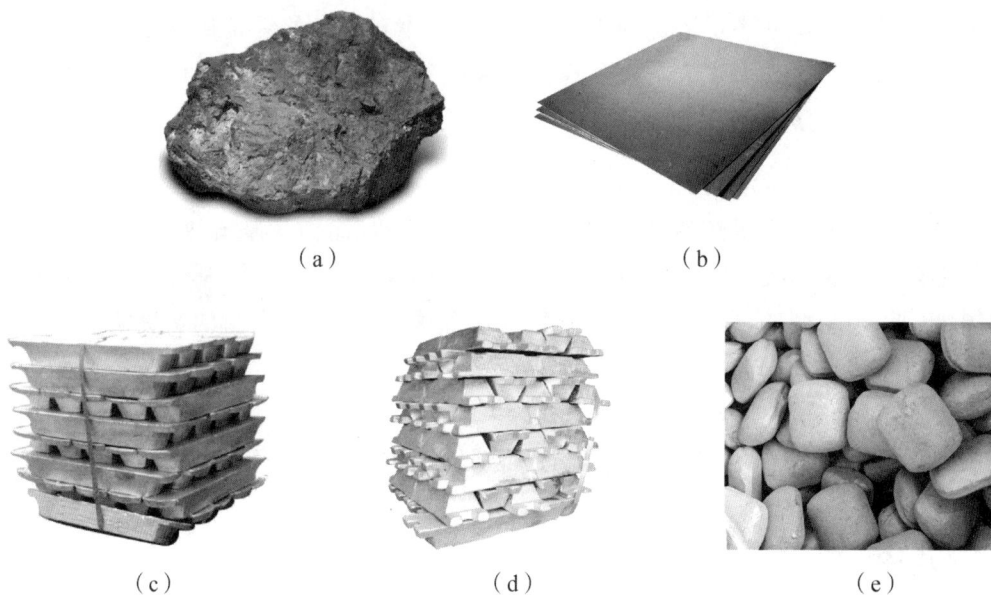

（a）　　　　　　　　　　　　　（b）

（c）　　　　　　　　　（d）　　　　　　　　　（e）

图 6-1 铁矿石（a）、铜板（b）、铅锭（c）、铝锭（d）、桶装镍块（e）

一、海洋运输

（一）海洋运输的特点

在国际货物运输中,运用最广泛的是海洋运输。目前,其运量在国际货物运输总量中占 80% 以上。海洋运输之所以被如此广泛采用,是因为它与其他国际货物运输方式相比,主要有下列明显的优点。

首先,通过能力大。海洋运输可以利用四通八达的天然航道,它不像火车、汽车受轨道和道路的限制,故其通过能力很大。其次,运量大。海洋运输船舶的运载能力,远远大于铁路运输车辆和公路运输车辆。如一艘万吨船舶的载重量一般相当于250~300 个车皮的载重量。大宗商品运输的一大特点就是运量非常大,例如铁矿石的运输,采用大型矿砂船。大型矿砂船是运输各种矿砂、煤炭、钢材、肥料、粮食等大宗散货的船舶,载重一般在 20 万吨以上。最后,运费低。按照规模经济的观点,因为运量大,航程远,分摊于每吨的运输成本就少,因此运价相对低廉。

海洋运输虽有上述优点,但也存在不足。例如,海洋运输受气候和自然条件的影响较大,航期不易准确,而且风险较大。此外,海洋运输的速度也相对较慢。

(二)海洋运输船舶的经营方式

按照海洋运输船舶经营方式的不同,可分为班轮运输和租船运输。

1.班轮运输

班轮运输是在不定期船运输的基础上逐渐发展起来的,它是当今国际海洋运输中不可缺少的主要运输方式之一,集装箱的运输主要采用班轮运输的方式进行。

(1)班轮运输的特点。

①船舶按照固定的船期表、沿着固定的航线和港口来往运输,并按相对固定的运费率收取运费,因此,它具有"四固定"的基本特点。

②由船方负责配载装卸,装卸费包括在运费中,货方不再另付装卸费,船、货双方也不计算滞期费和速遣费。

③船、货双方的权利、义务与责任豁免,以船方签发的提单条款为依据。

④班轮承运货物的品种、数量比较灵活,货运质量较有保证,且一般在码头仓库交接货物,故为货主提供了更便利的条件。

(2)班轮运费。

班轮运费包括基本运费和附加费两部分。基本运费,是指货物从装运港运到卸货港所应收取的基本运费,它是构成全程运费的主要部分;附加费,是指对一些需要特殊处理的货物加收的费用,以及由于突发事件或客观情况变化而需另外加收的费用。附加费名目繁多,通常有下列几种。

①超重附加费。

②超长附加费。

③选卸附加费。选卸货物需要在积载方面给予特殊的安排,这就会增加一定的手续和费用,甚至有时会发生翻舱,由于上述原因而追加的费用,称为选卸附加费。

④直航附加费。如一批货达到规定的数量,托运人要求将一批货物直接抵达非基本港口卸货,船公司为此加收的费用,称为直航附加费。

⑤转船附加费。如果货物需要转船运输的话,船公司必须在转船港口办理换装

和转船手续,由于上述作业所增加的费用,称为转船附加费。

⑥港口附加费。由于某些港口的情况比较复杂,装卸效率较低或港口收费较高,船公司会加收一定的费用,此类费用被称为港口附加费。

除上述各种附加费外,船公司有时还根据各种不同情况临时决定增收某种费用,例如燃油附加费、货币附加费、绕航附加费等。班轮运费通常是按照班轮运费表的规定计收的。

2. 租船运输

又称不定期船运输。它与班轮运输的营运方式不同,即没有预定的船期表,船舶经由的航线和停靠的港口也不固定,须按船租双方签订的租船合同来安排,有关船舶的航线、停靠的港口、运输货物的种类以及航行时间等,都按承租人的要求,由船舶所有人确认而定,运费或租金也由双方根据租船市场行情在租船合同中加以约定。

租船运输的方式包括以下几种。

(1)定程租船。

又称航次租船,它是指由船舶所有人负责提供船舶,在指定港口之间进行一个航次或数个航次的航行。可分为:

①单程租船,又称单航次租船;

②来回航次租船;

③连续航次租船;

④包运合同。

(2)定期租船。

它是指船舶所有人将船舶出租给承租人,供其进行一定时期的租船运输,承租人也可将此期租船用作班轮或程租船。

(3)程租船与期租船的区别。

程租船与期租船有许多不同之处,主要表现在下列几方面。

①程租船是按航程租用船舶,而期租船则是按期限租用船舶。关于船租及双方的责任和义务,前者以定程租船合同为准,后者以定期租船合同为准。

②程租船的船方直接负责船舶的经营管理,除负责船舶航行、驾驶和管理外,还应对货物运输负责。但期租船的船方,仅对船舶的维护、修理、机器正常运转和船员工资与给养负责,而船舶的调度、货物运输、船舶在租期内的营运管理的日常开支,如船用燃料、港口费、税捐以及货物装卸、搬运、理舱、平舱等费用,均由租船方负责。

③程租船的租金或运费,一般按装运货物的数量计算,也有按航次包租总金额计算的。而期租船的租金一般是按租期每月每吨若干金额计算。同时,采用程租船时要规定装卸期限和装卸率,用以计算滞期费和速遣费;而采用期租船时,则船、租双方

不规定装卸率和滞期速遣费。

除上述两种租船方式外,还有光船租船。光船租船是船舶所有人将船舶出租给承租人使用一个时期,但船舶所有人所提供的船舶是一艘空船,既无船长,又未配备船员,承租人自己要任命船长,配备船员,负责船员的给养和船舶营运管理所需的一切费用。这种光船租船,实际上属于单纯的财产租赁,与上述期租船有所不同。由于这种租船方式比较复杂,在当前国际贸易中很少使用。

我国大宗货物的进出口通常采用租船运输方式。在采用这种方式时,除了要对运输进出口商品的运费占成本中的比例做出正确的估价和判断外,还必须对国际航运市场运费行情的发展趋势做出预测。

二、铁路运输

铁路运输是一种仅次于海洋运输的主要运输方式,海洋运输的进出口货物,也大多是靠铁路运输进行货物的集中和分散。大宗商品的国内运输采用铁路运输的情况普遍,比如煤炭的运输,但由于各地港口的铁路基础建设不够完善,有很大一部分的港口货物集散还是用公路运输。

铁路运输有许多优点,一般不受气候条件的影响,可保障全年的正常运输,而且运量较大,速度较快,有高度的连续性,运转过程中可能遭受的风险也较小。办理铁路货运手续比海洋运输简单,而且发货人和收货人可以在就近的始发站(装运站)和目的站办理托运和提货手续。

铁路运输可分为国际铁路货物联运和国内铁路货物运输两种。

(一)国际铁路货物联运

使用一份统一的国际联运票据,经过两国或两国以上铁路的全程运送,并由一国铁路向另一国铁路移交货物,不需发货人和收货人参加的运输方式称为国际铁路货物联运。

(二)国内铁路运输

国内铁路运输是指仅在本国范围内按《铁路货物运输规程》的规定办理的货物运输。我国出口货物经铁路运至港口装船及进口货物卸船后经铁路运往各地,均属国内铁路运输的范畴。

三、航空运输

航空运输是一种现代化的运输方式,它与海洋运输、铁路运输相比,具有运输速度快、货运质量高、不受地面条件限制等优点。因此,它最适宜运送急需物资、鲜活商品、精密仪器和贵重物品。近年来,随着国际贸易的迅速发展以及国际货物运输技术的不断现代化,采用空运方式也日趋普遍。比如荷兰花卉出口就是采用空运方式。

采用航空货运需要办理一定的货运手续,但航空公司一般只负责空中运输,即从一个机场运至另一机场,而货物在始发机场交给航空公司之前的揽货、接货、报关、订舱以及在目的地机场从航空公司手中接货或运货上门等业务,则是由航空货运公司办理的,航空货运公司可以是货主的代理,也可以是航空公司的代理,也可两者兼之。当航空货运公司作为双重代理人时,它代表航空公司接受货主的货物,出具航空运单(包括代理自己的分运单)并在一定范围内充当货主的承运人,故其对货物的安全负有责任。货物在航空公司责任范围内的丢失、损坏,收货人或其代理人可凭商务事故记录,向航空公司索赔。如果货损货差发生在代理人的责任范围内,则由代理人负责赔偿。

四、公路运输和内河运输

(一)公路运输

公路运输不仅可以直接运进或运出对外贸易货物,而且也是车站、港口和机场集散进出口货物的重要手段。我国有些大宗商品的陆上集散还在大量使用公路运输,例如金属原材料制品的集装箱运输、煤炭的陆上运输以及农产品的运输等。

公路运输具有机动灵活、速度快和方便等特点,尤其在实现"门到门"的运输中,更离不开公路运输,但公路运输也有一定的不足之处,如载货量有限,运输成本高,容易造成货损事故。

(二)内河运输

内河运输是指使用船舶或其他水运工具,通过国内江河、湖泊、水库等天然或人工水道,运送货物和旅客的一种运输方式。它是水上运输的一个组成部分,是内陆腹地和沿海地区的纽带,也是边疆地区与邻国边境河流的连接线,在现代化运输中起着重要的辅助作用。

内河航运是现代综合运输体系中重要的组成部分,是水资源合理开发和综合利用的主要内容之一。与铁路、公路相比,内河航运存在速度慢、时效性不强等弱点,但投资少、运力大、成本低、能耗低的优点也很明显。内河运输对于运送时效性要求低的大宗货物和集装箱货物非常合适,运输量稳定、连续发送就能满足其需要,且价格不高。运输费用占整个售价较大比例的大宗货物,内河航运具有明显的优势。

我国拥有四通八达的内河航运网,长江、珠江等主要河流中的一些港口已对外开放。我国同一些邻国还有国际河流相通,这就为我国进出口货物通过河流运输和集散提供了十分有利的条件。

各种运输方式的特点及适用范围如表 6-2 所示。

表 6-2　各种运输方式的特点及适用范围

运输方式	优点	缺点	主要运输对象
铁路	①大批量货物能一次性有效运送 ②运费负担小 ③轨道运输事故相对少,安全 ④铁路运输网完善,可运达各地 ⑤受自然和天气影响小,运输准时性较高	①近距离运输费用高 ②不适合紧急运输要求 ③由于需要配车编组,中途停留时间较长 ④非沿线目的地需汽车转运 ⑤装卸次数多,货损率较高	适合长途运输的大量、低价、高密度商品,比如采掘工业产品、重工业产品及原料、制造业产品及原料、农产品等
公路	①可以实现"门到门"运输 ②适合近距离运输,较经济 ③使用灵活,可以满足多种需要 ④输送时包装简单、经济	①装载量小,不适合大量运输 ②长距离运输运费较高 ③环境污染较严重 ④燃料消耗大	适合短距离运输的具有高价值的加工制造产品和日用消费品,比如纺织和皮革制品、橡胶制品、润滑金属产品、通信产品、零部件、影像设备等
海运	①运量大 ②成本低 ③续航能力大 ④劳动生产率高	①运输速度慢 ②航行受天气影响较大 ③运输正确性和安全性较差	主要是适合长途运输的低价值、高密度大宗货物,比如矿产品、大宗散装货、化工产品、远洋集装箱等
航空	①运输速度快 ②安全性高	①运费高 ②重量和体积受限制 ③可达性差 ④受气候条件限制	通常适用于高价、易腐烂或急需的商品,比如花卉、海鲜等
管道	①运量大 ②运输安全可靠 ③连续性强	①灵活性差 ②仅适用于特定货物	石油、天然气、煤浆

第三节　金属矿产的集装箱运输

集装箱运输是以集装箱作为运输单位进行货物运输的一种现代化的先进运输方式,它可适用于海洋运输、铁路运输及国际多式联运等。而金属这类不可再生资源总是从生产国大量出口到其他国家,金属的运输可以扩大金属商品的销售范围,如图6-2所示即为集装箱装运金属铜板。

图 6-2　集装箱装运金属铜板

一、集装箱的概念

集装箱又称"货柜"或"货箱",按英文的字面含义理解是"容器",但并非所有的容器均可称作集装箱。国际标准化组织(ISO)根据集装箱在装卸、堆放和运输中的安全需要,在货物集装箱的定义中,提出了作为一种运输工具的货物集装箱所应具备的基本条件,只有具备这些条件的"容器"才可算作集装箱。这些基本条件有:

①具有足够的强度,可长期反复使用;

②有便于装卸和搬运的装置,特别是便于从一种运输工具换装到另一种运输工具;

③便于货物的装满和卸空;

④适于一种或多种运输方式运送货物,无须中途换装;

⑤内容积为 1 立方米及以上。

简而言之,集装箱是具有一定强度、刚度和规格,专供周转使用的大型装货容器。

二、集装箱主要标记

每个集装箱的 6 个面上有近 10 种标记,在这些标记中,出现次数最多且意义最重要的是一行代码。例如 CBHU 8001214 或 CBHU 8001219。这类代码包含三部分内容。

(一)箱主代号(Owner No. 或 Owner's code)

它由 4 个大写拉丁字母组成且最后一个必是 U(它为集装箱这种特殊设备的设备识别码),前 3 个由公司制定,并经国际集装箱局(BIC)注册(注:一个公司可申请几个箱主代号),如表 6-3 所示。

表 6-3　部分船公司的箱主代号

公司名称	中远	中海	商船三井	总统轮船	长荣	东方海外
箱主代号	CBHU	CCLU	MOLU	APLU	EMCU	OCLU

(二)顺序号(Serial No.)

它由公司自定,共 6 位阿拉伯数字,不足 6 位以 0 补之。

(三)核对数字或校验码(Check digit)

它仅包含一位数,不由箱主公司制定,而是按规定的计算方法算出,用来检验、核对箱主号、设备识别码与顺序号在数据传输或记录时的正确性与准确性。核对数字位于顺序号之后,在柜子上加方框用来做醒目的提示。

箱主代号、顺序号、核对数字共 11 个字符,统称为箱号。

三、集装箱的类型

(一)按集装箱的用途分类

1.干货集装箱

这种集装箱也称为杂货集装箱、通用集装箱,用以装运除液体货、需要调节温度的货物及特种货物以外的一般件杂货。其使用范围很广,常用的有 20ft 和 40ft 两种。其结构常为封闭式,一般在一端或侧面设有箱门,箱内设有一定的固货装置,使用时一般要求清洁、水密性好。其适箱货物为有适当包装的件杂货,以便充分利用集装箱的内容积。在各种集装箱中,干货柜所占的比重最大,达九成以上。

2.专用集装箱

专用集装箱是为了适应特定货物的要求,采用特殊结构或设置专门设备的各类集装箱的总称。常见的专用集装箱包括开顶集装箱、散货集装箱、保温集装箱、通风集装箱、动物集装箱、汽车集装箱、挂式集装箱、服装集装箱、罐式集装箱等。大宗商品中的金属材料如钢材、钢管等会使用开顶集装箱来运输,农产品类散货是使用散货集装箱来运输的,使用这些专用集装箱目的在于方便装卸。

(二)按集装箱的制造材料分类

1.钢制集装箱

钢制集装箱的框架和箱壁板都用钢材制成。其优点是强度大、结构牢固、焊接性好、易修理、水密性好、能反复使用、价格低廉;主要缺点是抗腐蚀能力差、自重大,相应地降低了装货能力。钢制集装箱是使用得最普遍的集装箱。

2.铝合金集装箱

铝合金集装箱有两种:一种是钢架铝板,另一种为框架两端用钢材,其余用铝材。其主要优点是自重轻从而提高了集装箱的装载能力,不生锈且具有较强的防腐能力,弹性好不易变形;主要缺点是造价相当高,焊接性也不如钢制集装箱,因而受碰撞时易损坏。

3.不锈钢制集装箱

这种集装箱多见于罐式集装箱。其主要优点是不生锈、强度高、耐腐蚀性好。主要缺点是价格高、投资大。

4.玻璃钢制集装箱

这种集装箱是在钢制框架上装上玻璃钢复合板制成的。其主要优点是隔热性、防腐蚀性和耐化学性都较好,强度大、刚性好,能承受较大应力,易于清洗、修理简便且维修费较低,箱子内容积较大。主要缺点是自重大、造价高。

四、集装箱货物装箱方式

根据集装箱货物装箱数量和方式可分为整箱和拼箱两种。

(一) 整箱

整箱是指货方自行将货物装满整箱以后,以箱为单位托运的集装箱。这种情况通常在货主有足够货源装载一个或数个整箱时采用,除有些大的货主自己置备有集装箱外,一般都是向承运人或集装箱租赁公司租用一定的集装箱。空箱运到工厂或仓库后,在海关人员的监管下,货主把货装入箱内、加锁、铅封后交承运人并取得站场收据,最后凭收据换取提单或运单。

大宗商品中的金属材料制品运输基本上都是整箱运输,而且由于金属材料本身极重,一个集装箱的空间往往不能充分被利用,例如金属铜板一般只会占据一半的集装箱空间,不然就会超出限重范围。

(二) 拼箱

拼箱是指承运人(或代理人)接受货主托运的数量不足整箱的小票货运后,根据货类性质和目的地进行分类整理。把去同一目的地的货,集中到一定数量拼装入箱。由于一个箱内有不同货主的货拼装在一起,所以叫拼箱。这种情况在货主托运数量不足以装满整箱时采用。拼箱货的分类、整理、集中、装箱(拆箱)、交货等工作均在承运人码头集装箱货运站或内陆集装箱转运站进行。

五、世界海运航线图

大宗商品贸易涉及世界上众多国家,贸易的最后实现是让世界各地的物资流向各个需要的国家,而世界上绝大部分的大宗商品是通过海运来完成的,因此,了解航线是学习大宗商品物流的关键内容。

(一) 太平洋航线

1. 远东—北美西海岸航线

该航线包括从中国、朝鲜、日本和俄罗斯远东海港到加拿大、美国、墨西哥等北美西海岸各港口的贸易运输线。从我国的沿海各港出发,偏南的经大隅海峡出东海;偏北的经对马海峡穿日本海后,或经清津海峡进入太平洋,或经宗谷海峡,穿过鄂霍次克海进入北太平洋。

2. 远东—加勒比、北美东海岸航线

该航线上的船只常经夏威夷群岛南北至巴拿马运河后到达。从我国北方沿海港口出发的船只多半经大隅海峡或经琉球庵美大岛出东海。

3. 远东—南美西海岸航线

从我国北方沿海各港出发的船只多经琉球庵美大岛、硫黄列岛、威克岛、夏威夷群岛之南的莱恩群岛,穿越赤道进入南太平洋,至南美西海岸各港。

4.远东—东南亚航线

该航线是中、日等国的货船去东南亚各港,以及经马六甲海峡去印度洋、大西洋沿岸各港的主要航线。台湾海峡和巴士海峡是该航线船只的必经之路,航线繁忙。

5.远东—澳大利亚、新西兰航线

远东至澳大利亚东南海岸分两条航线。中国北方沿海港口到澳大利亚东海岸和新西兰港口的船只,需走琉球久米岛、加罗林群岛的雅浦岛进入所罗门海;中澳之间的集装箱船需在香港加载或转船后经南海、苏拉威西海、班达海、阿拉弗拉海,后经托雷斯海峡进入珊瑚海。这条航线是铁矿石运输的主要航线。

6.澳大利亚、新西兰—北美东西海岸航线

由澳大利亚、新西兰至北美海岸,船只多经苏瓦、火奴鲁鲁等太平洋上重要航站到达。至北美东海岸则取道社会群岛中的帕皮提,过巴拿马运河而至。

(二)大西洋航线

1.西北欧—北美东海岸航线

该航线是铝土的主要运输航线,铝土矿主要从澳大利亚、非洲和牙买加流向欧洲和北美。该航区冬季风浪大,并有浓雾、冰山,对航行安全有威胁。

2.西北欧、北美东海岸—加勒比航线

西北欧—加勒比航线上的船只多半出英吉利海峡后横渡北大西洋。它同北美东海岸各港出发的船舶一起,一般都经莫纳海峡、向风海峡进入加勒比海。除加勒比海沿岸各港外,还可经巴拿马运河到达美洲太平洋岸港口。

3.西北欧、北美东海岸—地中海、苏伊士运河—亚太航线

西北欧、北美东海岸—地中海、苏伊士航线属世界最繁忙的航段,它是北美、西北欧与亚太海湾地区间贸易往来的捷径。该航线一般途经亚速尔、马德拉群岛上的航站。

4.西北欧、地中海—南美东海岸航线

该航线一般途经西非大西洋岛屿——加纳利、佛得角群岛上的航站。

5.西北欧、北美东海—好望角、远东航线

该航线一般是巨型油轮的油航线。佛得角群岛、加那利群岛是过往船只停靠的主要航站。

6.南美东海—好望角—远东航线

这是一条以石油、矿石为主的运输线。该航线处在西风漂流海域,风浪较大。一般西航偏北行,东航偏南行。

(三)印度洋航线

印度洋航线以石油运输为主,此外有不少是大宗货物的过境运输。

1.波斯湾—好望角—西欧、北美航线

该航线主要由超级油轮经营,是世界上最主要的海上石油运输线。

2.波斯湾—东南亚—日本航线

该航线东经马六甲海峡或龙目海峡、望加锡海峡至日本。

第四节　铁矿石的运输

一、铁矿石分布

作为散货运输的"主角",铁矿石运力约占世界散货船总运力的40%。这表明铁矿石运输在物流领域占了相当重要的地位。高品位矿在巴西、澳大利亚、印度等国分布较广,且大都具备露天开采条件,开采成本低、品位相对较高的特点使这些国家成为全球主要的铁矿石供应国。世界著名的大型铁矿区及相关著名的铁矿生产企业如表6-4所示。

铁矿石运输

表6-4　2020年全球十大铁矿生产公司

排名	公司名称	所属国家	产量/万吨	占全球产量份额/%
1	淡水河谷	巴西	30250	12.6
2	力拓	英国	33100	13.7
3	必和必拓	澳大利亚	28450	11.8
4	印度国家矿业公司	印度	25500	10.6
5	安塞乐米塔尔	英国	5800	2.4
6	俄罗斯金属投资公司	俄罗斯	4043	1.6
7	英美矿业公司	南非	6110	2.5
8	科里夫自然资源公司	美国	1787	0.1
9	系统资本管理公司	乌克兰	2450	0.1
10	瑞典国家矿业公司	瑞典	2710	0.1
十大公司合计			140200	58.4
全球统计			240000	100.0

排在前三位的是世界铁矿石三巨头——淡水河谷、力拓和必和必拓。2020年,作为世界三大铁矿石生产商,其铁矿石产量占世界总产量的38%。中国作为世界上

最大的铁矿石进口国,与其关系紧密。中国铁矿石具体进口国家及所占比重见图 6-3。

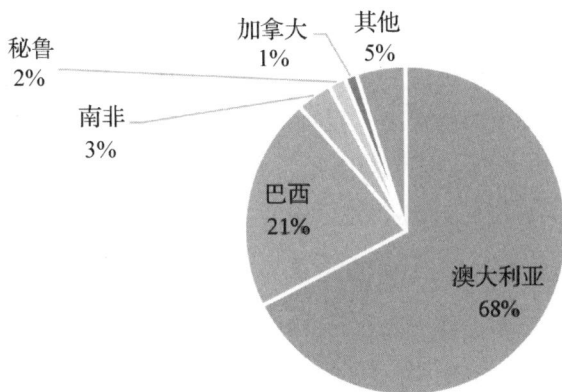

数据来源:中国海关总署。

图 6-3　中国进口铁矿石国家及比重

根据图 6-4 可以得出,中国进口铁矿石主要来自澳大利亚和巴西,且澳大利亚的份额占了绝对的优势,这一构成表明中国在铁矿石进口上对澳大利亚的依赖性极强,这将不利于中国铁矿石进口的价格谈判。

二、国内外钢铁物流的特点

(一)钢铁物流需求的规模远远大于世界钢铁产量

根据国际钢铁协会发布的年度数据,全球钢产量在最近几十年呈现稳步上升趋势,2021 年全球钢产量达 19.505 亿吨。从世界范围来看,如北美、欧盟、日本等地钢铁的物流量往往是生产量的数倍。在生产原料之一——铁矿石方面,中国、日本和欧盟是世界上三大铁矿石进口国和进口地区,而北美、中美、南美、非洲、大洋洲及印度则是主要的铁矿石出口地区。

(二)钢铁物流运输模式以水路运输和陆路运输方式为主

世界上铁矿石主要进出口地区的港口经过多年的发展已经非常成熟,如主要发货港——澳大利亚黑德兰港、丹皮儿港、南非萨丹哈贝港、巴西 PDM 港以及中国主要进口港——宁波港、青岛港、日照港、防城港和可门港等。这些港口依靠巨大市场,定位于货物集散、大进大出的物流分拨功能,在钢铁物流的运输中发挥着很大作用。

三、铁矿石运输概况

(一)铁矿石运输费用构成

我国进口铁矿石一般包括铁矿石本身价格和运输费两部分费用,在年度矿价谈判锁定全年价格后,影响到岸价格的唯一因素就是运输费用,由于铁矿石运输的特殊性,运输费用中占主要比重的是水运费用,进口铁矿石的水运成本是指铁矿石由出口国装货港口至我国卸货港口的水上运输费用,是铁矿石运输成本中比重最大的部分。我国的铁矿石进口国主要是澳大利亚、巴西、印度、南非,由于海运距离不一致,从各国进口铁矿石的运输成本相差较大。巴西5个主要铁矿石出口港到中国主要港口的海运里程都超过11000海里,而澳大利亚三大铁矿石出口港到中国的海运里程仅为巴西的1/3,印度主要的铁矿石出口港至中国的海运里程也不到巴西的一半。

(二)我国各大区域铁矿石运输情况

我国铁矿石主要进口港口可大致分为三大块:①长江沿海地区铁矿石进口量占全国总量的60%;②北方地区铁矿石进口量占全国总量的20%;③华南地区铁矿石进口量占全国总量的10%。我国进口铁矿石运输主要采用水路运输,而我国国内铁矿石、煤炭和钢材运输主要以铁路运输为主,国内矿山和钢厂以及钢材用户之间建立了十分发达的铁路、公路网络。接下来具体介绍我国各大地区的铁矿石运输情况。

1.长江沿海地区进口铁矿石水路运输

长江素有"黄金水道"之称。利用水路运输低成本、大流量的特点开展进口铁矿石水路运输,是目前长江沿线钢铁企业最为普遍的物流模式。长江沿海地区铁矿石进口量占全国总量的60%,长江入海口的海港有:宁波北仑港和上海港。长江沿线港口有:罗泾港、太仓港、南通港、镇江港、张家港港和南京港。

自从20世纪80年代以来,以武钢进口铁矿石为例,其主要是从宁波北仑港进江,通过二程海船中转,三程驳船运输至武钢工业港,90年代以后逐步发展了海船减载进江和江海直达运输方式。武钢进口铁矿石水路运输的主要线路有以下3个阶段。

①采用7万~20万吨级海船将铁矿石从国外装港运输至宁波北仑港,该过程称为一程运输。

②采用2万~5万吨级海船将铁矿石从宁波北仑港运输至长江沿线港口,该过程称为二程运输。

③采用1500~6000吨级自航船,将铁矿石从沿江港口运输至武钢工业港,该过程称为三程运输。

2.环渤海地区铁矿石运输

环渤海地区是我国重要的钢铁生产基地,该地区钢铁产业在我国钢铁产业中占有重要地位。区内拥有首钢、鞍钢、唐钢等国家重点企业,其中仅河北省的钢铁产能、产量就占我国总量的25%。钢铁企业除首钢和鞍钢规模在800万吨以上外,其余均在300万吨以下,各钢厂所需矿石均以周围矿山为依托。进口矿石主要用于配矿和弥补不足。北方地区钢铁企业进口铁矿石量约占全国总进口量的20%。

随着环渤海地区铁矿石进口量的逐步增加,该地形成了以大连港、营口港、唐山港、天津港、青岛港、日照港等港口为主,以秦皇岛港、烟台港、锦州港、丹东港等港口为补充的环渤海地区外贸铁矿石接卸布局。随着铁矿石进口量的增加,环渤海地区港口也都加大了铁矿石接卸码头的建设力度。

3.华南地区铁矿石运输

华南地区是我国经济发展最快的地区之一。区域内钢铁企业分散,铁矿石进口量占全国总量的10%。目前华南地区外贸铁矿石接卸港主要为湛江港、防城港、广州港等。

(三)长江流域进口铁矿石水路运输结构

长江流域进口铁矿石水路运输方式主要有3种:中转运输、江海直达运输和海江联运。如图6-4所示。

在铁矿石的进出口地区间形成了以下几条主要的运输航线:远东—北美西海岸航线;远东—南美西海岸航线;远东—东南亚航线;远东—澳大利亚、新西兰航线;西北欧、北美东海岸—加勒比航线;西北欧、北美东海岸—地中海、苏伊士运河—亚太航线;南美东海—好望角—远东航线;波斯湾—东南亚—日本航线;波斯湾—苏伊士运河—地中海—西欧。

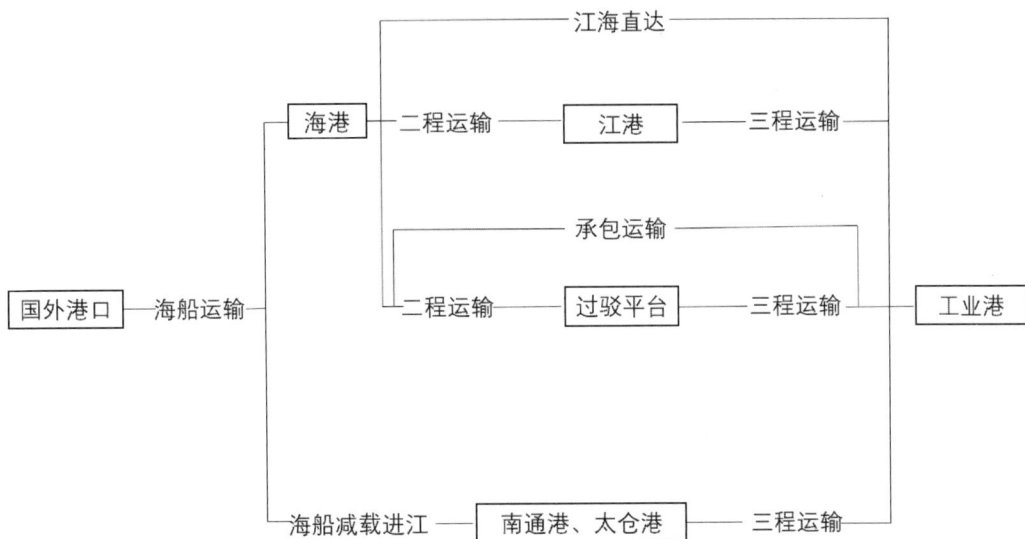

图6-4 长江流域进口铁矿石水路运输方式

(四)铁矿石海洋运输船型

目前,国际上从事海洋运输的船舶分为四大类:灵便型海轮、巴拿马型海轮、好望角型海轮和超大型散货船。

1.灵便型海轮

灵便型海轮载重吨为 3 万～6 万吨,一般情况下可以直接进入长江港口卸货,长江沿线的罗泾港、太仓港、南通港、张家港港和镇江港都可以接卸靠泊,但是由于它的载重吨较小,海运费比其他 3 种船型贵。

2.巴拿马型海轮

顾名思义,该型船是指在满载情况下可以通过巴拿马运河的最大型散货船。巴拿马型海轮载重吨为 7 万～9 万吨,一般情况下需要在沿海港口(如宁波北仑港和上海港)卸下约 2 万吨铁矿石后,再运载剩下的铁矿石进入长江沿岸港口卸货。目前长江沿线的罗泾港、太仓港、南通港、张家港港和镇江港都可以接卸靠泊,其海运费比灵便型海轮便宜,但比好望角型海轮和超大型散货船贵。

3.好望角型海轮

好望角型海轮载重吨为 15 万～20 万吨,该船型以运输铁矿石为主,由于尺度限制不可能通过巴拿马运河和苏伊士运河,需绕行好望角和合恩角。

这种船型无法直接进入长江沿岸港口卸货,必须在沿海港口(如宁波北仑港和上海港)卸下一半左右的铁矿石后,再运载剩余的铁矿石进入长江沿岸港口卸货。目前长江沿岸的上海罗径港、太仓港和南通港可以接卸靠泊,其海运费比灵便型海轮和巴拿马型海轮便宜,但比超大型散货船贵。

4.超大型散货船

超大型散货船载重吨为 22 万～30 万吨,大型矿砂船,主要运输各种矿砂、煤炭,或者钢材、肥料、粮食等大宗散货。这种船型无法进入长江沿线港口卸货,只能在沿海港口(如宁波北仑港和上海港)全部卸完,其海运费最便宜。

案例分析

练习与思考

(1)金属矿产主要有哪些,它们分别分布在哪里?

(2)现在的国际货物运输方式一共有哪几种,各自的优缺点如何?

(3)铁矿石主要采用什么类型的运输,运输的流程是怎样的?

(4)我国铁矿石进口格局如何?

(5)世界上的铁矿石运输航线有哪些?

第七章　金属矿产仓储

本章导读

金属矿产具有一个天然的属性,那就是生产地区与消费地区距离非常远,需要国际贸易来完成资源的配置。当金属矿产从生产地来到消费地,中间会涉及仓储问题。现代仓储管理水平有了很大的提高,仓储能为金属矿产带来附加值,提高产品的价值。运用现代化的技术,针对金属产品的特性进行存储,提高金属矿产的利用价值是目前值得研究的课题。本章通过第一部分的金属矿产储存管理、第二部分的各类金属矿产及产品的储存、第三部分的金属交割管理来介绍金属矿产的仓储。

仓储的基本知识和库存控制

第一节　金属矿产储存管理

一、金属矿产概述

金属矿产储存管理

(一)金属矿产定义

金属矿产是指通过采矿、选矿和冶炼等工序,从中可提取一种或多种金属单质或化合物的矿产。根据工业用途及金属性质的不同,分为:黑色金属矿产,如铁矿和锰矿;有色金属矿产,如铜矿和锌矿;轻金属矿产,如铝镁矿;贵金属矿产,如金矿和银矿;放射性金属矿产,如铀矿和钍矿;稀有金属矿产,如锂矿和铍矿;稀土金属矿产;分散金属矿产;等等。

(二)中国金属矿产资源品种及储量

中国金属矿产资源品种齐全,储量丰富,分布广泛。已探明储量的矿产有 54 种。

1. 铁矿

中国是铁矿资源总量丰富、矿石含铁品位较低的一个国家。目前已探明储量的矿区有 1834 处,总保有储量矿石 463 亿吨,居世界第 5 位。

2. 锰矿

中国锰矿资源较多,分布广泛,在全国 21 个省(区、市)均有产出,已探明储量的矿区有 213 处,矿石总保有储量为 5.66 亿吨,居世界第 3 位。中国富锰矿较少,在保有储量中仅占 6.4%。从地区分布看,以广西、湖南为最丰富,占全国总储量的 55.0%,贵州、云南、辽宁、四川等地次之。

3. 铬矿

中国铬矿资源比较贫乏,按可满足需求的程度看,属短缺资源。总保有储量矿石 1078 万吨,其中富矿占 53.6%。铬矿产地有 56 处,分布于西藏、新疆、内蒙古、甘肃等 13 个省(区、市),以西藏为主,其保有储量约占全国的一半。

4. 钛矿

钛铁矿的钛保有储量为 3.57 亿吨,居世界首位。

5. 钒矿

中国钒矿资源较多,资源总保有储量为 2596 万吨,居世界第 3 位。

6. 铜矿

中国是世界上铜矿较多的国家之一。总保有储量为 6243 万吨,居世界第 7 位。已探明储量中,富铜矿占 35.0%。已探明储量的矿区有 910 处。江西铜储量位居全国榜首,占 20.8%;西藏次之,占 15.0%;再次为云南、甘肃、安徽、内蒙古、山西、湖北等省(区),各省(区)铜储量均在 300 万吨以上。

7. 铅锌矿

中国铅锌矿资源比较丰富,全国除上海、天津、香港外,均有铅锌矿产出。铅的总保有储量为 3572 万吨,居世界第 4 位;锌的总保有储量为 9384 万吨,居世界第 4 位。从省际比较来看,云南铅储量占全国总储量的 17.0%,位居全国榜首;广东、内蒙古、甘肃、江西、湖南、四川次之,探明储量均在 200 万吨以上。全国锌储量以云南为最,占全国的 21.8%;内蒙古次之,占 13.5%。

8. 铝土矿

中国铝土矿资源丰度属中等水平,产地 310 处,分布于 19 个省(区、市)。总保有储量为 22.7 亿吨,居世界第 7 位。山西铝资源最多,储量占全国储量的 41.0%;贵州、广西、河南次之,各占 17.0% 左右。

9. 镍矿

中国镍矿资源不能满足需要。总保有储量为 784 万吨,居世界第 9 位。镍矿产地有近 100 处,分布于 18 个省(区、市),其中以甘肃为最,其保有储量占全国的 61.9%,新疆、吉林、四川等省(区)次之。

10. 钴矿

中国钴矿资源不多,独立钴矿床尤少,主要作为伴生矿产与铁、镍、铜等其他矿产一道产出。已知钴矿产地有 150 处,分布于 24 个省(区、市),甘肃储量最多,约占全国总储量的 30%。全国总保有储量为 47 万吨。

11. 钨矿

中国是世界上钨矿资源最丰富的国家。已探明矿产地有 252 处,分布于 23 个省(区、市)。总保有储量居世界第 1 位。产量也居世界首位。就省(区、市)来看,以湖南(白钨矿为主)、江西(黑钨矿为主)为多,两地储量分别占全国总储量的33.8%和20.7%;河南、广西、福建、广东等省(区)次之。

12. 锡矿

中国是世界上锡矿资源较为丰富的国家之一。已探明矿产地有 293 处,总保有储量为 407 万吨。矿产地分布于 15 个省(区、市),广西、云南两省(区)储量最多,分别占全国总储量的 32.9%和 31.4%,湖南、广东、内蒙古、江西次之。以上 6 省(区)的储量共占全国总储量的 93.0%。

13. 钼矿

中国钼矿资源丰富,总保有储量为 840 万吨,居世界第 2 位。已探明储量的矿区有 222 处,分布于 28 个省(区、市)。河南省钼矿资源最丰富,其钼储量占全国总储量的 30.1%,陕西、吉林次之。以上 3 省钼储量占全国总储量的 56.5%以上。

14. 汞矿

中国是世界上汞矿资源比较丰富的国家之一,总保有储量为 8.14 万吨,居世界第 3 位。现已探明储量的矿区有 103 处,分布于 13 个省(区、市),以贵州省为最多,其储量为全国总储量的 40.0%,其次为陕西和四川。以上 3 省汞储量占全国总储量的 74.0%。

15. 锑矿

中国是世界上锑矿资源最为丰富的国家,其总保有储量有 278 万吨,居世界第 1 位。已探明储量的矿区有 111 处,分布于全国 18 个省(区、市),广西锑储量最多,约占全国的 41.3%,其次为湖南、云南、贵州、甘肃、广东等省。

16. 铂族

中国铂族金属矿产资源比较贫乏,总保有储量约有 310 吨。我国已探明铂族金属的矿区有 35 处,分布于全国 10 个省(区、市),其中甘肃最多,储量占全国总储量的 57.0%,其次为云南、四川、黑龙江等省。

17. 金矿

中国金矿资源比较丰富,总保有储量为 4265 吨,居世界第 7 位。我国金矿分布广泛,除上海、香港外,在全国各个省(区、市)都有金矿产出。已探明储量的矿区有1265 处。就省(区、市)论,山东的独立金矿床最多,金矿储量占全国总储量的14.4%;江西伴生金矿最多,金矿储量占全国总储量的 12.6%;黑龙江、河南、湖北、陕西、四川等省的金矿资源也较丰富。

18. 银矿

中国是银矿资源中等丰富的国家,总保有储量为 11.65 万吨,居世界第 6 位。我国银矿分布较广,在全国绝大多数省(区、市)均有产出,已探明储量的矿区有 569 处。江西银储量最多,占全国总储量的15.5%;云南、内蒙古、广西、湖北、甘肃等省(区)的银资源亦较丰富。

19. 锶矿

中国锶矿资源丰富,总保有储量为 3290 万吨,居世界第 2 位。但锶矿分布不广,仅 6 个省(区、市)有锶矿产出。已探明储量的矿区有 13 处,多在青海,其锶储量占全国总储量的 48.3%,陕西、湖北、重庆次之。

20. 稀土

稀土是门捷列夫化学元素周期表中镧系(镧、铈、镨、钕、钷、钐、铕、钆、铽、镝、钬、铒、铥、镱、镥)15 个元素、21 号元素钪和 39 号元素钇的总称。中国是世界上稀土资源最丰富的国家,素有"稀土王国"之称,总保有储量约有 9000 万吨,居世界第 1 位。全国已探明储量的矿区有 60 多处,分布于 16 个省(区、市),以内蒙古为最,其储量占全国的 95.0%,湖北、贵州、江西、广东等省次之。

二、金属矿产仓库的分类

(一)按运营形态的不同分类

1. 自有仓库

自有仓库是指各企业为了保管本公司的物品(原材料、半成品、产成品)而建设的仓库。金属矿产类产品具有量大、面向大型制造业等特点,因此,生产和流通企业建造自有仓库的比例也很高。从国内外的发展经验看,大宗商品物流专业化是一种趋势,比如一些发达国家和地区的钢铁物流很少使用自有设施承担物流作业,而是把物流业务外包给独立的物流公司。一般专业做钢铁物流的企业其前身往往是大型钢铁企业的物流部门,这也说明自有仓库的发展是很有必要的,能为金属矿产行业的专业仓储奠定基础。

2. 营业仓库

按照仓库业管理条例取得营业许可,保管他人物品的仓库称为营业仓库。营业仓库是社会化的一种仓库,面向社会,以经营为手段,以营利为目的。与自有仓库相比,营业仓库的使用率较高。大宗物资特别是金属矿石,由于其价值大,需要专业化的仓储,故行业内采用营业仓库即第三方仓库的比例非常大。

3.公共仓库

公共仓库是指国家或企业向社会提供的仓库,即为公共事业配套服务的仓库,专门向客户提供相对标准的仓库服务。

(二)按保管类型的不同分类

金属矿产类仓库根据保管类型可分为普通仓库和露天仓库两类。

1.普通仓库

常温下的一般仓库,用于存放一般的物资,对于仓库没有特殊要求。

大多数的金属产品是储存在此类普通仓库里的,只是由于金属重量较重,对仓库地面的承重设计有特殊要求,会在浇筑地面的水泥中加入金属;此外,金属在储存过程中会发生氧化等作用,所以需要对仓库的温度和湿度进行控制。

2.露天仓库

露天堆码、保管的室外仓库,比如矿石类产品可以露天储存,但需要盖上帆布,以防雨淋。有时候在室内仓库非常紧张的情况下,铜板、镍板也会储存在露天仓库。

除上述的这些仓库外,还有很多不是金属矿产类的仓库,如冷藏仓库、恒温仓库、危险品仓库、水上仓库、简易仓库等。

(三)根据功能分类

1.贮藏仓库

主要对货物进行保管,以解决生产和消费的不均衡,如季节性生产的大米储存到下一年销售。金属矿产品因为国际贸易中的价格长协机制,也会出现事先准备库存的情况,这个时候就需要用来贮藏大量金属原材料的仓库,以便应对生产和流通领域的需求。

2.流通仓库

流通仓库是指除具有保管功能外,还能进行流通加工、装配、简单加工、包装、理货以及配送的仓库,具有周转快、附加值高、时间性强的特点。这种仓库在金属行业中比较普遍,由于金属生产企业大生产的特殊性,一般生产标准规格的金属材料,产品按客户需求组织生产的难度较大,最终客户的需求需要借助金属物流配送企业来满足,金属配送企业里设置的往往就是典型的流通仓库。随着国民经济的持续增长和工业化分工的不断细化,越来越多的行业和产品需要金属材料的配送服务。

3.专用仓库

保管钢铁、粮食等某些特定货物的仓库。

4.保税仓库

经海关批准,在海关监管下,专供存放未办理关税手续而入境或过境货物的场所。

5.其他仓库

包括生产仓库、储备仓库、在制品仓库、商品仓库、零件仓库、原材料仓库等。

(四)其他分类形式

根据建筑形式可分为平房仓库、多层仓库、地下仓库及高层货架仓库等。

根据所用建筑材料分类,可分为钢筋混凝土仓库、钢架金属质仓库、木架砂浆质仓库、轻质钢架仓库及其他仓库。

根据库内形态分类,可分为一般平地面仓库、货架仓库、自动化立体仓库。

三、金属矿产储存合理化

金属矿产品在储存的过程中,遭遇的最主要问题是锈蚀。因为作为大宗原材料的金属矿产品,标准化是非常重要的一环,如果由于仓储不当引起金属矿产品锈蚀,影响产品本身品质,不但影响生产,而且影响下一步的流通贸易。因此,对金属矿产品的保管主要是防止发生锈蚀,除此之外,金属矿产品价值高,应根据其价值进行针对性管理,从而提高金属矿产品的仓储管理效率。

(一)气幕隔潮

在潮湿地区或雨季,室外湿度高且持续时间长,仓库内若想保持较低的湿度,就必须防止室内外空气的频繁交换。一般仓库打开库门作业时,便自然形成了空气交换的通道,由于作业的频繁,室外的潮湿空气会很快进入库内,一般库门、门帘等设施隔绝潮湿空气效果不理想。在库门上方安装鼓风设施,使之在门口处形成一道气流,由于这道气流有较高压力和较快流速,便在门口形成了一道气墙,可有效阻止库内外空气交换,防止湿气侵入,而不会阻止人和设备出入。例如阴极铜比较容易产生铜绿,就可以使用气幕隔潮。

(二)塑料薄膜封闭

塑料薄膜虽不能完全隔绝气体,但能隔水隔潮。用塑料薄膜封垛、封袋、封箱,可有效地造就封闭小环境,阻缓内外空气交换,完全隔绝水分。如在封闭环境内注入某种气体,则内部可以长期保持该种气体的浓度,形成一个稳定的小环境。

所以,可以用这个方法来进行气调储存,也可以用这个办法对水泥、化工产品、钢材等做防水封装,以防变质和锈蚀。例如在铁棒上包塑料薄膜。

（三）采用 ABC 库存分类管理法

1. ABC 库存分类管理法的思想与原理

ABC 库存分类管理法又称为重点管理法。其基本点是：将企业的全部存货分为 A、B、C 三类。属于 A 类的是少数价值高的、最重要的项目，这些存货品种少，而单位价值却较大，实务中，这类存货的品种数大约只占全部存货总品种数的 10％，而从一定期间出库的金额看，这类存货出库的金额大约要占到全部存货出库总金额的 70％。属于 C 类的是为数众多的低值项目，其特点是，从品种数量来看，这类存货的品种数大约要占到全部存货总品种数的 70％，而从一定期间出库的金额看，这类存货出库的金额大约只占全部存货出库总金额的 10％。B 类存货则介于两者之间，从品种数和出库金额看，大约都只占全部的 20％。管理时，对金额高的 A 类物资，重点加强管理与控制；对 B 类物资，按照通常的方法进行管理和控制；C 类物资品种、数量繁多，但价值不高，可以采用最简便的方法加以管理和控制。

2. 储存合理化的实施要点

进行储存物的 ABC 分析。ABC 分析是实施储存合理化的基础分析，在此基础上可以进一步解决各类的结构关系、储存量、重点管理、技术措施等合理化问题。在 ABC 分析基础上实施重点管理，分别决定各种物资的合理库存储备数量及经济地保有合理储备的办法，乃至实施零库存。在形成了一定的社会总规模的前提下，追求经济规模，适当集中库存。适度集中储存是合理化的重要内容，所谓适度集中库存是指利用储存规模优势，以适度集中储存代替分散的小规模储存来实现合理化。

（四）发展流通加工

由于金属生产企业的特殊性，一般生产标准规格的金属材料，产品按客户需求组织生产的难度较大，最终客户的需求需要借助金属物流配送企业来满足。金属物流配送企业的加工销售，可以大大提高金属材料的流动效率。

以北美瑞森模式为代表的金属套裁配送形态，代表了国际金属物流的主流模式。这一模式的核心是通过向终端客户提供高效物流配送和套裁等增值服务，最大限度地满足客户对钢材品种、规格、数量的个性化需求与"零库存"的要求，降低物流成本，提升流通效率，节约社会整体成本，从而实现稳定的物流配送利润，获得竞争优势。金属物流公司采用组合备库、集中下料和合理套裁等流通加工方式，实际上实现了金属物流的社会整体集约化过程，从而也有效地化解了自身的经营风险。

各类金属矿产及产品的储存

第二节　各类金属矿产及产品的储存

一、铁矿石的储存

铁矿石是钢铁生产企业的重要原材料,天然矿石(铁矿石)经过破碎、磨碎、磁选、浮选、重选等程序逐渐选出铁。

中国铁矿资源有两个特点:一是贫矿多,贫矿出储量占总储量的80%;二是多元素共生的复合矿石较多,其分布主要集中在辽宁、四川、河北、北京、山西等地。进口矿主要来源于印度和澳大利亚。

(一)铁矿石的类别、材质

磁铁矿是一种氧化铁矿石,主要成分为Fe_3O_4,是Fe_2O_3和FeO的复合物,呈黑灰色,比重大约为5.15,含铁元素72.4%,含氧元素27.6%,具有磁性。在选矿时可利用磁选法,处理非常方便,但是由于其结构细密,故还原性较差。经过长期风化作用后即变成赤铁矿。

赤铁矿也是一种氧化铁矿石,主要成分为Fe_2O_3,呈暗红色,比重大约为5.26,含铁元素70%,含氧元素30%,是最常见的铁矿石。由于其本身结构状况不同,又可分成很多类别,如赤色赤铁矿、镜铁矿、云母铁矿、黏土质赤铁矿等。

褐铁矿是含有氢氧化铁的矿石。它是针铁矿和磷铁矿2种不同结构矿石的统称,呈土黄色或棕色,含铁元素约62%,含氧元素约27%,含水分约11%,比重在3.6～4.0,多半附存在其他铁矿石之中。

菱铁矿是含有碳酸亚铁的矿石,主要成分为$FeCO_3$,呈青灰色,比重在3.8左右。这种矿石多半含有相当多数量的钙盐和镁盐。由于碳酸根在高温约800～900℃时会吸收大量的热而放出二氧化碳,所以我们多半把这一类矿石先加以焙烧,之后再加入鼓风炉。

(二)铁矿石及金属铁的仓储要求

铁矿石主要储存在室外,为了减少雨水的影响,可以在铁矿石上铺防雨布;可以存放在码头仓库、堆场,也可以存放在工厂自建仓库,如图7-1所示。

图 7-1　铁矿石的露天储存(左)、铁棒的室内储存(右)

但金属铁容易生锈,所以应储存在室内,避免雨水淋湿。铁棒包塑料薄膜以防止与空气接触发生锈蚀。

(三)港口铁矿石库存量

体现铁矿石供求关系的一个重要指标就是库存,港口铁矿石库存量体现了一个国家某一段时期内的铁矿石市场的供求关系。

金属的库存分报告库存和非报告库存。报告库存又称显性库存,是指交易所库存。非报告库存,又称隐性库存,指全球范围内的生产商、贸易商和消费商手中持有的库存。由于这些库存不会定期对外公布,因此难以统计,故一般都以交易所库存来衡量金属库存。

库存控制又称库存管理,是指对制造业或服务业生产、经营全过程的各种物品、产成品以及其他资源进行管理和控制,使其储备保持在合理的水平线上。

二、钢材的储存

钢材的储存方式分为室内存放和室外存放两种。钢材应用广泛、品种繁多,根据断面形状的不同,钢材一般分为型材、板材、管材和金属制品四大类。钢材是钢锭、钢坯通过压力加工制成需要的各种形状、尺寸和性能的材料。

室内存放是指把钢材存放在仓库中,仓储方做好防水工作,保证钢材不被雨水浸湿。室内存放主要是为了防止钢材遇水生锈,影响销售价格。如中小型型钢、盘条、钢筋、中口径钢管、钢丝及钢丝绳等,可在通风良好的料棚内存放,但必须上苫下垫;一些小型钢材、薄钢板、钢带、硅钢片、小口径或薄壁钢管、各种冷轧、冷拔钢材,以及价格高、易腐蚀的金属制品,可存放入库。

室外存放是指把钢材存放在露天场地,仓储方要在货物下面铺好沙子、垫上枕木,及时做好排水工作,尽量减少货物遇水生锈情况的发生。如大型型钢、钢轨、大口径钢管、锻件等可以露天堆放。

(一)仓库的合理布局

仓库既是储存货物的地点,也是进行收、发、管作业的场所。为便于这些工作的顺利进行,必须有合理的布局。

库内布局要保证收、发、管作业的连续性和互不干扰。充分利用仓库面积,合理安排并尽量扩大货物储存面积,但要留出通道,收、发作业地点,以及办公地点等非储存面积。经常收、发的货物和体大笨重的货物安排在离库门较近的地方,以缩短运距和减轻工作量。

对库内布局做出总的规划后,将料区和料位划定下来。按型钢、钢板、钢管、金属制品等分类方法,将钢材储存在划定的区域,定出料位,立牌标志,注明钢材类别、品种、规格及编号等。

(二)选择适宜的场地和库房

保管钢材的场地或仓库,应选择在清洁干净、排水通畅的地方,远离产生有害气体或粉尘的厂矿。在场地上要清除杂草及一切杂物,保持钢材的干净。

钢材不得与酸、碱、盐、水泥等对钢材有侵蚀性的材料堆放在一起。不同品种的钢材应分别堆放,防止混淆,防止接触腐蚀。

库房应根据地理条件选定,一般采用普通封闭式库房,即有房顶、有围墙、门窗严密、设有通风装置的库房。库房要求晴天注意通风,雨天注意关闭防潮,经常保持适宜的储存环境。

(三)合理堆码、先进先放

堆码的要求是在码垛稳固、确保安全的条件下,做到按品种、规格码垛,不同品种的材料要分别码垛,防止混淆和相互腐蚀。禁止在垛位附近存放对钢材有腐蚀作用的物品,垛底应垫高、坚固、平整,防止材料受潮或变形。同种材料按入库先后分别堆码,便于执行先进先发的原则。

露天堆放的型钢,下面必须有木垫或条石,垛面略有倾斜,以利于排水,并注意材料安放平直,防止造成弯曲变形。露天堆放的角钢和槽钢应俯放,即口朝下,工字钢应立放,钢材的槽面不能朝上,以免积水生锈。

保持合理的堆垛高度,人工作业的不超过 1.2m,机械作业的不超过 1.5m,垛宽不超过 2.5m。垛与垛之间应留有一定的通道,检查道一般为 0.5m,出入通道视材料大小和运输机械而定,一般为 1.5~2.0m。垛底垫高,若仓库为朝阳的水泥地面,垫高 0.1m 即可;若为泥地,须垫高 0.2~0.5m。若为露天场地,水泥地面垫高 0.3~0.5m,沙泥面垫高 0.5~0.7m。

（四）保持仓库的清洁、加强材料的养护

在钢材保管过程中，主要注意避免钢材受机械性损伤，防止产生锈蚀现象。钢材锈蚀所带来的危害和造成的损失是相当严重的。除了国家储备仓库和少数现代化仓库以外，钢材的存储条件一般都不太好，而且相当多的钢材没有包装，又常在露天存放，经受风吹雨淋和尘埃的侵蚀，因此很容易锈蚀。锈蚀不仅会破坏钢材及其制成品的表面和外形，而且会降低使用性能。例如当钢件锈蚀深度约为1％时，强度则降低5％～10％。因此，加强对钢材的保管养护，积极采取措施防止钢材在保管期间被锈蚀，不但能减少因锈蚀而造成的损耗，节约钢材，而且能保证产品质量。

在钢材养护方面具体可进行如下操作。材料在入库前要注意防止雨淋或混入杂质，对于已经淋雨或弄污的材料，要按其性质采用不同的方法擦净，如硬度高的可用钢丝刷，硬度低的用布、棉等物。材料入库后要经常检查，如有锈蚀，应清除锈蚀层。一般钢材表面清除干净后，不必涂油，但对于优质钢、合金薄钢板、薄壁管、合金钢管等，除锈后其内外表面均需涂防锈油，之后再存放。对于锈蚀较严重的钢材，除锈后不宜长期保存，应尽快使用。

（五）钢材加工与包装

钢材的加工和包装通常都是由钢材生产企业来完成的。完成后将成品放置在仓库或堆场内，进入仓储和运输的环节。将物流的各个环节高效地连接在一起，正是现代物流的要求与标准。目前为数不多的钢材仓储企业将其业务范围扩展，涵盖了钢材的加工和包装。这是今后传统的钢材仓储运输企业向现代物流企业转型的一项关键服务。

钢材出厂前要涂防腐剂或其他镀层及包装，这是防止材料锈蚀的重要措施，在运输装卸过程中须注意保护，不能损坏，这样可延长材料的保管期限。

（六）钢材产品装卸工具

钢材产品的仓储和运输不同于普通商品的重要一点就是其对装卸工具的要求非常之高。现代物流非常注重各个环节对产品质量的影响。钢材的吊装工具也有了长足的发展，从一般装卸工具到爪式吊装工具再到尼龙绳，对保证钢材质量起到了重要的作用。

三、铜的储存

阴极铜是以板状供货的，虽不易腐蚀，但在储存的过程中，会产生掉渣或掉粒现象，在室外储存时，应加强管理，及时收集掉落的铜粒及铜渣，保证物资数量不受损失。当然也可以按照客户的要求储存在室外或者室内，如图7-2所示。铜在潮湿的环境里，其表面会生成一层绿色的碱式碳酸铜，所以可以选择气幕隔潮的方式来保护铜板。

图 7-2　从左至右：铜丝的储存、阴极铜室内储存和阴极铜室外储存

前文已提及，由于金属矿产品具有价值高等特性，需要在专业的第三方仓库内进行仓储管理，那么第三方仓库必然要收取相关的费用，例如入库费、出库费、仓储费以及出入库过磅费。出入库过磅是指物资在出入库之前都需要称量并记录每一件的重量，而后与每一件上所贴标签的重量进行核对，若差别较大就需告知客户。

四、铝、锌、铅的储存

铝是世界上产量和用量都仅次于钢铁的有色金属。我们日常工业上使用的原料叫铝锭。铝锭按成分不同分重熔用铝锭、高纯铝锭和铝合金锭 3 种；按形状和尺寸又可分为条锭、圆锭、板锭、T 形锭等几种。此外，锌锭、铅锭等都是形状类似的。铝锭、锌锭、铅锭，因体积、重量较小，易搬动，存放在室内才能确保安全。如图 7-3 所示。

图 7-3　铅锭的室内储存

铝这种原材料存在的形式还有铝和其他合金元素合成的制品，称为铝材。铝材

应该采用高架仓库进行储存(如图7-4所示),因为用高架仓库储存铝材有以下4个方面的优点。

①高架仓库可以极大地提高设备利用率。

因为现代铝加工生产设备的轧制速度快、通过量大,所以生产现场的管理有相当大的一部分是围绕铝卷成品与半成品的吊运、储存开展的物流管理。目前高速冷轧机的速度大多都在2000米/分钟左右,轧制速度快、过卷时间短,在实际生产中,有很大一部分时间都花在了吊运轧制材料的过程中。采用高架仓库可以减少吊运铝卷的时间,自然能够增加轧机的轧制时间。

②高架仓库可以提高成品率。

按目前国内一般铝加工企业的管理水平,在吊运铝卷时产生的磕碰伤,约占废品的2%。高架仓库可以避免铝卷在运输时产生磕碰伤,从而提高成品率,增加企业的利润。

③高架仓库可以大幅度地减少占地面积,不但可以一次性节约购买土地的资金,更可以长期节约在土地税费方面的大量支出。

④高架仓库与自动化物流管理信息系统进行有效组合后,能有效进行金属平衡,便于决策者掌握更准确的基础数据。该系统还提供准确及时的库存信息,以及在供应商及其生产线之间提供原料和组件的准时化生产功能。

图 7-4　铝材的货架储存

五、镍的储存

镍金属目前存在的形式主要是镍板、镍珠或镍块(电解镍)。

电解镍是使用电解法制成的镍。将富集的硫化物矿焙烧成氧化物,用碳还原成粗镍,再经电解得到纯金属镍。在化学工业中,镍用作加氢反应的催化剂,有良好的导电性,颜色是黑灰色。电解镍主要用于原子能工业、碱性蓄电池、电工合金、高温高强度合金、催化剂以及粉末冶金、金刚石工具、非铁基合金等,也可以做化学反应的加氢催化剂等。包装上采用真空袋装,外用铁桶包装。镍的价格较高且外包装的铁桶会产生锈蚀,不适宜在室外存放。

镍板如图 7-5 所示。镍板的规格(厚×宽×长/mm):0.5~20×200~1000×500~3000。镍还具有良好的抗氧化性,在空气中,镍表面形成特殊薄膜,可阻止进一步氧化。实验证明,纯度为 99% 的镍,20 年内不会产生锈痕。镍的抗腐蚀能力很强,尤其是对苛性碱的抗蚀能力强,在 50% 的沸腾苛性钠溶液中镍每年的腐蚀速度不超过 25 微米。

图 7-5　镍板

第三节　金属交割管理

一、金属的交割管理

(一)国内上市交易的金属种类

目前,世界上的金属期货交易主要在伦敦金属交易所、纽约商业交易所和东京工业品交易所进行。

中国金属主要在上海期货交易所上市交易,目前种类有 14 种,包括铜、铜(BC)、铝、锌、铅、镍、锡、氧化铝、黄金、白银、螺纹钢、线材、热轧卷板、不锈钢。

(二)标准化合约

标准化合约是指其标的资产(基础资产)的交易价格、交易时间、资产特征、交易方式等都是事先标准化的,因此此类合约大多在交易所上市交易,如期货。标准化合约的条款都是事先规定好的,具有普遍性和统一性。

上海期货交易所铜期货合约如表7-1所示。

表7-1　上海期货交易所铜期货合约

项目	阴极铜
交易单位	5 吨/手
报价单位	元(人民币)/吨
最小变动价位	10 元/吨
涨跌停板幅度	上一交易日结算价±3%
合约月份	1～12 月
交易时间	9:00～11:30,13:30～15:00,以及交易所规定的其他交易时间
最后交易日	合约交割月份的 15 日(遇国家法定节假日顺延)
交割日期	最后交易日后连续 2 个工作日
交割等级	1)标准品:标准阴极铜,符合国标 GB/T 467—2010 中标准阴极铜的规定,其中主要成分铜和银含量不小于 99.95%; 2)替代品:a.高纯阴极铜,符合国标 GB/T 467—2010 中高纯阴极铜的规定。b.LME 注册阴极铜,符合 BS EN 1978:1998(阴极铜级别代号 CU-CATH-1)中的规定
交割地点	交易所指定交割仓库
最低交易保证金	合约价值的 5%
交割方式	实物交割
交易代码	CU

(三)金属的交割方式

交割是指期货合约到期时,交易双方通过该期货合约所载商品所有权的转移,了结到期未平仓合约的过程。

交割方式有现金交割、实物交割两类。现金交割是指合约到期日,核算交易双方买卖价格与到期日结算价格相比的差价盈亏,把盈亏部分分别结算到相应交易方,其间不涉及标的实物交割;实物交割是指合约到期日,卖方将相应货物按质按量交入交易所指定交割仓库,买方向交易所交付相应货款,履行期货合约。一般金融证券类期货合约以现金交易为主,商品期货合约以实物交割方式为主。

上海期货交易所金属交割主要有这两种方式:到期交割和期转现。

1. 到期交割

(1)定义:在规定期限内,集中性的一次性交割。

(2)特点:

①交割期固定;

②由卖出方选择品牌、交割地;

③品牌经过注册;

④交割地:交易所指定交割仓库;

⑤交割流程固定。

(3)五日交割法流程(如图7-6所示)。

①第一交割日:买方申报意向。

买方在第一交割日内,向交易所提交所需商品的意向书。内容包括品种、牌号、数量及指定交割仓库名等。卖方交标准仓单(螺纹钢、线材期货合约还允许提交厂库标准仓单)。卖方在第一交割日内通过标准仓单管理系统将已付清仓储费用的有效标准仓单交至交易所。厂库标准仓单的有关规定参见《上海期货交易所指定钢材厂库交割办法(试行)》。

②第二交割日:交易所分配标准仓单。

交易所在第二交割日根据已有资源,按照"时间优先、数量取整、就近配对、统筹安排"的原则,向买方分配标准仓单。不能用于下一期货合约交割的标准仓单,交易所按所占当月交割总量的比例向买方分摊。

③第三交割日。

a.买方交款、取单。买方应当在第三交割日14:00前到交易所交付货款并取得标准仓单。

b.卖方收款。交易所应当在第三交割日16:00前将货款付给卖方,如遇特殊情况交易所可以延长交割货款给付时间。

④第四、五交割日卖方交增值税专用发票。

(4)到期交割的注意事项。

①注意交易单位与最小交割单位。

②进入最后交易日前及时调整持仓数量。

③交割头寸限制。

(5)交割入库申报。

入库前必须填写入库申报单/审批单进行入库申报,各库有额定库容量,合理安排物流走向。

(6)交割商品质量、数量提出异议的时限。

在交割月的下一月的15日之前(含当日,遇国家法定节假日时顺延至节后第一个工作日),向交易所提出申请,并同时提供质检机构出具的质量鉴定结论。尽可能地保持原包装。

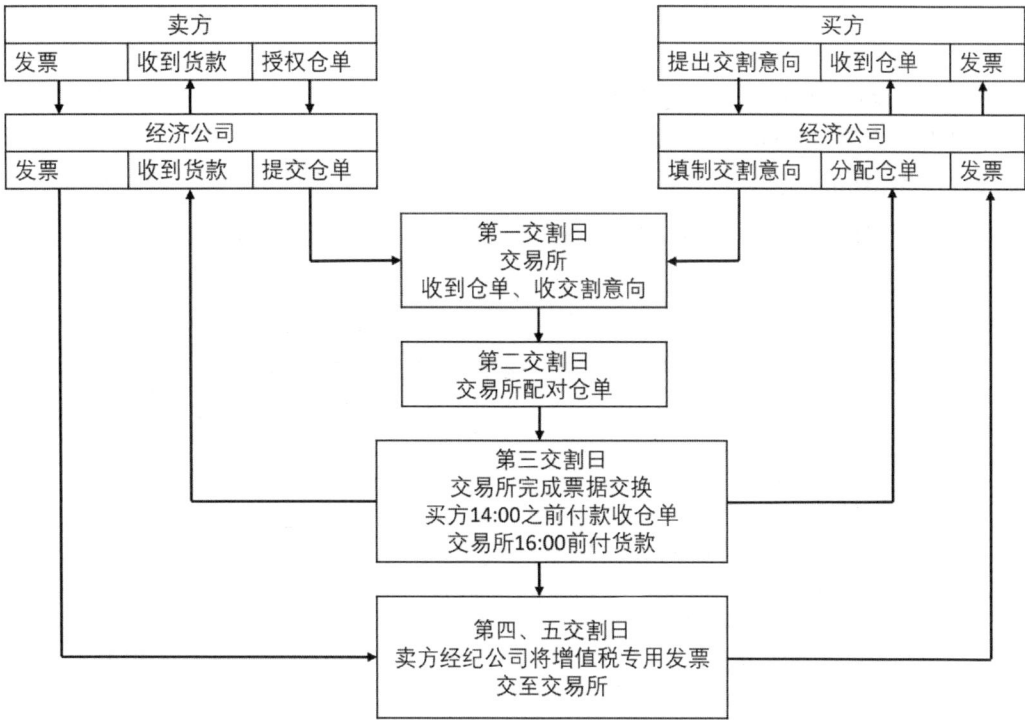

卖方		
发票	收到货款	授权仓单

经济公司		
发票	收到货款	提交仓单

买方		
提出交割意向	收到仓单	发票

经济公司		
填制交割意向	分配仓单	发票

第一交割日
交易所
收到仓单、收交割意向

第二交割日
交易所配对仓单

第三交割日
交易所完成票据交换
买方14:00之前付款收仓单
交易所16:00前付货款

第四、五交割日
卖方经纪公司将增值税专用发票
交至交易所

图 7-6 上海期货交易所金属到期交割流程

(7)仓单、发票的流转程序。

①卖方客户将标准仓单授权给卖方期货公司会员以办理实物交割业务。

②卖方会员将标准仓单提交给交易所。

③交易所将标准仓单分配给买方会员。

④买方期货公司会员将标准仓单分配给买方客户。

2.期转现交割

(1)期转现交割的定义。

期转现是指持有方向相反的同一月份合约的会员(客户)协商一致并向交易所提出申请,获得交易所批准后,分别将各自持有的合约按交易所规定的价格由交易所代为平仓,同时按双方协议价格进行与期货合约标的物数量相当、品种相同、方向相同的仓单的交换行为。

期转现可以降低买卖双方交货成本,买卖双方利用期转现可以同时锁定期现价格,并灵活地选定交货地点和交货方式。

(2)期转现交割的优点。

①期转现有利于降低交割成本。期货中引进期转现,有利于生产经营企业、加工

企业和销售企业顺利接到现货,节约搬运、整理和包装等费用。

②期转现使买卖双方可以灵活地选择交货地点、时间和品级等。期转现能够满足加工企业和生产经营企业对不同品级货物的要求,加工企业和生产经营企业可以灵活地选择交货地点,降低了交货成本,弥补了期货标准化过程中所失去的灵活性。

③期转现可以提高资金的利用效率。期转现既可以使生产、经营和加工企业回避价格风险,又可以使企业提高资金利用效率。加工企业如果在合约到期时集中交割,必须一次拿出几百万元甚至几千万元购进原料,增加了库存量,一次性占用了大量资金。期转现可以使企业根据加工需要,分批分期地购进原料,减轻了资金压力,减少了库存量。生产经营企业也可以提前和分批收到资金,用于生产。

④期转现比"平仓后购销现货"更有优越性。期转现使买卖双方在确定现货买卖价格的同时,确定了相应的期货平仓价格,由此可以保证期现市场风险同时锁定。如果买卖双方采取平仓后再购现货的方式,双方现货价格商定后,有可能因平仓时期货价格波动而给其中一方带来损失。

⑤期转现比远期合同交易和期货交易更有利。远期合同交易可以回避价格风险,但面临违约问题和流动性问题,面临被迫履约。期货交易虽没有上述问题,但在交割品级、交割时间和地点的选择上没有灵活性,而且成本较高。期转现吸收了上述交易的优点,同时又解决了上述交易中存在的问题。

(3)非标准仓单的期转现。

非标准仓单是指有关仓库在以下情况下开具的仓单:非注册商标商品储存在指定交割仓库;注册商标商品储存在非指定交割仓库;非注册商标商品储存在非指定交割仓库。

非标准仓单与标准仓单期转现的不同之处:票据交换(货款、发票)不通过交易所。交割商品的质量、数量问题,由会员协调处理。

(四)交割完成后的异议

实物交割完成后,若买方对交割商品的质量、数量有异议,应当在实物交割月份的下一月份的 15 日之前(含当日,遇国家法定节假日时顺延至节假日后的第一个工作日),向交易所提出书面申请,并应当同时提供本交易所指定的质量监督检验机构出具的质量鉴定结论。逾期未提出申请的,视为买方对所交割商品无异议,交易所不再受理交割商品有异议的申请。

二、金属交割仓库管理

(一)申请指定交割仓库必须具备的条件

(1)具有工商行政管理部门颁发的营业执照。

(2)固定资产和注册资本须达到交易所规定的数额。

(3)财务状况良好,具有较强的抗风险能力。

（4）具有良好的商业信誉，完善的仓储管理规章制度；近三年内无严重违法行为记录和被取消指定交割仓库资格的记录。

（5）承认交易所的交易规则、交割细则等。

（6）仓库主要管理人员必须有五年以上的仓储管理经验，以及有一支训练有素的专业管理队伍。

（7）有严格、完善的商品出入库制度、库存商品管理制度等。

（8）堆场、库房有一定规模，有储存交易所上市商品的条件，设备完好、齐全，计量符合规定要求，以及具有良好的交通运输条件。

（二）交割仓库的日常作业

1.入库管理

物品的入库是指根据供货合同的规定，完成物品的接货、验收和办理入库手续等业务活动的全过程。入库时必须有存货单位正式开出的物品入库单，并且其数量、金额在与相应的供货合同相一致的条件下方可入库。

入库单是仓库据以接收物品的唯一凭证。物品入库单应包括物品来源、收货单位、物品名称、品种、规格、数量、单价、实收数、收单时间、存货单位签章等内容。

（1）接货。

接货应做到准备充分，手续清楚，责任分明，单据和凭证齐全。接到到货通知后，应了解货物的类别、特性、数量、件重等具体情况，安排和准备卸货场地及货位，准备卸货、搬运的设备及劳动力，并通知检验员做好准备。

（2）检验凭证。

凭证检验的依据是供货合同。它包括的主要内容有物品规格、型号、数量、供货单位、供货方式、时间、地点、包装标准、责任区分及争议解决方式、双方主管人签章。

（3）货物检查和验收。

先对货物进行外观检查，看有无受潮、进水、破损、变形、污染等现象，再核对到货品名、规格、型号、标志、数量、发货单位、收货单位等是否正确。如发现有不相符的情况，仓管员有权拒绝办理入库手续，并视其程度报告采购部、财务部及总经理处理。对货物内在质量的检验，由仓管员填写"报检单"，通知质管部进行材质检验。

（4）入库。

货物验收合格后，应立即办理入库手续。入库时应进行以下工作。

第一步是复核。主要复核内容有：货物验收记录及入库单和各项资料凭证是否移交清楚、完整；复核入库货物与上架、上垛货物是否相符，编号是否正确，件数是否准确，计量测试记录与实物批号是否符合；货物应挂上的货牌是否准确到位，输入电脑的建账数据是否已准确录入，账、牌、物三者是否相符。

第二步是登账。登录货物保管明细账，无论用计算机或手工生成，都应详细反映仓库货物进、出、结存的准确情况。主要内容有:物品编号、入库日期、品名、规格、数量、单价、收入、支出等。

登录或消除保管账必须以正式收发凭证为依据。账目不得任意涂改,必须修改时应加盖订正章。账目应做到:据实记录入、出、结存数,账物相符;笔笔有结算,日清月结,不做假账;手续健全,账页清楚,数据准确;坚持会计记账规则,严格遵守;出现问题,经处理后,账面要明确反映,并如实说明。

第三步是建档。应建立库存货物档案,以备处理问题时使用,也便于总结提高仓储管理水平。因此要将每份入库单所列的到货原始资料和凭证,验收资料,相关问题处理的资料、凭证、出、入库及存储期相关记录和资料等分别装订成册建立档案,由各库区保管员统一保管。且档案要统一编号,以便查阅。如果是电子计算机仓储管理系统,要设立档案管理子系统,以辅助档案管理工作。

2.出库管理

货物出库应遵循"先进先出、推陈储新"的原则。出库单内容包括:收货单位、日期、货物入库时的批号、品名、规格、型号、数量、仓管员签字等。

仓库一切货物的对外发放,一律凭有关人员签章的"申请单"或"出货通知单"由相关人员办理出库手续。

①复核。复核的内容是:对出库单。应核对数量、规格、品种与库存是否有出入。检查包装的完好性,凡包装破损且未经修复加固的一律不准出库,无论是否为仓库原因导致的破损,均应修复。标志应清楚、完好。经复核确认无误后,即可允许放行出库。

②放行。根据货物实发情况,仓管员开具出门证,交提货或发运人员作为出门交门卫放行的依据。门卫必须接到签发的出门证才可放行。

③登账。登录货物保管明细账,无论用计算机或手工生成,都应详细反映仓库货物进、出、结存的准确情况。主要内容有:物品编号、出库日期、品名、规格、数量、收入、支出等。登录或消除保管账必须以正式收发凭证为依据。账目不得任意涂改。出库账目应达到的要求与入库账目一致。

④建档。参照入库管理制度的相关建档条例。

3.贮存管理

(1)堆码管理。

金属材料的堆码应遵循以下堆码原则。首先要保证货物不变形,且能确保人员、货物及设备的作业安全;其次要方便管理人员收发、盘点和维护,便于装卸搬运作业;最后要便于信息系统管理,充分提高作业效率和仓储利用率。码垛时,要做到轻起轻放,大不压小,重不压轻;标志直观清晰,标签朝外;四角落实,整齐稳当;通道宽度适当,方便作业;不同品种、规格、型号、批次及不同生产企业的货物要分开堆码;码垛间距为10厘米。为保证"先进先出"的方便,要按进货先后的顺序堆码。

堆码作业依靠叉车等设备与人工相结合,并按照贮存要求进行操作。由于金属材料重量较重,采用叉车设备堆码比较普遍,且很多时候会用到托盘,因此要根据金属材料的包装情况及仓库的存重压力进行运作。

金属材料容易被腐蚀,所以堆垛的时候需要垫垛和苫盖。垫垛的目的在于隔潮,应根据货物性能和气候条件来确定。垫垛材料可采用油毡、垫板等,木料做垫料时要经过防潮、防虫处理。苫盖后的货垛应稳固、严密、不渗漏雨雪。苫盖时可用雨布、油毡、帆布等材料,就货物堆码外形,把苫盖物直接盖在货物上面即可。

(2)防护管理。

首先要对仓库的温度、湿度进行控制。有效的做法之一是通风。利用库内外空气温度不同而形成的气压差,使库内外空气形成对流,来达到调节库内湿度的目的。在库内悬挂干湿表,表应安置在空气流通、不受阳光照射的地方,不要挂在墙上,挂置高度约 1.5 米。每日必须对库内温度、湿度进行观测,以确定库内温度、湿度的变化。对于怕热类物资,主要是利用通风降温。在炎热季节,对于空气温度条件要求不高的物资,可在夜间或早上 6 点左右通风,每星期 1~2 次。对于怕冻类物资,主要利用通风提温。在寒冷季节,需在阳光充足、库外温度最高时通风,一般在下午 2 点至 3 点进行。对于怕潮类物资,要利用通风降潮。控制仓库湿度的另一方法是吸潮。在梅雨季节或阴雨天,不宜进行通风散潮时,可在库内用吸潮的办法降低库内湿度。可使用吸潮剂吸潮或机械吸潮。

其次,金属物品的防锈蚀是重中之重。一般的仓储物资可能会霉腐,受虫害、鼠害,而金属材料性质特殊,在这两方面不用采取相关措施。因此,对于金属材料及其制品而言,重点在于防止锈蚀。

除锈方法分人工除锈及化学除锈。人工除锈时使用钢丝刷、铜丝刷、砂纸、砂布等打磨锈蚀物表面,除掉锈层。对于比较粗糙的钢铁制品,可使用钢丝刷或粗砂布(纸)打磨;一般精度的金属制品及零件,可使用细砂布(纸)打磨;表面有镀层或经过抛光的金属制品,可用砂布蘸抛光膏、去污粉等打磨。化学除锈是利用酸溶液与金属表面锈蚀产物发生化学反应,以达到除锈的目的。其酸洗工艺过程为:脱脂→水洗→酸洗→水洗→磷化→表面调整→水洗→自然干燥。

(3)先进先出管理。

采用物料先进先出的管理方式,可防止物料由于长时间堆积而发生变质。

要实现"先进先出",应按进货先后的顺序堆码。对仓库内的场地进行有效、合理的库位划分及管理。对库位现场进行看板式管理,明确有效地执行出货任务。在库存卡及登录的账簿上,同类同厂同规格的物品每年年初按进货的时间顺序从 1 开始编号。出库时,仓管员应检查库存卡上该货物最早批次的留存量,并按"先进先出"的原则发货。

(4)库存周转率计算。

通过库存周转率的计算,调整重点物资的库存周转,以期达到库存资产的有效使用,改进仓库管理。

库存周转率的计算公式:库存周转率=月度发出数量÷月度平均库存数量

月度平均库存数量=(每月1日的库存数量+每月30日的库存数量)÷2

仓库于每月初对上月的库存周转率进行计算,当周转率小于0.5时,相关部门主管应分析原因,缩短采购周期,调查安全库存量,并由各部门相关人员提出改进意见和措施,优化库存周转效率。

4.盘点管理

物资盘点检查是指对仓库保管的物资进行数量和质量的检查,以清点库存物资的实际数量,做到账、物、卡三相符。查明超过保管期限、长期积压物资的实际品种、规格和数量,以便检查和处理库存物资盈亏数量及原因。

通过盘点要求做到:库存物资数量清、规格清、质量清、账卡清,盈亏有原因,事故损坏有报告,调整有根据,确保库存物资的准确。

(1)盘点检查的内容。

检查物资实存量与账、卡的数字是否相符,查明物资盈亏的原因;查明库存物资的质量状况,如有无锈蚀、霉变、潮解、虫蛀等情况,必要时重新进行小样检验;查明有无超过保管期限及长期未使用的积压物资,并查明积压原因;检查堆垛是否稳固,场地有无积水和杂物,库房有无漏雨,门窗通风是否良好,库房温湿度是否符合保管要求,清洁卫生是否符合要求等;检查计量工具是否准确,使用与维护是否合理;检查各种安全措施和消防设备是否齐全,是否符合安全要求。

(2)盘点检查的方法。

在日常物资发生动态变化时,仓库管理人员应进行分批、分类盘点。仓库在收到每一批物料前,应事先制定收、发料库存卡,挂附在每一批包装件上,每次发料时,立即在库存卡上记录下来,并将申请单保存。在盘点时,通过库存卡查对该批物资发放数与申请单及实存数是否相符。盘点检查的方法有重点盘点法和定期盘点法。

案例分析

练习与思考

(1)仓库可以分为哪几种?

(2)铁矿石适合采用何种方式储存?

(3)铜与钢铁储存方式有哪些不同?

(4)交割仓库管理的程序是怎样的?

第八章　农产品运输

本章导读

中国是个农业大国,解决"三农"问题始终是中国经济和社会发展过程中的重中之重。农产品物流从纵向一体化视角出发,把农产品生产、采摘、分类、包装、加工、储藏、运输、销售、配送等环节快速有效地整合起来,减少了农产品在流通中的价值损失,提高了农产品流通效率,从而大大提高了我国农产品的国际竞争力。现代物流的运作模式以其"四化"(专业化、规模化、信息化、标准化)程度高、运输及配送的速度快、辐射面广、效率高等特点,为农产品的仓储、运输、集散、配送等提供了极为有效的一体化解决方式。

农产品是大宗商品的主要类别之一。大宗农产品是指在商品农业经济结构中占有较大权重,生产量、消费量、贸易量、运输量等较大的农产品。如大豆、玉米、小麦、稻谷、油菜籽、花生、棕榈油、可可、咖啡、棉花、羊毛、糖、橙汁、菜籽油等,其中大豆、玉米、小麦被称为三大农产品期货。

本章从大宗农产品物流基本概述入手,以物流主要环节——运输为具体对象,介绍粮食类大宗农产品运输、经济作物类大宗农产品运输和林产品类大宗农产品运输等三大类农产品运输的概况。

第一节　农产品物流基本概述

农产品生产的地域性与消费的普遍性、生产的季节性与消费的全年性之间的矛盾,造成了农产品供给与需求之间的矛盾。要解决这个矛盾,就要发展现代农产品物流。农产品物流不仅能使农产品实现其价值与使用价值,使农产品在物流过程中增值,还能降低农产品生产与流通的成本,提高农业的整体效益。

一、农产品物流的概念

(一)农产品物流的内涵

农产品物流是以农业产出物为对象,通过农产品产后加工、包装、储存、运输和配送等物流环节,做到农产品保值增值,最终送到消费者手中的过程。它是物流业的一个分支,是为了满足消费者需求而进行的农产品物质实体及相关信息从生产者到消费者之间的物理性流动。农产品物流的发展目标是增加农产品附加值,节约流通费用,提高流通效率,降低不必要的损耗,从某种程度上规避市场风险。

随着科学技术的进一步发展,现代农产品物流逐步形成。它是指建立在先进的计算机网络和信息技术基础上,整合利用现代交通和仓储设施,依靠大量的商务信息指令,将农产品运输、仓储、加工、装卸、包装以及流通加工、配送、信息处理等经济活动进行一体化经营和管理的综合产业活动,最终达到优化农产品流通渠道,全方位降低涉农企业经营成本,实现又好又快服务农产品生产者和最终消费者的目的。

(二)农产品物流的外延

如果把物流企业物流圈定为一个综合的、独立的物流系统,那么这个大系统可以划分出若干个物流子系统。按照农产品物流经营活动的环节,农产品物流可以分成:农产品供应物流、农产品生产物流、农产品销售物流、农产品废弃物及再生物物流等。首先是农产品生产前的物流形式,叫农产品供应物流,是为了保证农产品生产的实现,不断组织农业生产资料供应的物流活动;其次是农产品生产过程中的物流形式,叫农产品生产物流,是在农产品生产工艺中的物流活动;再次是农产品销售阶段的物流形式,叫农产品销售物流,是指伴随销售活动,将农产品实体转移给用户的物流活动;最后是回收阶段的物流形式,叫农产品废弃物及再生物物流,是指农产品中间废弃物再利用的物流活动和可再生资源再利用过程中的物流活动。

农产品物流的全过程如图 8-1 所示。

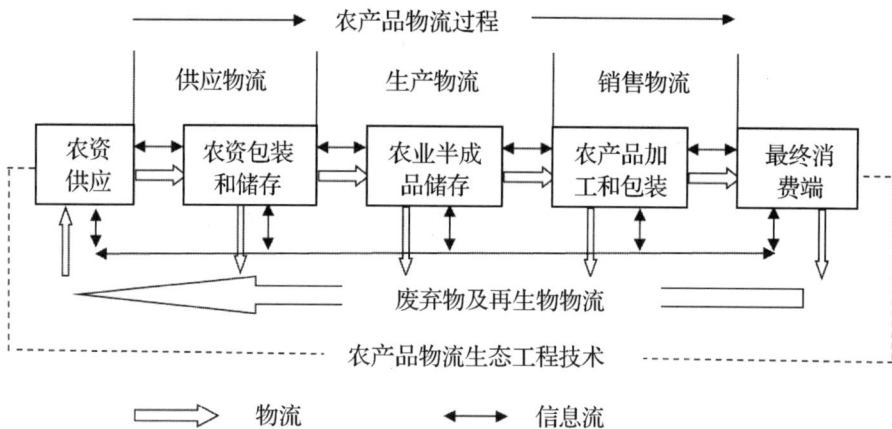

图 8-1　农产品物流的全过程

在农产品物流过程中,物流、信息流和资金流的流向有差异。物流向一方流动,而资金流向相反的方向流动(退货或赊购除外);信息流(包括与农产品物流有关的政策法规、市场、经营、生产信息和与物流本身运作相关的运输、库存、货物动态、人事、气候、地理信息)是双向流动的,其中主要的需求信息流自下而上流动,即发出订单通知是从用户向供应商流动的,而供应信息流则相反,即订单收到通知、货运通知和发票是从供应商流向用户的。

二、农产品物流的特点

农产品物流体系形成了从生产、收购、流通加工、运输、储存、装卸、搬运、包装、配送到销售的一整套组织环节,从现有农产品物流系统的运作来看,其具有四大特点。

(一)农产品物流量大,强调空间范围的合理布局

广义上的农业指"大农业",既包括耕作种植业,又包括林业、畜牧业、渔业等。如今不管是粮食、经济作物还是畜牧产品、水产品,都大量转化为商品且商品率很高,它们不仅直接满足人们的生活需要,而且还为食品工业、轻纺工业、化工业提供原料。农产品物流的需求量大,物流量大,范围广。因此,农产品物流要求农产品进行空间范围的合理布局和规划。农产品生产受自然条件制约多,各地因气候、土壤、降水等情况的不同,在农产品种植上适宜不同的品种。我国疆域辽阔,且山川地貌复杂,交通运输难度大、运距长,大运量、长运距的农产品物流,迫切需要现代农产品物流体系来保障,要充分考虑生产的布局、季节性生产、分散性生产等因素的影响。

(二)农产品物流点多面广,要求科学规划运输

农产品运输在农产品物流中具有重要地位,与一般产品运输相比,它具有装卸的多次性、运输的不均衡性和对运输技术要求高等特点。

由于农产品生产点多面广,消费农产品的地点也很分散,因此,农产品运输和装卸比多数工业品要复杂得多,常常需要两个以上的储存点和两次以上的装卸工作,单位产品运输的社会劳动消耗大。只有科学规划农产品物流流向,才能有效地避免对流、倒流、迂回等不合理运输现象。

由于农产品的季节性,在农业运输上,不管是肥料运输还是农产品的运输都具有时间性强和非均衡性的特点。播种前,大量有机肥要在短期内运到田间;收获期间,大量农产品要从田间运回。各种农产品的收获季节也是农产品的紧张运输期,在其他时间运输量就小得多,因此要求运输工具的配备和调动与之相适应。

(三)农产品物流的运作具有相对独立性

自然再生产和经济再生产相结合,使农业生产深受不稳定的自然环境与经济环境双重因素的影响,这种不稳定带来物流需求的不确定性。农作物需要一个生长期,且生产周期长。由于农产品对储存和运输有特殊要求,因此,农产品自身的生化特性和特殊重要性决定了它在基础设施、仓储条件、运输工具、技术手段等方面具有相对独立的特性。在储运过程中,为使农产品的使用价值得到保证,须采取低温、防潮、烘干、防虫害等一系列的技术措施和严格的规定,这并非交通运输部门和其他部门

能独立完成的。它要求有配套的硬件设施,包括专门设立的仓库、输送设备、专用码头、专用运输工具、装卸设备等。而且,农产品物流中的发、收以及中转环节都需要进行严格的质量控制,以确保农产品品质达到规定要求。另外,种类繁多的农产品加工技术和物流各环节的信息处理技术也是制约农产品物流发展的重要因素。

(四)农产品物流过程对技术要求高,专业性强,难度大

农产品大部分是有机物,物流过程中尤其要注意污染、变质等问题,"新鲜"是鲜活农产品的生命和价值所在。这一问题大大提高了对仓储、包装、运输等环节的技术要求,因而增加了农产品物流的难度。

农产品运输环节多,产品从收购到终端市场需要多次搬运和存储。况且农产品运输具有不均衡性,收获季节运量大,之后运量明显减少,从而给农产品的合理运输造成一定困难。

农产品物流对储存要求较高。如粮食类农产品的储存量较大,储存时间长,"蓄水池"功能要求高。为了满足消费者需求,购销部门需要建立强大的农产品储备系统,并保持足够库存。

三、农产品物流的类别

我们大致将农产品分为三类。第一类是粮食和油料,包括口粮、饲料粮、其他工业用粮和各类食用油料;第二类是轻工业原料和需要加工的食品工业原料,包括棉、麻、烟等;第三类是直接上市的鲜肉、蔬菜、水果、水产品等鲜活农产品。其中,前两类属大宗农产品。

农产品物流的专业性是很强的,依据生物特性、物流特性、物流的需求不同,以及在社会再生产过程中的地位与作用不同等,农产品物流活动可以划分为不同的类型。本书结合大宗商品特点,依据物流系统作用的对象不同,将农产品物流划分为粮食作物物流、经济作物物流、林产品物流。

(一)粮食作物物流

粮食是人类赖以生存的主要物质来源,主要用作主食,包括人的口粮、牲畜饲料和其他工业用粮。具体有水稻、小麦、玉米、小米、高粱、大麦、荞麦、大豆、油菜籽、向日葵、芝麻、花生等。水稻、玉米和小麦是我国主要的三大粮食品种,其总产量占全国粮食产量的八成以上。根据国家统计局对全国的抽样调查和农业生产经营单位的全面统计,2022年全国粮食总产量68653万吨。粮食生产产区主要集中在东北地区、黄淮海地区和长江中下游地区。东北地区主要生产的品种为玉米、水稻、大豆;黄淮海地区为中国小麦主产地区,兼产部分玉米;长江中下游地区主产水稻。

(二)经济作物物流

经济作物除满足人们的使用需求外,还是工业,尤其是纺织工业和轻工业的原

料,商品率大大高于粮食作物,物流需求大。具体包括:纺织原料,如棉、麻、丝、毛等;轻工业原料,如糖、烟、茶、可可等。这些农产品的特点是:首先,商品化程度高。生产者生产的目的主要是销售,极少用于自给。其次,极少可以直接消费。农产品多数须经过初级或深加工才能消费。随着我国城乡居民生活水平的提高,人们的饮食需求结构不断地升级,加工制成品的比例不断上升。以棉花为例,我国是世界上最大的棉花生产国和消费国,也是最大的纺织品、服装生产国和出口国。棉花产品本身的特点是资源在物流过程中容易受到损害,运输、储存等技术要求高,物流方向主要从生产者流向加工工业用户。

(三)林产品物流

林产品是重要的工业原料,营林和竹木采伐对物流需求大,主要体现在林产品运输、装卸和搬运上。我国是一个林业生产和消费大国,经济的增长和人们生活水平的提高带来对林产品需求的急剧增加。统计显示在林产品的销售价格中,物流费用占总成本的30%至49%,这也说明了林产品物流在整个林产品生产、流通中的重要性。

林产品现代物流是指运用现代化的物流组织方式,以提高林产品物流技术、物流组织与管理水平以及资源整合和创新为手段,对林产品加工、储运、分销等从供应源至需求源的产品全寿命周期进行组织、控制与管理。其作用表现在:使林产品实现其价值和使用价值;使林产品在物流过程中增值;降低林产品的生产与流通成本,提高市场反应速度,提高消费者满意水平,提高林业生产的整体效益。木材是当今世界四大材料(钢材、水泥、木材和塑料)中唯一可再循环利用的绿色材料,林产品现代物流有利于实现林业产业可持续发展。

林产品物流除了具有其他工业产品物流所具有的特点外,还具有自身的特点。首先是物流的节点多。物流节点又称物流接点,是物流网络中连接物流线路的结节之处,所以又称物流结节点。全部物流活动都是在线路和节点间进行的。其中在线路上进行的活动主要是运输,包括集货运输、干线运输、配送运输等。物流功能要素中的其他所有功能要素,如造材、装卸、保管、分货、配货、流通、加工等,都是在节点上完成的。林产品生产所需的木料一般要经过林地堆放地、林场堆放地、厂商仓库、车站仓库、目的地车站仓库、批发商仓库、深加工厂商仓库等多个节点才能完成生产过程。在生产过程中还要有多次停顿,物资储备量较大。其次是物流线路长。林地多是按照树种划分的,普遍远离城镇和交通干线。要实现物料的移动,往往需要多种运输方式、多种运输工具进行长距离运输。再次是作业场所变动频繁。森工企业常受到采伐作业场所林龄、树种、径级及采伐方式等条件的制约,采伐地点经常变化。采伐场所及集运地点随着伐区的推进经常变化。在采伐、集运材、造材、贮运、销售、生产等物流过程中,物资流通环节多,难度大。

第二节 农产品运输基本概述

农产品运输是指借助于运输工具,实现农产品在空间上的位置转移。农产品生产由于受气候、土壤等因素的影响,具有较强的地域性,农产品收获后,除少部分就地供应外,大量产品需要转运到人口集中的城市、工矿区和贸易集中地进行销售。农产品运输在生产者与消费者之间架起了桥梁,异地销售是农产品流通过程中必不可少的重要环节。

一、农产品物流与农产品运输的关系

农产品运输是农产品物流系统的基础功能之一。农产品物流系统是通过农产品运输来完成对客户所需的原材料、半成品和制成品的地理定位的。

农产品运输合理化是物流系统合理化的关键。由于农产品运输成本在物流成本中所占的比重很大,因此农产品运输活动的经济合理性将直接影响整个农产品物流系统的合理化运作。

二、农产品运输方式及工具

(一)各种运输方式及其特点

农产品运输方式是指选用不同的路线,使用不同的设备和运载工具所进行的各种运输的总称。目前我国农产品运输的主要方式有以下五类。

1. 铁路运输

铁路运输的显著特点是运量大,速度快,效率高,受季节变化影响小,运输振动少,虽然中间环节多,机动性、适应性差,但目前仍然是农产品运输的主要方式,适合大宗农产品如粮食、棉花、耐储水果,以及活牛、猪、羊等的中长距离运输。运输成本略高于水运,约为汽车平均成本的五分之一。

2. 公路运输

公路运输是我国最重要和最普通的中短途运输方式,虽然具有运载量小、耗能大、运输效率低、道路不平时振动幅度大、产品易损伤等缺点,但公路运输具有较强的灵活性和适应性,且无须货物分装即可直接送往销售地,还可到达没有铁路的偏远地区,极大地扩展了运输辐射半径,这是其他运输方式所不具备的优势,对农产品运输尤为重要。公路运输最适合时效性很强的水果、蔬菜、鲜活水产品、花卉等的中短距离运输。运输成本较高。

3. 水路运输

水路运输包括河运和海运。水路运输的优点是行驶平稳、由振动引起的损伤少、运输量大、运费低廉；但水路运输因受自然条件的制约，被限制在水网地带及沿海地区，而且，内河水路运输的中转环节往往较多，等待时间长，运输速度慢，影响果蔬产品的质量。因此，在我国，水运适合承担时效性不强的粮食、棉花等大宗农产品的长距离运输。而海上运输在国外发展速度很快，多以外置式冷藏集装箱及冷藏船为运输工具，这为果蔬运输中的保鲜提供了便利。因此，果蔬的国际贸易，主要是靠海上冷藏运输的。海运是最便宜的运输方式。

4.航空运输

航空运输速度快、运输距离远、时间短、保质好、货物破损率低，但费用高、运量小。航空运输平均送达速度比铁路快6～7倍，比水运快29倍，而且克服了由振动引起的损伤，因此空运特别适合一些时效性强的特殊农产品、贵重产品或时间要求紧的产品。班机和包机是航空运输的两种基本形式。前者有固定的航线、班期与起运和到达时间，适用于小量农产品运输。后者则适用于货量大的货物运输。

5.联运

由两种及两种以上的交通工具相互衔接、转运而共同完成的运输过程称为复合运输，我国习惯上称之为多式联运。农产品联运是指农产品从产地到目的地的运输全过程使用同一运输凭证，采用两种及两种以上不同的运输工具相互衔接的运输过程，如铁路、公路联运。国外普遍采用的联运方式是：将集装箱装载在火车平板上或轮船内，到达终点站或港口时，将集装箱卸下来，装车后，进行短距离的公路运输，直达目的地。联运可以充分利用各种运输工具的优点，克服交通不便，促进各种运输方式的协作，简化托运手续，缩短运输时间，节省运费。

(二)运输工具

正确选择农产品的运输工具对于合理、科学地确定农产品的运输方式有着重要意义。各种不同的运输工具有着各自的特点，组织农产品运输，要根据气候条件、路程远近及状况、运量大小、农产品的性能以及市场需要的缓急情况，选择适当的运输工具。

下面介绍几种目前常见的农产品运输工具。

(1)公路运输工具包括汽车、拖拉机、人力拖车等，汽车有普通汽车或厢式汽车、通风车、隔热车、冷藏车等。

(2)铁路运输工具主要有普通篷车、通风隔热车及冷藏车。根据列车的租用情况和铁路运输的种类，可分为整车运输、零担运输和集装箱运输，而对于大宗农产品来说，一般以整车运输和集装箱运输为主。

(3)船舶是水路运输的主要工具，常见的运输船舶有散货船、集装箱船和滚装船。

散货船是专门运输谷物、矿砂、煤炭及散装水泥等大宗散装货物的船舶，是单层甲板、尾机型船舶，船体肥胖，航速较低，因常用专用码头装卸，船上一般不设卸货设备。集装箱船是载运规格统一的标准货箱的货船，集装箱运输的发展是运输现代化的主要标志之一。其特点是船型尖瘦,舱口尺寸大,便于装卸。通常船上无装卸设备,在码头装卸,以提高装卸效率。滚装船是将载货的车辆连货带车一起装船。散货船和集装箱船是大宗农产品水路运输的主要工具。

(4)联运工具主要是集装箱。集装箱是指海、陆、空不同运输方式进行联运时用以装运货物的一种容器。主要有干货集装箱、保温集装箱(冷藏集装箱、隔热集装箱和通风集装箱)、罐式集装箱和散货集装箱。

干货集装箱可用来运输无须控制温度的农产品;保温集装箱用来运输需要冷藏或保温的货物,如新鲜的蔬菜和水果等;罐式集装箱分为单罐和多罐,单罐用于装载麦芽等相对密度较大的散货,多罐用于装载密度较小的谷物;散货集装箱是装载颗粒状、粉状货物的集装箱。

三、农产品运输合理化及主要措施

由于运输是物流中最重要的功能要素之一,物流合理化在很大程度上依赖于运输合理化。运输合理化的影响因素很多,起决定性作用的是被称作合理运输的"五要素":运输距离、运输环节、运输工具、运输时间和运输费用。

(一)农产品运输不合理的表现

不合理运输是在现有条件下可以达到的运输水平而未达到,从而造成了运力浪费、运输时间增加、运费超支等问题的运输形式。目前我国农产品的运输成本偏高,存在大量不合理运输,如无货运输、对流运输、迂回运输、重复运输、倒流运输、运力选择不当等,造成市场价格的竞争优势不足。

(二)运输合理化的措施

1.提高运输工具实载率

充分利用运输工具的额定能力,减少车船空驶和不满载行驶的时间,减少浪费,从而求得运输的合理化。农产品配送时在铁路运输中采用整车运输、合装整车、整车分卸及整车零卸等具体措施,提高实载率。

2.建设节约高效的运输体系

采取减少动力投入、增加运输能力的有效措施求得运输的合理化。这种合理化的要点是:少投入,多产出,走高效益之路。如满载超轴[①]、拖带法和水运拖排[②]、顶推法[③]、汽车挂车等。

---

① 满载超轴:指在机车能力允许的情况下,多加挂车皮。

② 拖带法:竹、木等物资的运输,利用竹、木本身的浮力,不用运输工具载运。采取拖带法运输,可以省去运输工具本身的动力消耗。水运拖排:将无动力驳船编成一定队形,一般是"纵列",用拖轮拖带行驶,有时比船舶载乘运输运量更大。

③ 顶推法:将内河驳船编成一定队形,由机动船顶推前进的航行方法。其优点是航行阻力小,顶推量大,速度较快,运输成本低。我国内河货运常采用此法。

3.发展社会化的运输体系

运输社会化的含义是发展运输的大生产优势,实行专业分工,打破一家一户自成运输体系的情况。社会化运输体系中,各种联运体系是水平较高的方式,联运方式充分利用面向社会的各种运输系统,通过协议进行"一票到底"的运输。

4.加强流通加工,提高运输合理化

加强流通加工是追求运输合理化的一种重要形式,其要点是通过减少中转、过载、换载,提高运输速度,节省装卸费用,降低农产品在中转过程中的货损,从而大大提高运输效率。由于鲜活农产品本身的形态及特性问题,其很难实现运输的合理化,如果将鲜活农产品进行适当加工,就能够有效解决合理运输问题。例如将其净化处理、标准化包装,以减少腐烂或变质。水产品及肉类预先在其夹层置放冰块降温,就可提高车辆运载率并降低运输损耗。例如造纸用的木材在产地磨制成木屑运往造纸厂可以节约将近一半的运输成本。

5.发展特殊运输技术和运输工具

依靠科技是使运输合理化的重要途径。我国鲜活农产品多以自然形态运销,80%～90%的水果、蔬菜、禽肉、水产品在露天而非冷库和保温场所装车,用普通卡车敞开式运输,至多上面盖一块帆布或者塑料布,有时棉被成了最好的保温材料。裸露、非冷藏的粗放的物流方式,增加了在运输、分销、零售以及多次装卸过程中的二次污染机会。用冷库、冷藏保温车等保持和延长农产品的物理特性,用专用散装车及罐装车解决粉状、液状物运输损耗大、安全性差等问题,用"滚装船"解决车载货的运输问题,用集装箱船装载比一般船更多的箱体,等等,这些都是用先进的科学技术实现运输合理化的途径。

第三节　粮食类农产品运输

一、粮食运输现状

我国地域辽阔,人口分布和工农业布局不平衡,粮食供求中的区域性矛盾比较突出。粮食流通主要包括粮食跨区调拨、品种调剂和进出口贸易。目前我国粮食运输主要分为三部分。

(一)粮食省内运输

这类运输多属于短途运输。公路运输在这类运输中占有一定的优势,平均运输距离为40～60公里。

(二)省间余缺调剂

由于我国余粮区、缺粮区相对集中而且距离较远,因此这类运输约占粮食运输量的一半以上。铁路运输在这类运输中占有很大份额,目前,粮食的铁路平均运距在1200公里左右,如此长的运输距离是公路运输所不能承担的,铁路运输在粮食的长距离运输上占有优势。

粮食属大宗物资,平均运距比较长,铁路运输是粮食运输的优选运输方式。铁路粮食运量目前占社会粮食总运量的50%以上,2021年,全年累计发运粮食2821万吨。而我国水路粮食运输量自2015年以来逐步超过铁路粮食运输量,水路运输成为主要的粮食运输方式。相比于铁路运输而言,水路运输是我国南方长三角及珠三角等粮食缺口地区粮食运输的主要方式。其中长三角水路粮食运输包括国内粮食调入和国外粮食进口。调入粮食品种主要是稻谷、玉米和小麦等,粮食缺口主要依靠国内粮食调入和国外粮食进口加以弥补,粮食供给对外依存度较大。其中国内粮食调入主要包括东北三省和黄淮海地区,进口粮食调入多采用海港转运与内河运输相结合的方式沿江而上运至沿江各地区。

(三)粮食外贸运输

水运承担了绝大部分外贸运输任务,铁路运输、公路运输在集疏运方面进行密切配合。粮食外贸运输受国家粮食贸易政策影响,波动较大,总量也不算太大,但是由于运输距离长,所以周转量很大,占粮食周转量的2/3。

2022年,我国港口外贸货物的吞吐量为46.07亿吨,同比下降1.9%;完成港口集装箱吞吐量2.96亿标准集装箱,同比增长4.7%。2021年港口外贸集装箱吞吐量大约是1.6亿标准集装箱,同比增长了7.5%,外贸港口粮食吞吐量占43.2%。在港口粮食运输中,以沿海主要港口为主,内河较少。由于粮食运输占我国水运比重较小,所以装卸港口中的散杂货泊位及专用散粮泊位均可进行粮食装卸作业。从目前国内主要港口粮食综合通过能力及未来发展看,粮食的港口运输能力是有保障的。

二、运输工具保有量及能力储备

在粮食运输中,运输工具的技术装备和数量、装卸设施及运输管理是除交通运力外,影响粮食运输效率和数量的重要因素,同时也是造成粮食运输困难的重要因素。

(一)粮食铁路运输

运输车辆主要有C50、C60和K17等,归铁路局统一管理。K17为粮食部门的自备散粮专用车辆,主要用于京津和东北地区的进出口粮运输。现有的K17车辆装卸粮食速度较慢,约10分钟卸1车粮,在装车时受车顶4个装粮口的限制,装粮溜管不易对位,影响装车速度。

粮食散装化是国际粮食运输的发展方向。自2000年东北地区铁路L18(图8-2)

散粮专用车投入营运后,东北地区粮食通过铁路外运方式从过去传统的包装运输逐渐过渡为散装运输。短短几年内,东北地区铁路散粮营运车辆已达到 4700 多辆。目前东北地区沿海港口粮食散装化运输程度已达 80% 以上。

图 8-2　国内首创的先进 L18 型铁路散粮专用车(左),散粮专用车作业(右)

C50、C60 为普通敞车和棚车,我国的大部分粮食要靠 C50 和 C60 包装运输,这些车辆也装运其他货物。在运输过程中,粮食受到污染及被雨、雪、水浸湿的现象时有发生。C50、C60 敞车载重分别为 50 吨和 60 吨,在较多情况下进行包装粮食的运输。在运散粮时需用包粮(约 120 袋)"压顶",加篷布覆盖,用移动式皮带机装车。卸粮时通过侧门自溜一部分,余下死角粮需人工清扫,卸车速度慢。棚车只能运包粮,用人工和铲车装卸,运输效率低,费用高。

(二)粮食公路运输

我国粮食的公路运输大多是采用普通汽车以包装形式来完成的。这些车辆载重不大,一般都为 2～10 吨,且以中小型车为主。这些车辆也装运其他货物,在运输过程中粮食受到污染及被雨、雪、水浸湿的现象时有发生。

我国专用散粮汽车数量还很少,已有的散粮车型主要以液压翻斗型为主。目前,在我国粮食行业几乎还没有与散粮汽车自动装卸工艺相配套的装卸设施,因而粮食装卸基本上还是以传统技术为主,用人工或配合带式输送机进行,装卸效率低,损耗严重。

(三)粮食水路运输

粮食在沿海海运及远洋海运中主要采用散装货轮,在内河航运中主要以驳船为主,与其他普通杂货共用,因而粮食易被污染,也易因天气、气候等原因受损。由于内河散粮专用码头极少,内河运输粮食的装卸绝大部分靠吊机和人力,散粮装卸技术落后,大多采用通用输送机加普通溜管的方式,因而装卸效率低,作业费用高,粮食损失大,环境污染严重。

图 8-3　散粮码头上正在进行散粮装船机作业

我国包装粮的运输同样也存在运输设施及设备缺口大,机械化、自动化水平低的问题。同时,由于采用包装形式,在运输过程中"散来包去""拆包散运"的现象普遍存在,而传统包装用的麻袋、面粉袋不防火、不防水、不耐磨,故易受鼠、虫、霉菌影响,也易被雨雪侵袭、被火灾威胁,且包装缝口不牢,破包现象时有发生。由于上述原因,再加上缺乏粮食合理运输的管理及运输线路、方式的优化,在粮食运输过程中,运输无序化、对流过远、迂回、重复运输、回程空载等不合理现象屡有发生。这些因素都会造成粮食运输效率低、时间长、费用高、损耗大的不合理现象。

第四节　经济作物类农产品运输

经济作物又称技术作物、工业原料作物,指具有某种特定经济用途的农作物。通常具有地域性强、经济价值高、技术要求高、商品率高等特点,对自然条件要求较严格,宜集中进行专门化生产。世界上一些主要经济作物如棉花、甜菜、甘蔗、麻类,以及热带、亚热带经济作物的集中化与专门化程度均较高。

按经济作物的用途,主要将其分为纤维作物(棉花、麻类、蚕桑)、油料作物(花生、油菜、芝麻、大豆、向日葵等)、糖料作物(甜菜、甘蔗)、饮料作物(茶叶、咖啡、可可)、嗜好作物(烟叶)等。本节主要讲解几种具有代表性的经济作物在运输过程中应注意的问题。

一、棉花运输时应注意的问题

棉花不可与油类、腐蚀品及易燃易爆物品同车、同船装运;装运过油类、腐蚀品、易燃易爆物品及其他坚硬物品的车船在装运棉花之前,必须经过认真检查,彻底清洗,不得留有残渣、残液、金属物或者其他硬物;装运棉花的车船,对外露的棉花包应用防雨油布严密遮盖,勿使其外露,以防外来火种侵入。

运输棉花的车船在行驶途中需临时停车时,要远离其他车船,同时不要停在有明火的下风方向,以防飞火或者其他外来火源落在棉包上;装载棉花的车船上禁止使用明火,如生火做饭、吸烟和使用油灯、蜡烛照明。

装运的棉花在入库前要静放一段时间,观察有无异常现象,确实无异常时再搬运入库。在搬运棉花时,不要经过有明火作业或者沿途设置有烟囱、炉灶的场所;在堆垛棉花时,应做到"破包不打底,棉包不露白"。另外,不宜用拖拉机装运棉花,禁止拖拉机驶入库区、堆场。

装卸使用的铁钩不可敲击包装的铁皮,如能采用不发火花的铁钩(镀铜)更好;包装的铁皮也要防止与石块撞击,以免产生火花。在装卸棉花时由铁器相互撞击产生的火星落在棉花包上从而引起的火灾虽然不多,但是也要引起足够的重视,以防万一。

二、大豆运输时应考虑的问题

大豆作为一种固体散装货物,在运输时,具有运输批量大、货源稳定、单一货种并采用专用散货船整船单向运输的特点。在散货租船市场常以巴拿马型和灵便型船舶运输居多。由于大豆具有特殊的货物特性,因此在大豆安全运输过程中为抑制粉尘飞扬,防止粉尘爆炸事故,就采用在大豆中喷洒油雾的技术。如未采取适当措施,或影响大豆运输质量,或危及运输人员的生命,此类事故时有发生,应引起足够重视。

(一)考虑大豆的呼吸性

大豆靠呼吸作用获得能量来维持生命,呼吸作用使大豆中的水和二氧化碳含量增加并产生热量。呼吸强度受大豆的水分、温度、空气成分、籽粒状态等因素影响,其中水分是最重要的因素。在一定范围内,大豆水分增加,呼吸作用将大大加强。干燥大豆呼吸作用极其微弱,当水分超过安全水分时,呼吸强度骤然增加。在温度 $0\sim50℃$ 范围内,呼吸强度随温度上升而增强,适宜温度为 $20\sim40℃$。空气中氧含量充足时则呼吸强度大。新大豆、瘪粒、破碎粒、表面粗糙的籽粒等呼吸作用较强。

为抑制呼吸作用,不同温度下大豆具有不同的相对安全水分含量。由于水分含量较低的大豆在运输中耐高温而不变质,因此,在远洋运输船舶装载大豆前,必须对大豆含水量提出严格要求(我国贸易部门规定的大豆含水量在 15% 以下),当超过规定标准时应拒绝装载。

(二)考虑大豆的发热性

大豆发热是大豆自身、微生物、虫害呼吸作用产生热量积聚的结果。由于大豆导热性能较差,所产生的热量很难散发。同时,粮温增高又为生物体的旺盛呼吸创造了条件,这样就会产生舱内大豆自身发热的现象。为保证大豆质量,应抑制大豆发热,如通过降低大豆水分、温度来限制其呼吸作用,熏蒸大豆以减少虫害和微生物影响,等等。

(三)考虑大豆的吸湿和散湿性

大豆能吸收外界水分和向外散发水分。当大豆比较干燥而外界空气湿度比较大时,大豆会吸收水分使其含水量增加。在一定温度、湿度条件下,会增强其呼吸作用,利于霉菌、害虫繁殖,引起发热、发芽、霉变、虫害。当外界空气湿度较小时,大豆会向周围散发水分。在大豆运输过程中,应进行正确通风,以防外界潮湿、高温空气进入运输箱体内。

(四)考虑大豆的吸附性

大豆易感染或吸附异味和有害气体的特性称为大豆的吸附性。一经感染,则异味散发很慢,或不能散失,会影响食用甚至不能食用。为防止大豆感染异味而影响质量,装货前应做好货舱准备工作。

三、甜菜运输的合理化

甜菜运输合理化的要求,就是有利于均衡原料的运输,保证厂内加工供应需要,有利于降低原料成本,根据运输工具的能力、原料甜菜的特性,做到使用最合理的工具,选择最短的路程,花费最少的费用,经过最少的环节,及时、准确、安全、经济地把原料运达目的地。

(一)合理利用运输渠道

采用什么运输方式和运输工具是原料甜菜运输的一项重要内容。它首先要取决于运输网的分布情况。在多种运输渠道兼备的情况下,对于收购期的甜菜进行长距离运输,可采用铁路运输。在200公里以内的中程运输,汽车的优点较火车更多,它不仅速度快,而且可以从收购点直接运到厂内,可以减少反复装卸的费用、时间和损耗。在远距离和有较好的沥青路面的情况下,汽车运输的经济效果比拖拉机好,而在土公路上或田间道路及载重量不大的情况下,拖拉机的费用往往低于汽车。

(二)提高甜菜运输效率的途径

运输工作的效率取决于各项运输服务环节的配套。若企业仅抓运输工具的管理和改革,而不管装卸、储藏等其他环节的提质增效,则整个运输工作仍没有保障。只有在装、运、卸、贮等各有关环节中都做到优质高效、协调配合,才能真正提高运输效率,降低运输费用。

(1)要加强运输的各种管理制度,做到验质验量,保证运输过程不发生批次混乱、票货不符、霉烂变质事故,建立有关人员责、权、利相结合的岗位责任制。

(2)正确地编制运输工作计划,是企业实现原料甜菜运输合理化的基础。首先,应根据客观要求和实际条件,认真计划和安排企业内部的运输任务。必须按照轻重缓急分类,进行妥善的安排,并结合运输路线、道路条件、气候特点以及各种运输工具的性能,安排原料甜菜运输所需要的车辆。其次,根据运输计划绘制各种图表,以便进一步做好调整和平衡工作,寻找运输里程最短、运价最低的最优运输方案。

四、甘蔗运输应注意的问题

原料甘蔗的运输管理就是通过深入细致的调查研究,正确选择运输方式,合理利用运力,制订编斩计划,把蔗区的日斩蔗额、运输方式和运力使用统一起来,均衡地、连续地按质、按量、按时组织和处理斩、运、榨的平衡问题。同时贯彻先熟先斩、先斩先运、快斩快运的原则,加速运输周转,节约运力,提高原料蔗的新鲜程度,减少蔗糖的转化损失。

原料甘蔗的斩、运、榨过程,牵涉面广,时间紧凑,情况易变、多变,因此在处理各项运输管理业务时,要加强调查研究,从全局出发,有预见地、灵活地、及时地调整斩、运、榨的工作。本着兼顾国家、集体、个人利益的原则,正确处理问题,才能多、快、好、省地完成原料蔗的运输供应任务。从运费开支来看,同一里程,水运比陆运更为节约。从快速运输、保证甘蔗新鲜度这一角度来看,陆运较优于水运。

目前糖厂甘蔗运输装卸作业,机械化程度低,除了部分大中型糖厂是用机械起卸的之外,其他都是使用人力或半机械。在装蔗方面更是没有使用机械的。同时,甘蔗运输的一个特点是起运点分布在农村,装蔗点多数缺乏照明设备,夜间装蔗效率甚低,或不进行夜间装蔗,导致候装蔗时间延长。甘蔗装卸时间往往长于车船运行时间,这是装卸作业最薄弱的一环。因此,甘蔗运输管理工作,应考虑这个特点,从缩短甘蔗装卸作业时间(尤其是装蔗时间)方面去挖掘运输潜力。

第五节　林产品运输

林产品运输分厂内运输和厂外运输。厂内运输包括原材料、半成品、成品的运输。林业企业中的集材、运材都属企业内部运输,这种厂内运输是企业中的一个生产环节,不是独立的物质生产部门。厂外运输一般是指由生产领域到消费领域的运输,当然也包括专业协作中产生的半成品的再加工而需要脱离企业内部运输的厂外运输。这种厂外运输是生产活动在流通领域中的延续,是社会再生产的纽带和条件。

林产品运输既有大量的厂内运输,也有大量的社会运输。厂内运输任务包括木材全部生产过程的运输:集材、归楞后将木材运至贮木场(或加工厂)的路程,短则几公里,长则百公里。至于林产品的社会运输,是由木材生产企业流向消费地的长途运输。

一、我国林产品运输的特点

我国森林资源分布不均匀,资源不足,木材供需矛盾很大,造成我国目前的木材运输具有以下三大特点。

(一)向心运输

我国木材及加工产品的流向和流量是由我国森林资源和木材生产的分布所决定的。我国木材生产企业主要分布在东北、西南和南方各省(区、市),而木材需要量较大的地区是辽宁、河北、山西、山东、江苏、河南、上海、北京和天津等省(市),主要在我国的东部地区。所以,我国的木材主要由东北林区向华北、中原地区运输,由西南和南方林区向华东、中原、华北地区输送。

(二)木材运输距离长,平均运输距离不断下降

一般来说,随着铁路网的不断扩大和完善,平均运输距离应该是呈下降趋势的。例如京通铁路的修建,使得大兴安岭的木材缩短了运输距离,同时减轻了对哈大线、京沈线的压力。焦枝和枝柳铁路的修建,不仅减轻了京广线的压力,而且缩短了广西北部、贵州东南部、湘西林区向北运送木材的距离。皖赣、南横铁路的兴建将福建、江西两省木材北运的距离大大缩短了,而且减轻了上海一带的运输压力。

(三)进口木材大量增加

由于我国天然林保护工程的实施,国内木材产量大幅度下降,国内木材供需非常紧张,所以进口木材及木材加工制品数量大幅度上升。与 2020 年相比,2021 年进口原木 6357.6 万立方米,同比增长 6.9%,进口锯材 2882.8 万立方米,同比下降 14.9%,进口金额为 194.45 亿美元,同比增长 21.2%。近年来,随着我国生态环境保护力度的不断加大,森林面积在不断增加,但在森林消耗方面却严格控制,我国木材产量虽然有所增加,却无法满足国内需求。据统计,2021 年我国木材对外依存度约为51.4%。2021 年,从我国木材主要进口货源地来看,我国进口木材主要货源地是俄罗斯(占 25.3%)、欧洲(23.3%)和新西兰(19.8%),北美木材份额正逐年缩小。

经济林产品的流向较为复杂,以工业性原料为主的经济林产品,如桐油、漆、乌柏、松香等都产于南方,其一般流向北方和东部、南部沿海地区,主要是自用和出口。干鲜果产品的流向极为复杂,北方的枣、核桃、柿饼和苹果、梨、葡萄等暖温带水果流向南方和沿海等地,南方香蕉、荔枝、龙眼、柑橘等亚热带和热带干鲜果流向北方。

二、林产品类运输发展难的原因分析

(一)林产品标准化程度低

林产品的标准比较难以确定。林产品品种繁多、个体产品形状大小不一,既包括各种生产资料产品,可以进行再加工生产,也包括那些直接为人们日常生活服务的生活消费产品,并且很多林产品的生产区域也不一样,这就使得林产品在质量、规格等方面都存在着一定的差异性。在计量上,除一部分如木材、胶合板、纸等产品外,大部分林产品难以像其他产品那样实行严格的标准化,因此就比较难满足物流和市场交易的需要,这大大降低了物资流通的效率。而且这个问题将造成林产品物流包装标准与物流设施标准间的缺口,严重影响运输工具的装载率、装卸设备的载荷率以及仓储设施的空间利用率。林产品的物流及商业标准化程度不高,没有形成行业内的标准,给林产品的物流和交易带来了较多困难,而且增加了物流成本,使得物流活动的空间效用和时间效用无法得到更好的体现。

(二)"天保工程"使运输成本相对增加

我国实施"天保工程"("天然林保护工程"的简称)后,木材产品生产规模急剧减小,木材产品的资源供应量已非常有限,林木产品运输过程中的各种问题凸显。由于可采资源减少,运距增加,山场作业条件相比过去变化增大,同样采伐一定数量的木材,可能在过去采伐了数遍的伐区内进行,这使生产成本加大,物料搬运过程中的管理成本增加。虽然木材产品的生产量变小,但是生产运输过程构成的各种复杂性却有所增加,这种情况的出现,为林木产品物流管理提出了新的课题。

(三)林产企业信息化程度低

林产工业运输发展落后的另一个问题是企业管理相对落后,现代先进的技术设备使用的范围较小,特别是采用计算机管理产品生产、销售还不普及,造成林产品市场信息处理的滞后,致使林产品物流、销售渠道不畅通。许多森工企业地处偏远山区,交通不便,信息闭塞,很难掌握多变的市场需求。例如,通过调查一些贮木场可以看到,有些木材因没有根据市场的需求进行生产,有的已存放了 2~3 年,甚至出现了虫害,降低了木材等级,使木材产品的流转停止,造成了不同程度的损失,甚至是无法补救的损失。

案例分析

练习与思考

(1)什么是农产品物流?

(2)什么是农产品销售物流? 其常见的形式有哪两种?

(3)现阶段,我国农产品物流的特点是什么?

(4)为什么认为农产品物流过程技术要求高、专业性强、难度大?

(5)农产品物流包含哪些类别? 请简述它们各自的主要特点。

(6)请分析农产品物流与农产品运输的关系。

(7)农产品常见的运输方式及其特点有哪些?

(8)我国农产品运输的现状是什么?

(9)农产品运输合理化的主要措施是什么?

(10)分析粮食类农产品运输常用的运输工具及其运力。

(11)常见的经济作物(棉花、大豆、甜菜)运输时应注意哪些问题?

(12)分析我国林产品运输的特点。

(13)为什么林产品运输发展难?

第九章　农产品仓储

本章导读

农产品的仓储活动是为了保留存货与保存产品,其与运输活动一样,是农产品物流基本价值活动中的重要活动。仓储活动主要通过改变农产品的供应时间来创造价值,但由于农产品的生化特性,其需要在仓储过程中进行冷藏与保鲜,因此农产品仓储活动所创造价值的成本也相对较高。

虽然农产品仓储活动一般不改变农产品本身的功能、性质和使用价值,只是保持和延续其使用价值,但是农产品仓储是农业生产的延续,是农业再生产不可缺少的环节。农产品仓储和农业生产一样创造社会价值,农产品由生产地向消费地转移,是依靠仓储活动来实现的。农产品仓储在物流活动中发挥着不可替代的作用,是农产品物流三大支柱环节之一。农产品仓储创造了空间效用、时间效用,可以调节供需的矛盾,规避市场风险,实现农产品增值。

农产品物流难度大。一是包装难,二是运输难,三是仓储难。虽然我国农产品物流活动出现得比较早,但无论是在农产品物流理论研究还是在实际操作上,我国农产品物流的发展都很缓慢。第八章已详细地针对农产品运输进行了探讨,本章将针对农产品仓储进行深入的探讨,从农产品仓储管理的基本概念和作用出发,列出农产品仓储的主要特点,进而深入探讨我国农产品仓储存在的问题及发展路径,再有针对性地介绍粮食类农产品和经济作物类农产品的仓储,最后结合大宗农产品的金融属性详述农产品交割的制度及业务。

第一节　农产品仓储管理

一、农产品仓储管理基本概念

(一)农产品仓储

"仓",即仓库,是寄存、保管、贮存物品的建筑物和场所的总称,"储"意即将贮存对象贮存以备运用,具有收存、维护、贮藏、交付使用的意思,也称为贮存。"仓储"就是运用仓库寄存、贮存物品的行为。农产品仓储就是指通过仓库对农产品进行储存和保管的过程。

(二)农产品库存

库存指的是仓库中处于暂时停滞状态的物资。农产品库存的位置,不是在生产基地里,也不是在加工车间里,更不是在非仓库中的任何位置,而是在仓库中。与其他大宗商品一样,大宗农产品库存的高低会对其现货价格和期货价格产生影响。

(三)农产品储备

储备是一种有目的的储存物资的行为,也是这种有目的的行为和其对象总体的称谓。农产品储备是指出于政治、军事的需要,或为了预防各类自然灾害造成的农产品缺口,对农产品进行有计划的战略性仓储。

储备和库存的本质区别在于:第一,库存明确了物品停滞的位置,而储备这种停滞所处的地理位置远比库存广泛得多,储备的位置可能在生产及流通的任何节点上,可能指在仓库中的储备,也可能指其他形式的储备;第二,储备是有目的的、能动的、主动的行为,而库存有可能不是有目的的,有可能完全是盲目的。

(四)农产品储存

农产品在没有进入生产加工、消费、运输等活动之前,或在这些活动结束之后,总是要存放起来的,这就是储存。物流中的"储存"是一个非常广泛的概念,和运输的概念相对应。农产品储存包含了库存和储备在内的广义的储存概念,储存是以改变"物"的时间状态为目的的活动,通过克服产需之间的时间差异来获得更好的效用。农产品的储存活动是为了保留存货与保存产品,其与运输活动一样,是农产品物流基本价值活动中的重要活动,主要通过改变农产品的供应时间来创造价值。

二、农产品仓储的性质和作用

虽然农产品仓储活动一般不改变农产品本身的功能、性质和使用价值,只是保持和延续其使用价值,但是农产品仓储是农业生产的延续,是农业再生产不可缺少的环节。农产品仓储和农业生产一样创造社会价值,农产品由生产地向消费地转移,是依靠仓储活动来实现的。农产品仓储在物流活动中发挥着不可替代的作用,是农产品物流三大支柱环节之一,其主要作用体现在以下几个方面。

(一)空间效应

农产品生产与消费的矛盾主要表现在生产与消费地理上的分离。农产品的生产地主要在农村区域,而消费农产品的人则遍及整个市场。随着交换范围的扩大,农产品生产与消费空间上的矛盾也逐渐扩大,农产品仓储通过选择靠近人们生活区的位置建立仓库,防止人们购买农产品时出现短缺现象,拉近农产品产地与市场的距离,为人们提供满意的仓储服务,体现出明显的空间效应。

(二)时间效应

由于自然条件、作物生长规律等因素的制约,农产品的生产往往具有季节性,而人们对农产品的需求却是长年的、持续的。为使农产品满足消费者的需求,农产品生产经营者利用仓库储存农产品进行供应量调节,以确保在农产品生产的淡季也能满足人们的日常需求,创造了明显的时间效益。

许多产品在进入最终卖场以前,要进行挑选、整理、分装、组配等工作,这也需要农产品仓储来实现农产品在流通中的停留。

(三)调节供需矛盾

生产与消费的矛盾还表现在品种与数量方面。随着社会分工的进一步发展,专业化生产将越来越广,人们都把自己的资源集中到生产效率最高的项目上,人们生产的产品品种越来越集中。农产品生产者必须把农产品放到市场上进行交换来满足自己其他方面的需求,这就要求通过农产品仓储来调解生产与消费方式上的差别。

(四)规避风险

市场经济条件下的农产品价格变化莫测,经常给农产品生产经营者带来价格风险。为了对市场需求做出有效反应,农产品生产经营者需保持一定的存货来避免缺货损失。另外,为了避免战争、灾荒等意外引起的农产品匮乏,国家也要储备一些生活物资、救灾物资及设备。而大宗农产品的中远期交易市场正是提供给广大生产者、贸易商和原材料需求商规避库存带来的价格风险的场所。

(五)实现农产品增值

农产品仓储活动是农产品在社会再生产过程中必然出现的一种状态。农产品仓储是加快资金周转、节约流通费用、降低物流成本、提高经济效益的有效途径。搞好农产品仓储可以减少农产品在仓储过程中的农产品损耗和劳动消耗,可以加速农产品的流通和资金的周转,从而节省费用,降低物流成本,开拓"第三利润源",提高物流社会效益和企业的经济效益。

三、农产品仓储的主要特点

(一)农产品仓储具有专业性

农产品所具有的生化品质特性,使得农产品物流具有很强的专业性。这就要求农产品生产、流通加工、包装方式、储运条件和技术手段具有专业性。同时,农产品物流的设施、设备,以及仓储、运输技术和管理方法也须具有专业性。

（二）农产品仓储具有特殊性

农产品是具有生命的动物性和植物性产品,这样的鲜活产品在物流过程中,对包装、装卸、运输、仓储和防疫等均有特殊的要求。

（三）农产品仓储难度大

农产品生产具有季节性和区域性,因此要求物流的及时性。同时要求一些农产品具有较好的贮藏特性和较长的贮运期,以利于增加农产品市场的供应时间和空间,反映出农产品物流具有难度相对较大、要求相对较高的特点。

四、农产品仓储保管的方法

（一）常规储存

常规储存是指采用一般库房,不配备其他特殊技术设施的储存方式。其特点是简单易行,适宜储存水分含量较少的干性耐储农产品,应注意通风,储存时间不宜过长。

（二）沟藏或堆藏

沟藏是将农产品堆放在沟内或坑内,达到一定的厚度,面上一般只用土覆盖。沟藏的保温保湿性能比堆藏好,其广泛应用于我国北方地区,多用来储藏根菜,如北京的萝卜储藏,山东、江苏、浙江等地姜的储藏。沟越深,保温越好,降温则越困难。埋藏沟的宽度一般为 $1.0 \sim 1.5$ 米。

堆藏是将农产品直接堆放在田间地面或浅坑中,或者在荫棚里堆成圆形或长条形的垛,表面用土壤、席子或秸秆等覆盖。储藏堆的宽度和高度应根据当地气候特点、产品本身的种类和用途而定。

（三）窑窖储存

这种储藏方式在我国各地都有,形式繁多,有棚窑、井窑和窑窖(西北的黄土高原常采取这种方式)等。窑窖通常是在土质坚实的山坡或土丘上挖窑洞,为避免阳光直射,窑身多是坐南朝北或坐西朝东。这是民间传统的储存农产品的方法,其特点是:储存环境氧气稀薄,二氧化碳浓度大,既能抑制微生物活动和各种害虫的繁殖,又不易受外界温度、湿度和气压变化的影响,可采用散堆、架堆和筐储。产品中间应保持适当的空间距离,以利于空气流通和散热,可测定其温度,并把温度控制在适宜的范围之内。

（四）通风库储存

通风库是砖、木、水泥结构的固定式建筑。利用空气对流的原理,引入外界的冷空气而起到降温作用。在建造时设置了完善的通风系统和隔热结构,可以常年和长期使用,主要适用于北方地区,但上海、南京等地也有使用。

(五)冷藏储存

在温暖的地区和季节,缺乏自然条件降温时,就采用人工降温的方法以达到低温,即人工冷藏,有以下两种方式。

1.冰藏

主要在华北、东北地区采用,西北地区也有使用。产品在加冰储藏时,散发出的热量被冰块吸收。冰不断融化就使产品温度不断下降。

2.机械冷藏

机械冷藏是在一个适当设计的绝缘建筑设备中借助机械冷凝系统的作用,将库内的热传到库外,使库内温度降低并保持在有利于延长农产品的储藏时间之内。其特点是效果好,但费用较高。常见的有冷库、冷藏车、冷藏柜和电冰箱,一般多用于储存动物类鲜活农产品和鲜果类农产品。

(六)气调保鲜储存

气调保鲜储存是调整储存环境的气体成分的冷藏方法。它是一种由冷藏、减少环境中氧气、增加二氧化碳构成的综合保鲜方法。气调保鲜的方法主要有快速降氧、自然降氧和降压降氧。在气调中要恰当地掌握每一种农产品的储藏温度和气体成分的含量,这是气调保鲜的关键。具体方法有:塑料小包装、硅橡胶窗(可使袋内的二氧化碳通过硅窗向外扩散,使氧气进入袋内)、充氮降氧及气调冷库等。适用范围较广,特别适宜储存鲜活农产品,如果品、蔬菜等。随着塑料工业的兴起和发展,果蔬自发气调储存的容器已被各种类型的塑料薄膜代替,并且迅速推广。

五、农产品保管措施

农产品仓储保管不仅存在技术问题,也存在管理问题。保证农产品的质量、数量和包装的完好,不仅需要技术措施的保证,也有赖于管理水平的保障。制定必要的管理制度和操作规程并严格执行是各项管理工作的基础。"以防为主,以治为辅,防治结合"是农产品保管工作的方针。

(一)严格验收入库农产品

要防止农产品在储存期间发生各种不应有的变化。首先在农产品入库时要严格验收,弄清农产品及其包装的质量状况。对于吸湿性农产品,要检测其含水量是否超过安全水平,对于其他有异常情况的农产品,要查清原因,针对具体情况进行处理,采取救治措施,做到防微杜渐。

(二)适当安排储存场所

由于不同农产品性能不同,对保管条件的要求也不同,分区分类,合理安排存储场所是农产品养护工作的一个重要环节。如怕潮湿和易霉变的农产品,应存放在较干燥的库房里;怕热易变质或易燃易爆的农产品,应存放在温度较低的阴凉场所;一些既怕热,又怕冻,且需要较大湿度的农产品,应存放在冬暖夏凉的楼下库房或地窖里。此外,性能相互抵触或易串味的农产品不能在同一库房混存,以免相互产生不良影响。

(三)科学堆码苫垫

阳光、雨雪、地面潮气对农产品质量影响很大,要切实做好货垛遮苫和货垛下的苫垫隔潮工作,如利用枕木、垫板、苇席、油毡或采用其他防潮措施。货垛的垛形与高度,应根据各种农产品的性能和包装材料,结合季节、气候等情况而定。含水量较多的易霉农产品,热天应码通风垛;容易渗漏的农产品,应码间隔式的行列垛。库内农产品堆码应留出适当的距离。

(四)控制好仓库温湿度

应根据库存的保管保养要求,适时采取密封、通风、吸潮和其他控制与调节温度的办法,力求把仓库温湿度保持在适合农产品储存的范围内。

(五)认真进行农产品在库检查

农产品每一次进出库,都要检斤计量或清点计数。受周围环境因素的影响,农产品极可能发生数量或质量上的损失,因此,对库存农产品和仓储工作进行定期或不定期的盘点和检查非常必要。

检查内容主要包括:农产品保管条件是否满足要求;农产品质量变化动态;各种安全防护措施是否落实,消防设备是否正常。检查时应特别注意农产品温度、水分、气味、包装物的外观、货垛状态是否异常。

盘点是检查账、卡、物是否相符,把握库存物数量和质量动态的手段。盘点的主要方法有动态盘点法、循环盘点法、重点盘点法和定期盘点法。循环盘点法,又称循环计数法,是指在一定时期内对所有库存分别进行盘点的方法。该方法可使用 ABC 分析法对库存进行分类,A 类货物清点的次数较为频繁,B 类货物清点的次数少一些,C 类货物清点的次数更少一些。

(六)搞好仓储清洁卫生

储存环境不清洁,易引起微生物、虫类寄生繁殖并危害农产品。因此,应经常清扫仓库内外环境,彻底铲除仓库周围的杂草、垃圾等物,必要时使用药剂杀灭微生物和潜伏的害虫。对于容易遭受虫蛀、鼠咬的货物,要根据农产品性能和虫、鼠生活习性及危害途径,及时采取有效的措施。

第二节　粮食类农产品仓储

一、粮食的有关知识

这里所讲的有关粮食的知识,是指有关粮食干燥、清选、储存和输送等方面必须了解的知识。因为这些知识是对粮食干燥、清选、储存和输送等作业设备进行设计和操作的依据,只有了解这些知识,才能深刻理解粮食仓储的工作原理、结构特点、使用操作,才能学好、用好粮食仓储。

粮食是有生命的有机体,和钢铁等无机物相比,有本质的区别。这是我们学习粮食知识时,首先必须树立的基本观念。由此出发,我们就可以理解储存粮食不像储存钢铁那么简单:既要了解粮食的生命活动对粮食有机体的影响,又要了解环境因素对粮食有机体的作用;既要保持粮食的生命力,又要实现长久储存并把损耗降到最低。所以,干燥粮食时,并不是越热越好、越干越好,而是要保持粮食的生命力、保持粮食的有机体(品质),然后选择适当的热(温度)、适当的干(含水率)。

(一)粮食的化学成分

粮食是人类不可缺少的生活物质,人体每天所需的淀粉、糖分、蛋白质、脂肪、纤维素、矿物质等营养物质,还有少量的酶、维生素等,主要来源于粮食。粮食中各种化学成分的含量受品种、产地、成熟度、气候、土壤及栽培条件的影响而不同。主要粮食的化学成分见表9-1。

表 9-1　主要粮食的化学成分　　　　　　　　　单位/%

类别	品种	水分	淀粉、糖分	蛋白质	脂肪	纤维素	矿物质
谷类	稻谷	13.0	68.2	8.0	1.4	6.7	2.7
	小麦	13.8	68.5	11.0	1.9	4.4	2.1
豆类	大豆	10.0	26.0	36.3	18.4	4.5	5.5
油料	花生仁	8.0	22.0	26.2	39.2	2.0	2.5
	油菜籽	5.8	17.6	26.3	40.4	4.6	5.4

由表9-1可知,粮食中谷类的化学成分以淀粉、糖分为主,油料以脂肪为主,豆类蛋白质丰富,其中含脂肪多的可作油料,含淀粉多的可作主食,含蛋白质多的可作副食。

各种化学成分在粮食籽粒中的分布并非均衡。纤维素与矿物质主要分布于皮层。谷类淀粉主要分布于胚乳,蛋白质与脂肪分布于胚部和糊粉层;豆类和油料作物籽粒内的脂肪与蛋白质主要分布于子叶;甘薯的淀粉主要分布于肉质部。

蛋白质、糖分、淀粉、纤维素都是吸水能力很强的胶体物质,其中蛋白质与糖分吸水能力最强,淀粉次之,纤维素最差。粮食皮层主要由纤维素组成,所以对粮食有一定保护作用。谷类的胚部与糊粉层含有丰富的蛋白质和糖分,所以粮食吸湿生霉一般先从胚部与破碎粒糊粉层开始。

下面逐一介绍各种化学成分的性质及其与储存和干燥的关系。

1. 淀粉

淀粉是多糖,为白色的细小颗粒,在常温下不溶于水,但易吸湿。淀粉分为直链淀粉与支链淀粉两种。直链淀粉黏性小,易溶于热水;支链淀粉黏性较大,必须在加热加压情况下才能溶解。粳稻所含支链淀粉比籼稻多,所以粳米比籼米黏性大,而糯稻全部是支链淀粉,所以糯米黏性最大。

在储存粮食时,粮食中的淀粉是比较稳定的。但是,它是微生物、仓虫、鼠和雀侵害的对象。另外,一旦粮食受潮发芽或发热霉变,淀粉可能水解成麦芽糖或葡萄糖,甚至转化为二氧化碳和水。这将加剧储存的其他粮食发芽或霉变,导致经济效益下降。

在烘干高水分粮食时,温度过高会使粮食受热不均,从而产生局部高温,受热时间过长,粮食中的淀粉就会糊化。糊化是指淀粉受热溶于水,形成带有黏性的淀粉糊。生活中打糨糊、勾芡,都是糊化现象。如果稻谷中的淀粉糊化,米质变松,加工时碎米率会增加,导致经济效益下降。

2. 糖分

糖分是指粮食中的单糖和双糖,如葡萄糖、麦芽糖、蔗糖等,在常温下能溶于水,称可溶性糖。粮食作物在乳熟期,籽粒糖分含量较多。如烤嫩玉米,老百姓爱吃,又香又甜。随着籽粒的成熟,玉米进入蜡熟期直到完熟期,糖分逐渐合成为淀粉,籽粒内的糖分含量只有 $2\% \sim 2.5\%$,不易察觉出甜味。

在粮食储存中,粮食的糖分吸湿性强,容易被微生物利用,如霉菌。成熟的粮食淀粉含量增加,糖分减少,有利于储存;而未成熟籽粒糖分含量高,不利于储存。衡量粮食品质变化的指标之一,是粮食中的还原糖与非还原糖的含量变化,其实质是粮食霉变的程度,也就是在霉菌繁殖时粮食籽粒中淀粉和蔗糖水解的程度。淀粉水解转化成单糖,单糖具有还原性,称为还原糖;蔗糖可水解为葡萄糖等,蔗糖不具有还原性,称为非还原糖。测定单糖的含量和蔗糖的含量变化,就可以了解水解的程度,即霉变的程度。另外一个指标是粮食的总酸度。因为粮食霉变时,葡萄糖可能分解成多种有机酸,对总酸度进行测定也可以了解粮食霉变的程度。

3. 蛋白质

蛋白质是构成生物体细胞质、细胞核的物质基础,结构极为复杂。它是人类最重要的营养物质之一。

粮食中有两种蛋白质:一种是构成细胞生命的细胞性蛋白质,含量微少;大多数是另一种,即储藏性蛋白质,是人们食用和利用的那部分蛋白质。

在储存期间,由于粮食中的蛋白质吸湿性强,粮食水分经常随外界湿度变化而变化,对储存不利。

在储存或干燥时,如果储存粮堆发热或干燥温度过高、受热时间长、粮食水分含量高,蛋白质就会发生变性。蛋白质中的氨基酸因受热而损伤,导致蛋白质性质改变。

4.脂肪

脂肪是甘油与脂肪酸化合而成的,其中甘油占 10%,脂肪酸占 90%。脂肪和油的总称是油脂。在粮食籽粒中以固态形态存在的称脂,呈液态的称油。油料、大豆子叶、玉米胚和米糠内脂肪含量丰富。

脂肪不溶于水,具有疏水性。与蛋白质、糖分和淀粉的亲水性相反。在温度较高(超过 $25℃$)、阳光直射(紫外线、红外线能加速变质)的条件下,脂肪容易氧化变质,即水解生成甘油和脂肪酸,脂肪酸氧化生成醛类、酮类等物质,这些醛酮类物质具有恶臭及苦辣味道,就是哈喇味,此时粮食即变质严重。因此,脂肪酸值是安全储粮的指标之一。花生、芝麻及含油多的粉状粮食,如大豆粉、玉米粉等,最易酸腐。因为粉状粮食接触氧气面积大,所以容易氧化变质。

5.水分

粮食中含有一定的水分。水分以两种形态存在。一种是胶体结合水,又叫束缚水,它在粮食籽粒细胞内与蛋白质、糖分等胶体物质牢固结合在一起,性质稳定,$0℃$时不结冰,常温下不散失,所以叫束缚水,是维持粮食生命活动不可缺少的组成部分。另一种是自由水,又叫游离水,存在于粮食籽粒毛细管之间,呈游离状态,具有普通水的性质。$0℃$时能结冰,常温下不稳定,能随外界温度和湿度的变化蒸发减少或吸收增多。在粮食干燥和储存过程中要控制的仅仅是自由水,而胶体结合水在干燥和储存时是稳定不变的,除非粮食霉烂,直至那时胶体结合水才会变为自由水。

通常说的粮食含水量就是这两种形态的水分的总和。自由水是粮食进行各种生化反应的介质,粮食籽粒内部物质分解和化合,都要在一定水分(自由水)的参与下才能实现。粮食水分含量低,处于干燥状态(自由水基本消失),粮食储存稳定性高;粮食水分含量高,自由水含量高,就会导致粮食呼吸旺盛,仓虫、仓螨、霉菌大量繁殖,从而出现粮食霉变、虫害现象。

储存粮食时,要求粮食含水量低,基本上没有自由水,这样可以减少各种生化反应,可以把霉变、虫害现象的发生率降到最低。

(二)粮食的物理性质

粮食在机械运动、热运动中表现出来的性质,称为粮食的物理性质。我们只介绍与粮食清选、干燥、输送和储藏有关的物理性质,即散落性、自动分级、导热性、吸附性和吸湿性。这里将向大家具体介绍散落性和自动分级。

1.散落性

粮食是一种散粒状态物质,籽粒小、相互之间凝聚力小,在入仓或倾倒麻袋时,粮食从一个固定的落点自由下落,粮食籽粒自然流动形成一个圆锥体,这种流动性叫散落性。任何散粒状态物质都具有散落性,粮食籽粒也不例外。散落性在储藏、清选、输送等作业中得到广泛应用。

粮食散落性的大小,用粮食静止角来表示。粮食在重力作用下,不受任何限制和其他外力时,由落点自然流落到平面上所形成的圆锥体的母线与底面的水平线所形成的夹角,叫粮食静止角。粮食静止角愈大,粮食的散落性愈小;反之,其静止角愈小,粮食散落性愈大。其中稻谷的静止角最大,并且静止角变化范围也最大;小麦、大豆的静止角比稻谷静止角小;油菜籽静止角最小,其静止角的变化范围也相对较小。

在储存、输送、清选粮食时,掌握粮食的散落性知识就很有用处。可以节约劳力,保证安全,提高工作效率。用输送机、自流筛堆粮时,输送机的角度应小于粮食的静止角,否则粮食会倒流。自流筛的角度应稍大于粮食的静止角,这样才能使粮食顺利地流过筛面而被筛选除杂。粮食散落性大的,对粮囤的侧压力也大;散落性小的,对粮囤的侧压力也小。这在做囤时要切实注意,确保安全。例如,原来存稻谷的粮囤,改存小麦或大豆时,应适当降低粮堆高度,粮囤下部因侧压力大而应加厚,上部侧压力小可薄些,这样才能确保安全。锥底金属粮仓的锥角应大于粮食静止角,以利于自流卸粮,锥角一般选45°。

2.自动分级

粮食从某一个高度的落点下落时,不同类型的粮食籽粒和杂质分别相对集中于不同部位,这种现象叫自动分级。这不仅因为粮食中的各种成分的散落性不同,还和空气浮力和风力的影响有关。所以,自动分级的原因很复杂。

粮食自动分级对粮食储藏有利也有弊。有利的方面是可以利用自动分级这一性质进行风力扬场,如用风车、簸箕、吊筛等清选粮食。清选机、分级机等设备的设计中也应用了这一性质。不利的方面是自动分级会出现杂质区,杂质区内破碎籽粒多,杂质(含虫和螨)多,灰尘多,空隙度小,吸湿性大,湿热容易积聚,给虫、霉菌大量繁殖创造有利条件,是粮堆发热霉变、虫害的多发区。如果入仓前进行清选,把含杂率降低到1‰以下,就能使这种危害减少。

二、粮食安全储藏的基本条件

粮食安全储藏,是指粮食在储藏期间,数量上、品质上的损耗很小,损耗皆在规定允许的范围之内。粮食是有生命的生物体,与微生物、害虫、雀、鼠等共处在储藏环境中构成一个生态体系。

(一)仓房条件(备仓工作)

在粮食收购入库之前,要从防潮、防雨、防虫、防污染的要求出发,选择仓房屋面不漏雨、地坪不返潮、墙体无裂缝、门窗能密闭、符合安全储藏粮食标准的仓房做备仓,严禁用危房仓储存粮食。在备好足够仓房的同时,首先要进行必要的检修整理,做好清扫、消毒和铺垫防潮隔湿工作,有条件的单位,可将收粮工具、包装物、器材等放入空仓,进行空仓熏蒸消毒,对长期出租堆放或受过农药化肥污染的仓房,一定要进行防污处理。其次,对收购场地进行清理、平整,晒场周围的环境卫生要打扫清洁,清除垃圾、污物、杂草,疏通库区内的排水沟,做到"仓内面面光、仓外三不留",保持收购场地清洁干燥。

(二)设施条件

在粮食收购之前,应对以下工具、器材、设备进行校正、维修、购置。包括物理检验仪器的校正、维修,计量设备的校正、维修,"三防设施"的配备,存气箱、地上笼、风机的整理、检修、试运转,微机测温系统调试或者其他测温工具的准备,密封所用薄膜的购置及准备。

(三)员工培训

在粮食收购之前,各购销公司及直属单位要组织收购单位的化验员、防化员、验粮员进行业务培训和技术交流,统一标准,并进行市场质量调查,对收购中可能出现的品质问题进行分析,做到心中有数,以便及时解决收购中出现的问题和统一收购标准。

(四)品质条件

粮食品质是安全保管的关键和前提,是粮食安全保管的内在因素。在粮食收购中要严把质量关,入库粮食的质量标准原则上应控制在国标规定的中等标准之内。如小麦水分在 13% 以下,容重在 750 g/L 以上,杂质在 1.5% 之内,不完善粒在 6% 以下。不符合以上标准的粮食一律要经过整晒、清理、除杂等措施,经化验合格后方可入库。在收购过程中,要加强领导、监督和检查,要公平交易,严禁收购"人情粮",严格做到"五分开"(品种、好次、干潮、有无虫、新陈),实行分级入库。包装粮收购时,最好要包包扦样,防止以次充好,掺杂使假,增加保管工作的难度。

第三节　经济作物类之棉花仓储管理

一、棉花的储存与保管需满足的条件

(一)棉包规格

由农民直接从棉株上采摘,棉纤维还没有与棉籽分离,没有经过任何加工的是

"籽棉"。把籽棉进行轧花,脱离了棉籽的棉纤维叫作"皮棉"。而一般意义上说的棉花就是指皮棉。

皮棉不能散放,必须经打包机打成符合国家标准的棉包。国家标准皮棉包装有3种包型:85千克/包(±5千克,基本尺寸为 $800 \times 400 \times 600mm$,称为国产Ⅲ型棉包)、200千克/包(±10千克)、227千克/包(±10千克,基本尺寸为 $1400 \times 530 \times 700mm$,称为国产Ⅰ型棉包)。目前我国棉包绝大部分为85千克,而国外则以227千克的棉包(480磅)居多。

图 9-1 皮棉(左)和籽棉(右)

(二)棉花储备库

棉花实行专仓堆存,不得与其他物品混存。棉厂储存区应划分籽棉货区、皮棉货区、棉籽货区、棉库区。

棉花一般存放在专业的棉花储备库内,目前国内的棉花储备库房有砖混仓和钢板仓两种。储备库要求交通便利、防火、通风、防潮、防霉变等,特别要防火。棉花储备库都是特级防火单位。

(三)棉花储存保管过程中的防火知识

1.入库环节

成包皮棉入库前,必须在收、发货区观察24小时以上,并派专职或义务消防人员监护;棉花入库前要进行认真检查,如发现火种、水湿霉烂、变质、油渍、包装破损等异状,要及时处理。

2.堆垛环节

堆垛要垫好垫基,露天货垛要堆人字顶,并封盖严密。垛底必须通风,以防潮湿霉烂;堆垛进包要放平,一般不得竖放,上下层应交叉压缝。露天堆垛,垛高不得超过8m,室内堆垛,垛高距房梁不小于1m;室内堆垛与堆垛之间应留出必要的通道。主要通道宽度不小于2m,其他通道不小于1.5m,垛距墙不小于0.5m,距柱不小于

0.2m；装卸、堆垛、卸垛作业结束后，要对储存区和站台进行彻底检查，排除异常情况。新堆的垛，在24小时内要加强巡回检查。

3.储存区管理

储存区及库内通道上禁止存放任何物品。装卸、搬运工作的现场和通道要保持整洁、平坦。棉库内不准设办公室、休息室，不准住人，不准非保管人员随便进入，如确需设办公室时，必须用防火墙隔开，防火墙上不得设门窗。

4.棉花养护

堆垛要及时封顶，要定期测温，下雨前后必须查库。要根据天气变化对棉花温度、湿度的影响，适时采取通风或倒垛措施，防止霉烂变质。皮棉、籽棉、棉籽垛的温度超过38℃或籽棉水分超过12%时要及时处理。

二、棉花堆垛规范

棉花堆垛分为籽棉堆垛和成包皮棉堆垛。露天、半露天棉花堆场内的棉垛与场区围墙之间的间距不小于10m。露天、半露天籽棉堆垛与皮棉堆垛之间的防火间距不小于35m。

露天堆场棉花总储量超过5000吨的收购、加工、仓储单位，应当分设堆场，堆场之间的防火间距不小于15m。堆场之间相邻的棉花堆垛应当分别用篷布进行苫盖。

（一）籽棉堆垛

籽棉堆垛分为室内堆垛和露天堆垛。

室内籽棉堆垛每垛占地面积不应超过280m²，垛与垛之间的防火间距不小于4m；大垛不应超过6个棉垛，大垛与大垛之间的防火间距不小于10m。露天籽棉堆垛每垛占地面积不大于340m²、垛高不高于6m、垛与垛之间的防火间距不小于8m。

各籽棉垛宜堆成中间高四周低的形状，垛底应便于排水。籽棉堆垛超过38℃或籽棉回潮率超过12%时，要及时采取通风倒垛措施或者采取烘干措施或立即加工。籽棉应当分类别、品种、等级置放，并应有标示。

（二）皮棉堆垛

皮棉堆垛也分为室内堆垛和露天堆垛。

1.皮棉的室内堆垛

（1）堆垛面积和防火间距。

皮棉堆垛每垛占地面积不应超过150m²，垛高不应超过8m，垛与垛之间的防火间距不小于2m，每组不应超过8个棉垛，组与组之间的防火间距不小于10m，离围墙不小于5m。

皮棉棉包室内堆垛，垛高距房梁（或顶）应不小于1m，垛与垛之间应留出必要的通道。主要通道宽度应不小于2m，其他通道应不小于1.5m，垛距墙应不小于0.5m，距柱应不小于 0.5m。

(2)国产Ⅰ型棉包和美棉棉包室内堆垛要求。

堆码方式可根据一批棉包数量采用"井"字形,或一横两直的"丌"形。为保证棉垛堆码牢固安全,成包皮棉堆码时应逐层堆码,交叉压缝。使用夹包机堆码作业的承储库,在保证安全、牢固的前提下,棉垛 6 层以下最多可 3 层一并堆码,交叉压缝,6 层以上最多可 2 层一并堆码,交叉压缝,为避免顶层边缘棉包脱落,顶层要逐层堆码,必要时采取加固措施。人工使用堆垛机逐层堆码,每两层一变,交叉压缝,以保证堆垛的稳定性,确保垛上人员的安全。上垛人员经升降机上下垛,不得使用堆垛机上下垛,在垛上必须系牢安全带。

(3)国产Ⅲ型棉包皮棉室内堆垛要求。

室内皮棉堆垛,堆垛间的主要通道宽度不小于 2m,其他通道不小于 1.5m。成包皮棉堆码时应逐层堆码,逐层变向,交叉压缝,严禁竖包排放。

(4)西非国家及印度(非标准型)棉包室内堆垛要求。

西非国家方包型棉花堆垛时以堆垛的稳定性为重,一定要逐层堆码、变向,采用向内收缩或向外延伸的方式交叉压缝,必要时使用纤丝进行加固。确保棉垛堆码安全、牢固,整齐划一。

为避免底层受潮、发霉、板结,便于通风,垛底应垫好垫基,必须通风。垫材以坚硬石材为妥,使用木制垫材前应保证其干燥且未发生腐烂,无论何种垫材均不得低于 20cm。垛底不得有散花等。

任何种类棉包的堆码都必须做到每层件数相同,便于清点。断丝包,及经处理后的炸包、散包,应置于堆垛上层,不得置于堆垛下层,以防止因炸包、散包导致堆垛倾斜,影响安全。

2.皮棉的露天堆垛

(1)堆垛面积和防火间距。

皮棉堆垛每垛占地面积不应超过 150m²,垛高不应超过 6m,垛与垛之间的防火间距不小于 2m,每组不应超过 8 个棉垛,组与组之间的防火间距不小于 10m,离围墙不小于 5m。

露天货场主安全通道宽度不得小于 4m,垛距不得小于 2m。棉垛与围墙和灯塔等建筑物的距离不得小于安全通道。

露天堆垛场地必须要安装防雷设施,通过相关部门检测,验收合格后方可临时堆码储备棉。

(2)堆垛形状及苫盖和垫基。

露天堆垛必须建立在水泥混凝土地上,特别是垛底不得有泥土地面,以防垛底藏水气。垛型要求合理,起脊时应逐层递减件数,脊面有坡度,无高低处,呈人字形。堆码完毕后,必须对棉垛四周露白和散花棉包进行缝补和清理,用苫布对垛顶和四周进行苫盖。苫垛要求裙布压缝合理,苫布充分拉抻,拴牢,确保风刮不开、雨渗不进。堆底应以坚硬石材或固定的水泥石墩作为垫基,严禁使用木制材料,垫石高度不得低于30厘米。苫布不得封盖垫石,以保证通风。垛底不得有散花等。炸散包及断丝包的处理与室内相同。

(3)放置要求。

皮棉露天堆码一个垛位不得超过 6 个码位,一批棉花一个码位,不得压批堆码,每批棉花都要独立出入,堆码高度不得超过 6m。

三、棉花仓单交易

(一)棉花标准仓单概念及主要内容

棉花标准仓单是指指定交割仓库在完成入库棉花验收、确认承检机构出具的检验结果符合棉花期货合约规定的质量标准并签发《货物存储证明》等实物所有权单据后,经交易所注册可以在交易所流通的有效凭证。

棉花标准仓单的表现形式为《棉花标准仓单持有凭证》,其内容包括:会员号、会员名称、投资者名称、投资者编码、品种、等级、生产年度、类别、标准仓单数量、冻结数量、抵押数量、质押数量等。

(二)棉花标准仓单注册的程序

(1)投资者所在会员单位向棉花指定交割仓库进行入库预报,仓库同意接收货物并收取入库预报定金后开具入库通知单,24 小时内向交易所报验,交割预报定金按实际到货量返还。入库通知单自开具之日起有效期为 40 天。

(2)交易所接到仓库申请报验之日起 48 小时内向中国纤维质量监测中心报验;中国纤维质量监测中心收到交易所申报单之日起 48 小时内向指定的具体承检机构下达"期货交割棉公正检验任务书",承检机构接到任务书 24 小时内与仓库联系。

(3)承检机构接到货物抵达的具体时间后,提前到达现场。检验人员在称重的过程中抽取检验用样品,现场完成衡重、抽样、测回潮率、检验含杂率、核实件数等工作。在实验室完成品级、长度、马克隆值、异性纤维等检验工作。承检机构在现场公正检验完成后 5 个工作日内出具公正检验证书。符合交割标准的公正检验证书是注册棉花仓单依据。

(4)指定交割仓库或货主对交割棉入库公正检验结果有异议的,可向中国纤维质量监测中心申请复检一次。复议期限为接到公正检验结果之日起 5 个工作日内。对复检结果仍有异议的,可依法提起诉讼。

(5)指定交割仓库接到公正检验证书之日起 2 个工作日内向交易所申请注册仓单。

(6)交易所自指定交割仓库提出注册申请之日起 7 个工作日内予以登记注册。

投资者所在会员单位凭指定交割仓库开出的证明到交易所领取标准仓单注册表和标准仓单持有凭证。

(三)注册棉花标准仓单时处理重量溢短的方法

交易所规定,公定重量在 20±0.5 吨的棉花可以进行交割。现场公证检验时,公定重量如果超出 20.5 吨,货主可扣减相应数量的棉包,公定重量重新计算;公定重量小于 19.5 吨的棉花,货主可用相同产地、加工单位、类型、轧花方式、质量标志并且水、杂质不超过规定的棉包补重,之后再进行公证检验。

公证检验证书出具后,符合交割标准的棉花在注册标准仓单时,根据实际计算的公定重量确定溢短重量,即溢短重量＝实际计算的公定重量－20 吨。溢短重量按交易所公布的溢短价格计算后,价款在仓单注册、注销时划转。交易所每年公布一次溢短价格。

例如:甲客户注册棉花标准仓单,经检验后公定重量为 20.5 吨,交易所公布溢短价格为 12500 元/吨。交易所为该客户开具标准仓单 1 张(20 吨),另暂垫付 6250 元(0.5 吨)给甲。某交割月甲交割该仓单给乙,某交割月乙又交割该仓单给丙……丁最后接该仓单,提取现货 20.5 吨,其中 0.5 吨货款 6250 元交交易所账户,该循环了结。

(四)标准仓单注销程序

标准仓单的注销是指仓单持有人到交易所办理标准仓单提货手续的过程。主要包括以下步骤。

(1)提交申请。投资者委托会员向交易所提交仓单注销申请,投资者可根据标准仓单持有凭证中的仓单数量在同一品种、同一生产年份、同一类别的标准仓单里选择一个或几个指定交割仓库提取不同等级的交割棉花。

(2)交易所根据会员申请及指定交割仓库的仓单情况开具提货通知单。

(3)投资者在交易所开出提货通知单 10 个工作日内持提货通知单(原件)、提货人身份证、提货人所在单位证明到指定交割仓库办理提货手续。

(4)联系出库。自投资者凭提货通知单与指定交割仓库联系出库事宜、指定运达地点并预交各种费用之日起,指定交割仓库应在规定时间内发出货物,否则不得再收取其后的仓储费。

(5)出库验收。出库时,指定交割仓库应交给投资者与其所提棉花相对应的检验证书原件 1 份。投资者可在货物发运前逐批核对棉花的产地、包装、批次和件数等项目。如对棉花质量、重量无异议,按入库时的公检结果出库。棉花出库过程中,如发现有崩包的棉花,指定交割仓库应免费回包。

(6)争议处理。如投资者对棉花质量有异议,可在提货通知单开具之日起 10 个工作日内,由会员单位书面向交易所申请复检。中国纤维质量监测中心自接到复检样品之日起 7 个工作日内做出复检结论。检验结果符合交割有关规定的,相关费用由货主承担;否则,由仓库承担。

第四节　农产品交割制度及业务

一项交割制度的设计会涉及以下六个方面的内容:交割方式的选择与创新、交割仓库的选择和管理、交割月份的选择、交割费用、交割品质和升贴水标准、交割的风险控制手段。

一、交割方式的选择与创新

目前农产品期货的交割方式多种多样,而且处于不断创新之中。这些交割方式主要包括:仓单交割方式,主要是指集中交割和滚动交割;非仓单交割方式,主要指车(船)板交割(伦敦国际金融期货交易所白糖期货合约上实行)。我国农产品期货的交割基本上都是采取仓单交割的方式,此外还包括期转现、提前交割、跨月交割等交割创新。郑州小麦期货采取的是滚动交割方式和期转现;大连大豆期货采取集中交割方式;大连推出的新豆粕合约,采取滚动交割和提前交割相结合的交割方式。

(一)集中交割

集中交割是指交割配对在最后交易日闭市后进行。在最后交割日,买卖双方实行一次性交割,仓单与货款同时划转,交割价格按交割月份所有交易日结算价的加权平均价格计算。采取集中交割可以有效避免交割违约,而且一方面为卖方提供增值税发票留下了充足的时间,另一方面为买方筹措货款留下充足时间。对于一些价值较高、交割所需资金量大的产品,集中交割是比较合适的选择。但是同时一次性集中交割也有其弊端,主要表现在以下几个方面。

(1)对于一些不易储存的农产品,在集中交割的情况下,不论是何时入库的,买方都要等到最后交割日才能提货,这可能会影响该产品的品质,如豆粕。

(2)集中交割增加卖方的交割成本。一次性集中交割对想早一点交割的空头来说无法尽早获得全部货款,还需要另行支付仓储费用和资金利息。

(3)集中交割给仓库带来巨量库存,给运输部门造成大量集中运输的压力。

(4)此外,有一些多头由于其并不是产品真正的需求者,希望能够在接受实物交割后,立即将实物注册成仓单,并在期货市场上卖掉。但是在集中交割方式下,只能等到下一个合约月份,这显然不利于买方操作,限制了买方参与期货的积极性,制约了期货的持仓量和交易量。

(二)滚动交割

滚动交割是指进入交割月后可在任何交易日交割,由卖方提出交割申请,交易所按多头建仓日期长短自动配对,配对后买卖双方进行资金的划转及仓单的转让,通知日的结算价格即为交割价格。接货后多头可以在合约摘牌之前再次将仓单卖出,甚至多次滚动交割。滚动交割的优点是:弥补了一次性集中交割的不足,非常适合不易储存的商品的交割;避免了大量现货集聚在交割地的现象,起到节约社会成本的作用;缓解了仓库集中交割以及运输部门大量集中运输的压力。而且滚动交割还增加了买方投资者的选择机会,这一点对于那些没有现货背景的做市商来说十分重要。做市商在交割月被迫接货时,可以再度转手卖出,增加其操作的灵活性。

滚动交割的不利之处就在于要求买方在较短时间内筹集足够的货款,要求卖方能够准备好增值税专用发票,因此使得交割违约的可能性增加。

(三)车(船)板交割

车(船)板交割的思路大致如下:期货合约价为指定交割地点的含包装商品的火车车板(船板)价,期货合约到期时,在规定时间内,由卖方将期货合约所载商品在指定交割地点装上火车(或其他运输工具,如轮船、汽车等)车板后,了结其未平仓合约。

仓单交易中的仓单这里成了交割仓库的栈单,通过集中交割,配对买卖双方,在选择交割车(船)板交割后,买方向交割仓库(通常设在产区)预付运输货票上含保险的所有费用,交割仓库向买方出具收款证明,在卖方办理装车(船)时,以卖方提供的铁路货票为依据,将货款支付给卖方。此种交割方式主要适用于具有这样 3 个特点的农产品:现货波动大且频繁,周转快,现货市场销售的机会也很多,易出手;商品易变质;交通运输条件不会构成现货流通的瓶颈。如棉花。车(船)板交割的优点有如下几点。

(1)解决交割仓库的库容问题,避免交割库出现限制交割的情况。

(2)能加速现货流通。

(3)使得现货买方的时间风险、成本风险易于控制,有利于吸引买期保值者参与,特别是某些价格波动频繁且波幅大、时间风险大的农产品。

(4)比仓单交割费用低。在仓单交割中,出入指定交割仓库过程中会发生一系列费用。在注册标准仓单中必须发生的费用在现货中很可能是不会发生的,车(船)板交割可以减少类似的费用。

但是此种交割方式的缺点也很明显,如:卖方发货受到铁路运输条件的限制,在运力紧张的时候,容易出现问题;跨月套利不太方便;等等。

在交割方式的选择上,要根据 3 种不同的交割方式的优劣势,对于不同特性的农产品,相机进行选择。

二、交割仓库的选择和管理

交割仓库的地点选择直接关系到实物交割的成本和交割风险控制。对于套期保值者,期货主要是作为一种风险管理工具来使用的,但是使用期货进行风险管理也是需要交易成本的,特别是实物交割必然会涉及一系列的费用,所以期货交易所常常鼓励套期保值者通过合约的对冲来实现套保,尽量避免实物交割。特别是由于期货合约交割的请求权在卖方,所以为了减少实物交割,应当尽量将交割仓库设在产品的消费地区,离生产地尽量远一些,以减弱卖方实物交割的动机,同时又可以防止卖方干扰市场价格,形成逼仓。对买方而言,则可以减少提货的成本,提高买入保值者参与期货市场的积极性。这样的设计也更符合物流规律。例如我国大豆的交割库大都设立在主产区东北,但是油脂加工企业大部分分布在华东一带,这无疑提高了油脂企业原料的成本,而且还会影响正常的供求关系,致使出现期货价格低于现货价格的倒挂现象。相反的一个例子是,截至 2022 年 7 月,伦敦金属交易所在全球有 476 个认可的交割仓库,分布在 14 个国家或地区的 32 个地点,其交割仓库的选址原则就是"纯消费地"。大连豆粕新合约的交割制度设计的最为成功之处在于,将豆粕的交割基准仓库从主要产地东北转移到主要消费地华东(江苏、浙江和上海),大大节约了饲料企业的交割费用,增进了它们参与期货交易的积极性。

地点选择是交割仓库选择的主要考虑因素,此外,还要对仓库进行一系列的审查,审查内容包括仓库基本情况(使用时间、产权关系、员工人数等)、库房状况、设备、运输条件、储存能力、安全措施、是否保险等因素,以保证交割仓库的条件能够满足交割所需。

交割仓库的管理好坏也会关系到交割质量的高低。通常交易所应当设置专门的仓库经理对仓库进行管理和考核,对其进行定期和不定期的造访和审查,每年还需要会计师事务所对仓库做年审,尽量更换不合格的仓库,保证仓库运行能力的完好。

三、交割月份的选择

期货合约的到期月份即为合约的交割月份,所以设定交割月份不仅是交割制度的一部分,也是整个合约设计的一部分。农产品期货的交割月份选择主要是要考虑到农产品播种、收获和上市的时间特性。农产品收获和上市的时间,正是农户和农场销售农产品、加工商和贸易商收购农产品的时间,为了满足套保需要,相应期货合约的交割月份设定应当与此一致。

四、交割费用

农产品期货的交割成本主要包括交割手续费、入库和出库费用、仓租费、检验费、包装费等,其中手续费由交易所收取,而其他费用则由交割仓库和相应机构收取。交割成本是期货这种风险管理工具的制度成本的主要构成之一,其高低直接影响期货交易的活跃程度。特别是对于希望进行实物交割的现货厂商,这一成本直接影响其参与期货交易的积极性。期货市场的货物保管费一般是现货市场的 3 倍。因此在推出新品种时可以尝试降低交割手续费,从而降低买方的负担,激发买方参与套保的积极性。

五、交割品质和升贴水标准

防止逼仓的一个有效手段就是设计合理的交割产品的品质标准和数个交割替代品及其品质标准,并制定合理的升贴水标准。如此即便出现国际国内供求变化或减产丰收的状况,市场中也仍有足够量的交割标准品和替代品,且价值相当大,那么人为操纵控制市场,进行逼仓的可能性就会减小。

从活跃交易的角度来讲,该种品质的交割品应当是产量和消费量都较大的品种,这样的品种最能满足农产品的生产商、加工商以及相关主体利用期货进行套期保值的需求,也有利于市场的活跃。

不同的品质之间以及不同交割库之间还要设计合理的升贴水标准,否则交割替代品和不同的交割库就形同虚设,起不到分散风险的作用。

此外,一个较优品质的交割标准,还会对农产品生产起到引导和带动作用。通过制定合理的交割品质,激励生产商选用优良品种,不断改进种植技术,来提高产品质量,使之符合交割标准。如郑州商品交易所绿豆交易活跃后,引导了全国绿豆生产的规模化和科学化。大而言之,制定合理的交割品质还可以起到促进农产品结构调整的作用。

六、交割的风险控制手段

对套期保值者而言,期货交易实质上是将较大的现货价格的风险转化为较小的基差风险,而交割环节是现货市场与期货市场的结合点,是套保功能实现的关键,所以一定要在交割环节加强风险控制,使得这种风险转移能够最终得以实现。具体来讲,就是要使得最后进入交割环节的买卖双方是真正的现货需求方和供应方,防止操纵市场和逼仓现象产生,扰乱期货和现货市场的秩序。现行的交割风险控制手段主要有两个:交割月份持仓量控制和交割临近的累加保证金制度。

在设计交割制度时,除了考虑以上六个主要方面外,在交割仓单的设计和管理、交割农产品质量的检验、交割流程的设计和管理(入库流程、出库流程和交割流程)、交割违约处理制度以及标识制度等方面都要做相应的考虑。

案例分析

练习与思考

(1)什么是仓储? 什么是库存? 什么是储备? 什么是储存?

(2)农产品仓储的特点、性质和作用是什么?

(3)农产品仓储管理应注意哪些问题?

(4)简要分析我国农产品仓储存在的主要问题及发展路径。

(5)粮食类农产品仓储前应该弄清楚哪些问题?

(6)粮食安全储藏的基本条件有哪些?

(7)棉花储存需满足哪些条件?

(8)棉花标准仓单的概念及主要内容是什么?

(9)一个会员或者客户最多能接收多少棉花仓单?

(10)简述棉花标准仓单注册及注销的程序。

(11)注册棉花标准仓单时采用何种方法处理重量溢短?

(12)简述农产品常见的交割方式及其特点。

(13)如何进行交割仓库的选择与管理?

第三篇　创新实践篇

第十章 物流金融

本章导读

物流金融是一个较新的概念,是指在供应链业务活动中运用金融工具使物流产生价值增值的融资活动。物流企业与金融机构联合起来,为需要资金的企业提供融资服务,物流金融的开展将满足这三方非常迫切的现实需要。

企业在发展过程中面临的最大威胁是流动资金不足,而存货占用的大量资金使得企业可能面临这种困境。资金不足的风险在中小企业的发展中更加明显,往往成为制约其发展的瓶颈。信贷资金的缺乏和融资能力的缺乏,使得许多企业产生了利用存货融资的需求。

物流企业开展物流金融服务,可以达到融资的目的,并减少交易成本,对金融机构而言则降低了信息不对称产生的风险,成为客户与金融机构的"黏结剂"。这是物流企业的重要业务模式。另外,物流企业给客户提供金融担保服务,这已逐渐成为一项物流增值服务。

本章以物流金融业务模式为核心,介绍了物流金融的相关概念,详细阐述了各种物流金融业务模式的业务过程、SWOT 分析和风险分析。

物流金融

第一节 物流金融概述

2021 年我国实现物流业增加值 26550 亿元,比上年增长 15.0%,高于 GDP 增速近 5 个百分点,比第三产业增加值增速快 5 个百分点以上,占第三产业增加值的比重达 16.6%。2021 年全国社会物流总额为 3335.2 万亿元,按可比价格计算,同比增长 9.2%。2021 年社会物流总费用为 16.7 万亿元,同比增长 12.5%。社会物流总费用与 GDP 的比率为 14.6％,与上年基本持平。从结构看,运输费用为 9.0 万亿元,增长 15.8％;保管费用为 5.6 万亿元,增长 8.8％;管理费用为 2.2 万亿元,增长 9.2％。社会物流总费用与 GDP 的比率由 2015 年的 16％下降到 2021 年的 14.6％,降低了 1.4 个百分点,这就意味着,物流成本节约了 1.4 万亿元。

物流业的迅猛发展对相应的金融服务也提出了总量巨大的需求。统计数据显示,2021 年第二季度中小企业发展指数为 87.2,比第一季度下降 0.3,恢复速度边际放缓。

一、物流金融产生的背景

(一)第三方物流服务的革命

物流金融,是物流与金融相结合的产品,其不仅能提高第三方物流企业的服务能力和经营利润,而且可以协助企业拓展融资渠道,降低融资成本,提高资金的利用效率。物流金融服务将开国内物流业之先河,是第三方物流服务的一次革命。

(二)中小型企业融资困境

在国内,中小型企业存在着信用体系不健全的问题,所以融资渠道匮乏,生产运营的发展资金压力大。物流金融服务的提出,可以有效支持中小型企业的融资活动。另外,物流金融可以盘活企业暂时闲置的原材料和产成品的资金占用,优化企业资源。

(三)供应链"共赢"目标

对于第三方物流企业而言,物流金融可以提高企业一体化服务水平,提高企业的竞争能力,扩大企业的业务规模,增加高附加值的服务功能,提高企业的经营利润。对于供应链企业而言,物流金融可以降低企业的融资成本,拓宽企业的融资渠道,降低企业原材料、半成品和产品的资本占用率,提高企业资本利用率,实现资本优化配置,降低采购成本或扩大销售规模,提高企业的销售利润。对于金融机构而言,物流金融服务可以帮助金融机构扩大贷款规模,降低信贷风险,甚至可以协助金融机构处置部分不良资产。

(四)金融机构创新意识增强

当前金融机构面临的竞争越来越激烈。为在竞争中获得优势,金融机构,比如银行,不断地进行业务创新,这就促使了物流金融的诞生。物流金融可以帮助银行吸引和稳定客户,扩大银行的经营规模,增强银行的竞争能力;可以协助银行突破质押贷款业务中银行面临的"物流瓶颈"——质押物仓储与监管;可以协助银行完成质押贷款业务中银行面临的质押物评估、资产处理等。

二、物流金融的概念

(一)物流与金融的关系

物流与金融在性质、业务上,既有共同之处,又各有特点;既有区别,又存在密切的联系。

1.物流与金融的共同点

第一,无论是物流还是金融,都属于经济活动中的流通领域,都属于交换活动。交换作为流通过程,是把生产、分配和消费联系起来的中间环节。其目的是增加经济效益、获得利润、发展经济。资源的区位优势导致了物流的必然产生,而同一地区或者不同地区之间货币资金的清算促成了银行业的诞生。商品流和资金流在整个社会商品经济交换中,扮演着十分重要的角色。

第二,在物流与金融中,价值规律都起着调节作用,不仅如此,二者都受商品和货币流通领域中固有的其他规律如自愿让渡规律、供求规律、竞争规律和利润规律的制约。

第三,物流与金融同时具有服务特性。从产业划分来看,两者都属于第三产业,即服务业。金融是为解决社会资金融通问题而产生的,尤其是贸易、投资和消费领域的资金融通问题。同属于服务行业的物流业和金融业在贸易中的作用相辅相成,从商品的物理性位移到交换后货币的流通,两者的结合使物流和贸易的效率急剧提高。

第四,运动结果一样。两者的运动结果都导致了资源的最佳配置。

2.物流与金融的不同点

第一,两者的流向刚好相反。在贸易方面,资金供给方和货物需求方通常是一个人,资金的需求方和货物的供给方通常也表现为同一人。物流与金融在这个过程中的流向刚好相反。

第二,两者流动的形态不一样。物流以商品形态存在,资源以物流的形式进行配置时,是以具体的实物形态运动的,而且,物流的参与工具是各类具体的运输工具,如飞机、货轮、叉车及传送带等。而金融参与流通的形态则是以一般等价物的货币形式存在的,其流通方式则是我们平常直接接触的信用载体,如各国货币、支票、本票、银行及商业汇票、信用证等结算工具(或称为信用工具)。

(二)物流金融定义

物流金融是指在物流运营过程中,与物流相关的企业通过金融市场和金融机构,运用金融工具使物流产生的价值得以增值的融资和结算的服务活动。

具体地说,是指面向物流业的运营过程,通过应用和开发各种金融产品,有效地组织和调剂物流领域中货币资金的运动。这些资金运动包括发生在物流过程中的各种存款、贷款、投资、信托、租赁、抵押、贴现、保险、有价证券发行与交易,以及金融机构所办理的各类涉及物流业的中间业务等。

物流金融是为物流产业提供资金融通、结算、保险等服务的金融业务,它伴随着物流产业的发展而产生。在物流金融中涉及三个主体,分别是物流企业、客户和金融机构。物流企业与金融机构联合起来为资金需求方提供融资,所以物流金融的开展能满足这三方非常迫切的现实需要。物流和金融的紧密融合能有力支持社会商品的流通,促使流通体制改革顺利进行。目前物流金融正成为国内银行一项重要的金融业务,并逐步显现其作用。

物流金融是物流与金融相结合的复合业务概念,它不仅能提升第三方物流企业的业务能力及效益,还可以为企业提供融资服务,提升资金运用的效率。对于金融业务来说,物流金融的功能是帮助金融机构扩大贷款规模,降低信贷风险,在业务扩展服务上能协助金融机构处置部分不良资产,有效管理客户,提升质押物评估、企业理财等顾问服务项目。从企业行为研究出发,可以看到物流金融发展起源于"以物融资"业务活动。物流金融服务是伴随着现代第三方物流企业而生的,第三方物流企业除了要提供现代物流服务外,还要与金融机构合作,一起提供部分金融服务。于是,物流金融在实践上已经迈开了步子,这个起因将"物流金融学术理论"远远地甩在了后边。

(三)物流金融的作用和职能

1. 物流金融的作用

(1)物流和金融的整合创新:物流业不断强化金融观念,主动寻求金融协作与支持;金融全球化和现代金融体系对物流高速发展有非常大的作用。

(2)物流金融双向共赢:金融业完善机制,金融创新服务物流;以信息为纽带,现代金融业与物流业互相促进。

2. 物流金融的职能

(1)深化国际贸易和国际分工。商品交换的利益是物流与贸易的根本目的,物流金融的发展提高了物流和贸易的效率,从而深化了国际贸易和国际分工。因为资源的区域性和稀缺性,地区与地区之间的生产出现差异化,这种差异化突破了国家疆界,使得国际分工成为必然。物流金融以其庞大和便捷的银行间结算网络,缩小了资源流动的时间距离和空间距离,在货币收付和结算上大大提高了国际贸易效率。国际交往频度显著增加,国际分工也随之逐渐深化。

(2)克服资源的区域性限制,平衡地区经济发展。物流和物流金融把世界上生产发展水平差异较大的发达国家和发展中国家相互联系起来,使生产和经济活动在一定程度上具有普遍性,使各国生产要素优势在较大范围内充分发挥出来,避免了封闭经济条件下生产的弱点,使世界范围内生产要素的使用率大大提高。物流金融的目的就是使全球生产要素的价格趋于一致。

(3)构建物流企业融资平台,实现供应链协调运作。物流金融是金融部门专门针对物流行业进行的金融服务,其目的是提高物流效率、实现供应链的价值增值。金融直接针对物流进行资金运作,可以有效地解决物流企业营运过程中所面临的资金瓶颈问题。金融体系在要求企业完善内部核算机制的同时,也激励物流业不断创新企业内部运行机制,通过减少库存和物资占压等手段,加速企业资金周转,降低占压资金成本,从而协调物流企业的供应链运作,增强市场竞争力。

(4)调剂国内外市场供求关系,促进价格稳定,解除消费心理负担,完善需求链管理。物流金融中的融通仓业务提供的一体化服务可以解决质押贷款业务的外部条件瓶颈问题;可以实现信用整合与信用再造;可以促进电子商务物流的发展,满足网络时代消费的需求。

(5)物流金融在企业经营过程中的三大职能发挥:物流融资职能、物流结算职能和物流保险职能。

(四)物流金融运作模式

根据金融机构参与程度的不同,把物流金融运作模式分为资本流通模式、资产流通模式两种。

资本流通模式是指金融物流提供商(第三方物流企业)利用自身与金融机构良好的合作关系,为客户和金融机构创造良好的合作平台,协助中小型企业向金融机构融资,提高企业运作效率。在这种模式中,主要是由金融机构向借款企业提供融资,但由物流企业替借款企业向金融机构提供担保,然后金融机构根据物流企业提供的担保向借款企业提供直接的或间接的融资。典型的资本流通模式主要有仓单质押模式、买方信贷模式、授信融资模式和垫付货款模式四种。

资产流通模式是指第三方物流企业利用自身综合实力、良好的信誉,通过资产经营方式,间接为客户提供融资、物流、流通加工等集成服务。在这种模式中,基本上没有金融机构的参与,完全由物流企业自己给借款企业提供融资服务。

第二节 物流金融资产流通模式

根据金融机构参与程度的不同,把物流金融运作模式分为资产流通模式和资本流通模式两种。

在资产流通模式中,基本上没有金融机构的参与,完全由物流企业自己给借款企业提供融资服务。典型的资产流通模式有三种:垫资—代收货款模式、替代采购模式和信用证担保模式。

一、垫资—代收货款模式

(一)垫资—代收货款模式的业务过程

垫资—代收货款模式是物流公司为供应商承运货物时先预付一定比例的货款

（比如一半）给供应商，并且按约定取得货物的运输代理权，同时代理供应商收取货款，采购方在提货时一次性将货款付给物流公司的服务模式。物流公司在将余款付给供应商之前会有一个时间差，这样该部分资金在交付前就有了一个沉淀期。简要业务流程如图 10-1 所示。

图 10-1　垫资—代收货款模式业务过程

（1）物流公司依照供应商和采购方签订的购销合同，取得货物承运权。

（2）物流公司代采购方先预付一定比例货款，获得质物所有权。

（3）采购方支付物流公司所有货款并取得货物。

（4）物流公司在一定的期限后将剩余货款扣除服务费后支付给供应商。

（二）垫资—代收货款模式的 SWOT 分析

垫资—代收货款模式的 SWOT 分析如表 10-1 所示。

在这种物流金融模式下，物流公司除获得货物运输等传统的物流费用外，还因为延迟支付获得了一笔不用付息的资金，这笔资金可以用于向其他客户提供物流金融的贷款服务，从而获取额外的资本收益。

物流公司通过为采购方垫资和为供应商代收货款增强了对购销双方的吸引力，以特色服务扩大了市场占有率，增加了物流服务业务量并获取到了更多的收益。

供应商在将货物交付物流公司运输时就获得一部分的预付款，可以直接投入生产经营，从而减少在途货物对资金的占用来提高运营效率。

采购方无须事先支付货款而只需在提货时结清，这样能减少采购方在同强势供应商交易中须支付预付款而给企业带来的资金压力。三方的利益都得到了保障。

表 10-1　垫资—代收货款模式的 SWOT 分析

S（优点）	W（缺点）
物流公司：新的利润源泉；将客户与自己的利害关系联系在一起，有效扩大自己的用户群，从而稳固自己的客户基础。 　采购方：有效解决融资难的问题，有利于公司长期稳定发展。 　供应商：提前获得预付款。	物流公司：必须有足够的资金用来代采购方垫资，还要负责货物的运输等，并代替供应商收取货款，对公司的管理水平提出了更高的要求。 　采购方：必须依赖物流公司开展业务，由物流公司垫付采购货品的费用。 　供应商：必须依赖物流公司开展业务，由物流公司代收货款。
O（机会） 　长期合作，三方共赢。	T（威胁） 　物流公司的信用度； 　采购方的付款能力。

(三)垫资一代收货款模式的风险分析

在整个垫资一代收货款服务过程中,物流公司的风险可以得到有效的控制。由于在这个过程中,货物一直在物流公司的控制之下,其事先向供应商支付的货款完全可以由在途货物保证,能有效避免供应商和采购方合伙欺诈的发生,而采购方须在提货时结清货款,这时物流公司的收益已能获得保证。供应商的风险在于是否选择了信用高的物流公司,在只获取一部分货款的前提下将货物交由物流公司承运可能承担风险,但这些风险在货运市场发达的今天能通过各种机制得以有效避免,物流公司在取得货款后能否按时将剩余货款交给供应商也存在风险,所以供应商必须选择有长期合作关系、信用良好的物流公司与其合作。

垫资一代收货款服务模式中,物流公司作为物流金融服务的信贷方,将供应商及采购方看成一个整体,作为贷款企业。那么物流公司预支的货款可以看成是贷款,而交由物流公司承运的货物就是质押物,在货物交由采购方提货并付款之前存在采购方的违约风险,贷款的收益就是全额货款在沉淀期内的价值,因此,可以将垫资一代收货款服务模式看成一般的存货质押贷款进行研究。

二、替代采购模式

(一)替代采购模式的业务过程

替代采购模式业务过程如图 10-2 所示。

图 10-2　替代采购模式业务过程

(1)由第三方物流公司代替借款企业向供应商采购货品并获得货品所有权。

(2)第三方物流公司垫付扣除物流费用的部分或者全部货款。

(3)借款企业向物流公司提交保证金。

(4)物流公司根据借款企业提交保证金的比例释放货品。

(5)第三方物流公司与供应商结清货款。

在物流公司的采购过程中,物流公司通常向供应商开具商业承兑汇票并按照借款企业指定的货物内容签订购销合同,物流公司同时负责货物运输、仓储、拍卖变现,并协助客户进行流通加工和销售。

除了供应商与借款企业签订的购销合同之外,第三方物流公司还应该与供应商签订物流服务合同,在该合同中供应商应无条件承担回购义务。

(二)替代采购模式的 SWOT 分析

替代采购模式的 SWOT 分析如表 10-2 所示。

表 10-2 替代采购模式的 SWOT 分析

S(优点)	W(缺点)
物流公司:新的利润源泉;将客户与资金的利害关系联系在一起,有效扩大自己的客户群,从而稳固自己的客户群基础。 借款企业:有效解决融资难的问题,有利于公司长期稳定发展。	物流公司:必须有足够的资金用来替代借款企业采购货品,还要负责货物运输、仓储、拍卖变现等,并协助借款企业进行流通加工和销售,对公司的管理水平提出了更高的要求。 借款企业:必须依赖第三方物流公司开展业务,由物流公司垫付采购货品的费用。
O(机会) 长期合作,双方共赢。	T(威胁) 货物的流通变现。

第三方物流企业的加入,既可以消除供应商资金积压的困扰,又可以解决借款企业因资金不足而无法生产或无法扩大生产的困境,使两头的企业因为有物流公司的参与而解决各自的困难。

对第三方物流公司而言,当物流公司代替借款企业向供应商采购货品时,物流企业首先代借款企业预付一半货款;当借款企业取货时则交付给物流企业全部货款。物流企业在将另一半货款交付给供应商之前,产生了一个资金运动的时间差,即这部分资金在交付前有一个沉淀期。在资金的这个沉淀期内,物流公司等于获得了一笔不用付息的资金。物流公司可以利用这一笔不用付息的资金从事贷款,而贷款对象仍为物流公司的客户或与物流公司业务相关的主体。在这里,这笔资金不仅充当交换的支付功能,而且具有了资本与资本运动的含义,而且这种资本的运动是紧密地服务于业务链的运动的。

(三)替代采购模式的风险分析

替代采购模式最大的威胁是货物的流通销售环节,也即商品的变现环节。那么,开展此项业务对商品品种就应该有所选择,必须选择那些市场销路好、价格相对稳定的商品,比如目前被称作大宗商品的各类物资。这样的话,即使是借款企业本身的原因导致商品无法顺利销售,物流公司也能将库存商品从自己的销售渠道销售出去,从而将损失减到最小,并且物流公司还能在借款企业的销售过程中,协助借款企业进行销售。所以,站在供应链的角度考虑,要达到共赢,最重要的是合作的三方共同努力,将最终的商品销售出去,遇到困难能从供应链共赢的角度出发,而不是只考虑自身的利益。

三、信用证担保模式

(一)信用证担保模式的业务过程

信用证担保模式的业务过程如图 10-3 所示。

图 10-3 信用证担保模式业务过程

信用证担保模式的业务流程：

（1）第三方物流公司与外贸公司合作，以信用证方式向供应商支付货款，间接向采购商融资；

（2）供应商把货物送至第三方物流公司的监管仓库，物流公司控制货物的所有权；

（3）采购商向物流公司提交保证金；

（4）物流公司根据采购商提交保证金的比例释放货品；

（5）最后由采购商与第三方物流公司结清货款。

在物流公司的采购过程中，物流公司通常以信用证方式向供应商支付货款并按照采购商指定的货物内容签订购销合同，此时物流公司负责货物运输、仓储、拍卖变现，还要协助客户进行流通加工和销售。

（二）信用证担保模式的 SWOT 分析

信用证担保模式的 SWOT 分析如表 10-3 所示。

表 10-3 信用证担保模式的 SWOT 分析

S（优点）	W（缺点）
物流公司：新的利润源泉；将客户与自己的利害关系联系在一起，有效扩大自己的客户群，从而稳固自己的客户群基础。 借款企业：有效解决融资难的问题，利于公司长期稳定发展。	物流公司：必须对采购商的经营情况及信用情况非常了解，并且只能选择经营业绩好、信用度高的开展合作；本身必须具有一定的实力及规模，能提供供应商需要的担保。 借款企业：必须依赖第三方物流公司开展业务。
O（机会） 长期合作，双方共赢。	T（威胁） 采购商的信用缺失； 货品的流通变现。

开展此项业务，物流公司必须对采购商客户的经营状况及信用状况非常了解，才有可能和采购商合作为采购商提供信用证担保，否则就会因为风险过大而无法开展此项业务。要了解采购商的情况，如果是物流公司本身的老客户，要得到这方面的信息是非常方便的，但对于一般客户或新客户，物流公司就要通过建立先进的管理信息系统，对采购商进行评估及管理，以方便开展此项业务，这样就对物流公司提出了更高的要求。

对借款企业来说，此项业务的开展有效地解决了融资难的问题，有利于企业长期稳定的发展。同时,此项业务的开展,对采购商来说,必须依赖第三方物流公司,由物流公司向供应商提供信用证担保,才能从供应商那里拿到货品,那么就必须选择有实力、资信良好的物流公司开展合作。

虽然采购商必须依赖第三方物流公司开展业务,但正是由于有第三方物流公司的参与,采购商的产、供、销活动没有了后顾之忧,而且还能将有限的精力和资金投放在产品的生产和销售上,这也有利于此项业务的顺利实施。

(三)信用证担保模式风险分析

信用证担保模式最大的威胁来自两方面:一是采购商信用缺失的风险;二是货物的流通销售环节存在的风险,也即商品的变现风险。

此项业务的开展对物流公司来说,最大的风险来自采购商信用的缺失。前面我们提到过,物流公司在开展此项业务时,对采购商的选择应该非常严格,可以从已有的老客户中进行选择,对新客户则要运用先进的管理信息系统对其进行评价,然后根据评价结果来决定要不要和这家采购商进行合作,或者如果合作,该合作到何种程度,等等。只有这样做,才能有效避免物流公司的风险,因为只有经营业绩良好、生产的产品适销对路并且信用度良好的企业,才能有效地将商品变现并按照合同及信用证的条款,将货款还给物流公司。这就要求物流公司建立先进的管理信息系统来支持此项业务的开展,对物流公司的管理水平也提出了更高的要求。

另一个风险是商品的变现风险。站在供应链共赢的角度,具有先进的管理信息系统并且管理水平也高的物流公司,和信用度高的采购商合作开展此项业务,合作生产出来的商品最终在商场上销售不出去,那么不只对采购商,连对一同合作的物流公司也会是巨大的损失,并且这个损失除了保险外几乎无法弥补。所以物流公司对商品品种就应该有所选择,必须选择那些市场销路好、价格相对稳定的商品,这样的话,即使是采购商本身的原因导致商品无法顺利销售,物流公司也能将库存商品从自己的销售渠道销售出去,从而将损失减到最小,并且物流公司还能在采购商的销售过程中,协助借款企业进行销售。所以,站在供应链的角度考虑,要达到共赢,最重要的是合作的三方共同努力,将最终的商品销售出去,遇到困难能从供应链共赢的角度出发,而不是只考虑自身的利益。

第三节　物流金融资本流通模式

资本流通模式是指金融物流提供商(第三方物流企业)利用自身与金融机构良好的合作关系,为客户和金融机构创造良好的合作平台,协助中小型企业向金融机构进行融资,提高企业运作效率。在这种模式中,主要是由金融机构向借款企业提供融资,但由物流企业替借款企业向金融机构提供担保,然后金融机构根据物流企业提供的担保向借款企业提供直接的或间接的融资。典型的资本流通模式主要有仓单质押模式、买方信贷模式、授信融资模式和垫付货款模式四种。

一、仓单质押模式

(一)仓单质押模式的业务过程

仓单是保管人(物流公司)在收到仓储物时向存货人(借款企业)签发的表示收到仓储物的有价证券。仓单质押贷款是仓单持有人以所持有的仓单做质押,向银行等金融机构获得资金的一种贷款方式。仓单质押贷款可在一定程度上解决中小企业尤其是贸易类企业的融资问题。仓单质押模式业务过程如图 10-4 所示。

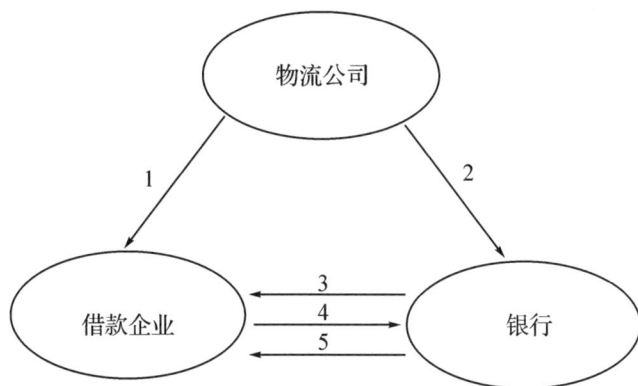

图 10-4　仓单质押模式过程

仓单质押模式的业务流程是:

(1)借款企业将产成品或原材料放在物流公司指定的仓库(融通仓)中,由物流公司获得货物的所有权;

(2)物流公司验货后向银行开具仓单,仓单须背书质押字样,并由物流公司签字盖章;

(3)银行在收到仓单后办理质押业务,按质押物价值的一定比例发放贷款至指定的账户;

(4)在借款企业实际操作中货主一次或多次向银行还贷;

(5)银行根据借款企业还贷情况向借款企业提供提货单;

(6)物流公司的融通仓根据提货单和银行的发货指令分批向借款企业交货。

(二)仓单质押模式的 SWOT 分析

仓单质押模式的 SWOT 分析如表 10-4 所示。

表 10-4　仓单质押模式的 SWOT 分析

S(优点)	W(缺点)
物流公司:提供了新的增值服务,是新的利润增长点。 借款企业:有效盘活企业存活资金,并能及时得到银行的融资帮助,有利于企业的长远发展。 银行:提供了新的增值服务,成为新的利润增长点。	物流公司:必须以自身的资产为质押提供担保,必须有仓管、监管、价值评估、配送、拍卖等综合服务能力,对人员及管理提出了更高的要求。 借款企业:必须依赖第三方物流公司和银行开展业务。 银行:质押物价值的评估往往不易。
O(机会) 长期合作,三方共赢。	T(威胁) 质押物的变现,质押物价值的评估。

仓单质押模式的开展可大大提高第三方物流企业在供应链中的号召力。物流企业对于库存的变动及流通的区域,可以通过库存管理、配送管理做到了如指掌,所以为客户提供金融担保服务就应成为一项物流增值服务的项目,这不仅可以为自己带来新的利润增长点,也可以提高物流企业对客户的吸引力,增加物流企业核心竞争力。在整个运作过程中,物流企业承担的风险相对最小,因为有货物作为质押。假如物流企业手中有相当多的资金,就可以不必通过银行,在取货时,物流公司先将一部分钱付给供应商,货到收款后再一并结清。这样既可消除供应厂商资金积压的困扰,又可让买家、卖家两头放心。

物流企业的参与提高了整个供应链的效率。目前的资金流运作过程非常烦琐,特别是中小企业单笔的业务量较小,运营的成本相对较高,这时如果有第三方加入进来,就可集聚业务量,同时分担银行的部分业务及成本,就可提高整个流程的效率。

在国内,由于中小型企业存在着信用体系不健全的问题,所以融资渠道非常缺乏,生产运营的发展资金压力大。仓单质押业务的开展,可以有效支持中小型企业的融资活动。另外,开展仓单质押业务可以盘活企业暂时闲置的原材料和产成品的资金占用,优化企业资源,降低企业的融资成本,拓宽企业的融资渠道,而且可以降低企业原材料、半成品和产品的资本占用率,提高企业资本利用率,实现资本优化配置,可以降低采购成本或扩大销售规模,提高企业的销售利润。

虽然借款企业必须依赖第三方物流公司和银行开展此项业务,但也正是第三方物流公司的参与,才使得借款企业能够集中精力做自己的事,即生产和销售。一般借款企业拥有自己的客户,生产流通过程不畅的原因往往是资金问题,现在资金问题解决了,那么就可以将主要精力放在产品的生产和销售上,达到合作的最终目标。

对物流公司来说,质押物的实际价值与评估的价值不相符是最大的风险,有可能导致整个业务合作的失败。借款人为了得到更多贷款,想方设法将质押物的价值抬高,而第三方物流企业为了争取业务,不惜弄虚作假以迎合这种需要,使得资产的评估带有很大水分;还有物流企业由于技术、经验等方面的原因对某项财产的价值判定不准或不能科学预测财产的价格变动趋势,以致评估结果失真(高估情形偏多)。这就使质押物不足值,成为抵质押贷款的重要风险点。

另外,对整个供应链来说,质押物变现的风险是三方都应该努力规避的。因为对整个合作来说,如果质押物不能变现或者销售情况不好,那么最终借款企业就不能及时还贷或根本无力还贷,银行和物流公司的投资将成为泡影,合作也将失败。

(三)仓单质押模式风险分析

仓单质押模式的开展以及由此引起的资金流动,涉及法律、管理体制、信息安全等一系列问题,而且这些问题会随着进一步实践逐渐暴露出来。归纳起来,主要有如下5点。

(1)借款企业资信风险。借款企业的业务能力、业务量及商品来源的合法性(走私商品有罚没风险)对物流公司来说都是潜在的风险;在滚动提取时提好补坏,有坏货风险;还有以次充好的质量风险。

(2)仓单风险。仓单是质押贷款和提货的凭证,是有价证券,也是物权证券,但目前仓库所开的仓单还不够规范。

(3)质押商品选择风险。并不是所有的商品都适合用作仓单质押,商品在某段时间的价格涨跌幅度和质量的稳定状况都是在选择的时候需要考虑的内容,它们也会带来一定程度的风险。

(4)商品监管风险。在质押商品的监管方面,仓库同银行之间的信息不对称、信息失真或信息交换不及时都会带来双方决策的失误,影响仓单质押业务的开展。

(5)内部管理和操作风险。许多仓库的信息化程度很低,还停留在人工作业的阶段,难免出现内部人员的操作失误。

基于以上风险分析,提出如下风险规避措施。

1. 信用的建立与整合

从仓单质押的业务过程来分析,银行贷款给借款企业要以信用作为基础,银行委托物流企业代理监管商品也需要信用,物流企业存储借款企业的商品并将之融入供应链中同样也需要信用,那么开展仓单质押业务就需要物流企业来建立和整合这些信用。物流企业是联结借款企业与银行的服务平台,在仓单质押业务关系中间,物流企业、银行和借款企业之间存在着委托代理关系,而物流企业是两种委托代理关系的联结点。一是作为银行的代理人,监管借款企业存储在物流企业的仓库中的商品。二是作为借款企业的代理人,管理存储在仓库的商品。它不仅要建立信用,还要具备信用的整合功能。首先,物流公司要与借款企业、银行建立信用关系,同时银行质押贷款业务的开展是建立在仓单的真实有效和对仓库监管的信任之上的。仓单质押服务是一项高级的物流服务形式,它要求物流企业为客户提供满意的服务和良好的信誉。其次,物流企业可以利用双方都信任的关系来开展仓单质押业务,这是信用整合的过程。

2.仓单的管理和规范化

仓单是在物流企业接受借款企业要存放的商品以后,向借款企业开具的说明存货情况的存单。这种存单不单纯是证明性的,还具有特殊的功能,即"有效证券"的功能。仓单可以作为一种有价证券进行质押,实现资金融通,辅助完成现货交易,提高交易效率,降低交易成本。它是仓单质押业务开展的重要法律依据和凭证。虽然其合法性问题是目前业界关注和讨论的热点,但更为重要的问题却在于仓单的管理和规范化。

具体地说,仓单管理办法要明确指定印刷单位、固定格式、预留印鉴,由指定专人送至银行,并在仓单上和银企合作协议中申明:由借款人保证仓单的真实性和有效性,否则因此产生的贷款资金风险由借款人负完全责任。

仓单的内容也要明确规范,应包括如下要素:

①设定质押商品名称、种类、数量、质量和价值。

②银行信贷员审核意见。

③质押方公章、质权方公章。

④企业法定代表人签章及时间,银行负责人签章及时间。

⑤备注栏要注明此凭证属质押合同权利凭证。

3.商品的限制及价格的确定

在商品的限制方面,借款企业希望商品品种、数量和标准化程度能不受限制,不同品种之间具有可替代性,只要总价值能满足银行的要求即可;而对于银行和物流企业来说,它们则要求质押的商品要有所限制。物流公司要考虑自身的存储能力、管理水平与借款企业的需求,并协同银行做好商品的限制工作。目前一些开展此项业务的物流公司的仓库基本上是尽量选择适用广泛、易于处置、价格波幅较小且不易变质的商品,比如黑色金属、有色金属、大豆等。随着仓单质押业务的不断开展、管理经验的不断积累和技术手段的进一步提高,其解决方式将更加丰富,可用于仓单质押的商品的复杂程度会大大提高。这里所说的商品价格不是商品在市场中的价格,而是银行对质押商品进行综合评估得出的价格,是用来计算质押贷款数额的。这个价格目前都是由银行确定的,但物流企业作为双方信任的委托代理方,在价格的确定过程中也应起到提供参考的作用,特别是对于实行滚动质押的单位,要设置安全警戒线。我们也可以预见,随着仓单质押业务不断深入发展,以及银行对物流公司信任的日益提升,物流公司很有可能会成为确定价格的主角。

4.商品的监管和处置

物流公司作为双方信任的第三方,在商品的监管环节要持认真负责的态度,积极有效地与银行和借款企业做好信息的沟通和共享工作。首先,物流公司要和借款企业签订"仓储协议",明确商品的入库验收和养护要求,开具商品已抵押给银行的专用仓单,并最好向指定的保险公司申请办理仓储物品保险,以便当仓储物出现损毁时,保险公司可以赔偿。其次,物流公司要与银行签订不可撤销的协助银行行使质押权保证书。承诺银行保证仓单与商品存储情况相符,手续完备;质押期间无银行同意不得向借款企业或任意第三人发货;不以存货方未付有关保管费为由干涉和妨碍银行行使质押权;借款企业提货要在银行的监管下采取仓单提货。

商品的处置通常有两种情况。一是贷款还未到期,由于商品市场价下跌,银行通知借款企业追加风险保证金。在双方所确定的日期限制内,借款企业仍未履行追加义务的,银行可委托第三方(很有可能是物流公司)对尚未销售的商品按现行市场价下调一定比例,尽快实现销售,收回贷款本金。二是贷款到期,但监管账户内销售回笼款不足偿还贷款本息且无其他资金来源作为补充,银行也可委托第三方(很有可能是物流公司)对仓储的相应数量商品按现行市场价下调一定比例,实现销售处理,直到收回贷款本息。当然以上两种处置方式和有关要求均须在贷款前以书面协议方式与借款人做出明确约定,仓库要能够尽职尽责地做好工作,降低银行的风险。

5.信息化建设

先进、完善的物流服务需要有先进的管理方法,信息技术是实施先进的管理方法的前提和保障。以计算机通信为技术核心的信息技术,只有结合先进的管理思想,才能够发挥它强大的推动和促进作用。

对物流公司来说,信息化分为两个部分:一是其内部管理流程的信息化;二是和合作伙伴、客户以及监管机构协同作业的信息化。内部的信息化能优化其"仓储物流",更好地完成内部的管理和操作;协同作业的信息化能优化其物流网络和服务体系。就仓单质押而言,信息化在降低内部人员作案和操作失误,提高工作效率的同时,更为明显的好处是使物流企业能够更高效地同借款企业与银行进行信息的沟通和共享,降低物流公司、银行的风险,方便银行对物流公司仓库的监管,完善物流公司为客户即借款企业提供的物流服务。

二、买方信贷模式

(一)买方信贷模式业务过程

买方信贷模式业务过程如图 10-5 所示。

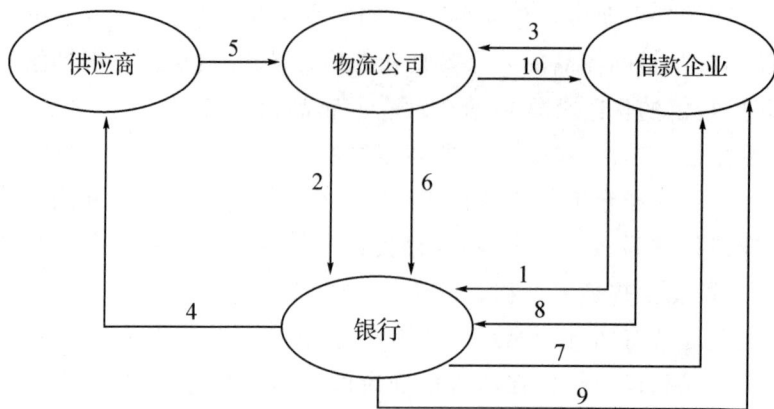

图 10-5 买方信贷模式业务过程

买方信贷模式的业务流程：

（1）借款企业根据与供应商签订的《购销合同》向银行提交一定比例的保证金；

（2）第三方物流公司向银行提供承兑担保；

（3）借款企业以货物对第三方物流公司提供反担保；

（4）银行开出承兑汇票给供应商；

（5）供应商在收到银行承兑汇票后向物流公司的保兑仓交货，物流公司获得货物的所有权；

（6）物流公司验货后向银行开具仓单，仓单须背书质押字样，并由物流公司签字盖章；

（7）银行在收到仓单后办理质押业务，按质押物价值的一定比例发放贷款至指定的账户；

（8）在借款企业实际操作中货主一次或多次向银行还贷；

（9）银行根据借款企业还贷情况向借款企业提供提货单；

（10）物流公司的融通仓根据提货单和银行的发货指令分批向借款企业交货。

（二）买方信贷模式的 SWOT 分析

买方信贷模式的 SWOT 分析如表 10-5 所示。供应商、借款企业（经销商）、第三方物流公司、银行四方签署"保兑仓"业务合作协议书，经销商根据与供应商签订的购销合同向银行交纳保证金，该款项应不少于经销商计划向供应商在此次提货时支付的价款。经销商申请开立银行承兑汇票，专项用于向供应商支付货款，由物流公司提供承兑担保，经销商以货物对物流公司进行反担保。物流公司根据掌控货物的销售情况和库存情况按比例决定承保金额，并收取监管费用。银行给供应商开出承兑汇票后，供应商向物流公司的保兑仓交货，此时转为仓单质押。这一过程中，供应商承担回购义务。

从以上的业务流程分析可以看出,买方信贷模式是在仓单质押模式的基础上发展而来的,在此业务过程中,由于有借款企业向银行提供的保证金及向物流企业提供的货物反担保,极大地降低了金融机构及物流企业的风险,同时也降低了整个供应链的风险,有利于此项业务的开展。

表 10-5 买方信贷模式的 SWOT 分析

S(优点)	W(缺点)
物流公司:提供了新的增值服务,是新的利润增长点。 借款企业:可将公司的货物作为担保物,而不再将担保物局限在固定资产和房产等,能更方便地得到融资帮助,利于企业的长远发展。 银行:提供了新的增值服务,成为新的利润增长点。	物流公司:作为承担保人,要非常了解经销商的基本情况,对商品的完整和承保比例进行核准,要求具有一定的实力作担保。 借款企业:必须依赖第三方物流公司和银行开展业务,必须以自身的货物进行反担保,并且要选择进行反担保的货物的品种。 银行:对物流公司资信状态的评估,借款企业提供的保证金的比例的确定。
O(机会) 长期合作,三方共赢。	T(威胁) 质押物的变现,质押物价值的评估。

由于买方信贷模式是在仓单质押模式的基础上发展而来的,因此在仓单质押模式中进行的分析在此同样适用,可参考仓单质押模式的 SWOT 分析。

(三)买方信贷模式的风险分析

开展买方信贷模式存在许多的风险,归纳起来,主要有如下 3 点。

(1)借款企业资信风险。借款企业的业务能力、业务量及商品来源的合法性(走私商品有罚没风险)对仓库来说都是潜在的风险;在滚动提取时提好补坏,有坏货风险;还有以次充好的质量风险。

(2)反担保商品选择风险。并不是所有的商品都适合用作反向担保,商品在某段时间的价格涨跌幅度和质量的稳定状况都是在选择的时候需要考虑的内容,也会带来一定程度的风险。

(3)另外,反担保的方式也是需要考虑的问题。作为第三方物流公司,针对以上风险,应当在实际操作中注意以下事项:首先物流企业作为承保人,要了解经销商的基本情况,然后对商品的完整度和承保比例进行核准。具体的业务操作步骤如下。

对于经销商的资信进行核查,需要了解以下 10 个方面的内容:

①经销商背景情况;

②经销网点分布、销量基本情况;

③市场预测及销售分析;

④财务状况及偿债能力;

⑤借款用途及还款资金来源;

⑥反担保情况;

⑦与银行往来及负债情况；

⑧综合分析风险程度；

⑨其他需要说明的情况；

⑩调查结论。

为保证物流企业自身的利益,需要货主进行反担保,反担保方式为抵押或质押应提供的材料如下：

①抵押物、质押物清单；

②抵押物、质押物权力凭证；

③抵押物、质押物的评估资料；

④保险单；

⑤抵押物、质押物为共有的,提供全体共有人同意的声明；

⑥抵押物、质押物为海关监管的,提供海关同意抵押或质押的证明；

⑦抵押人、质押人为国有企业的,提供主要部门及国有资产管理部门同意抵押或质押的证明；

⑧董事会同意抵押、质押的决议；

⑨其他有关材料。

三、授信融资模式

(一)授信融资模式的业务过程

授信融资模式的业务过程如图 10-6 所示。

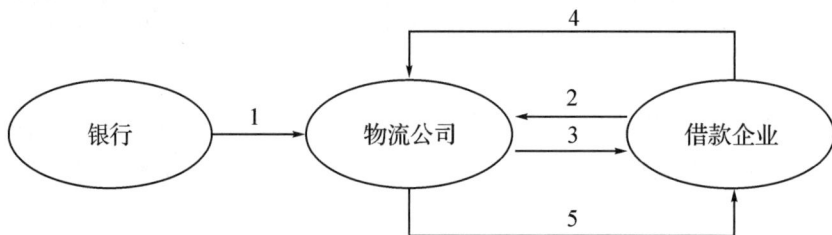

图 10-6 授信融资模式过程

授信融资模式的业务流程：

(1)银行根据物流公司的实际情况授予物流公司一定的信贷额度；

(2)借款企业将货物质押到物流公司所在的融通仓库,由融通仓为质物提供仓储管理和监管服务；

(3)物流公司按质押物价值的一定比例发放贷款；

(4)借款企业一次或多次向物流公司还贷；

(5)物流公司根据借款企业还贷情况向借款企业提供提货单,物流公司的融通仓根据提货单分批向借款企业交货。

（二）授信融资模式的 SWOT 分析

授信融资模式的 SWOT 分析如表 10-6 所示。

表 10-6 授信融资模式的 SWOT 分析

S（优势）	W（缺点）
物流公司：提供了新的增值服务，是新的利润增长点；通过授信额度，能更好地为借款企业提供融资服务，从而提高运作效率。 借款企业：获得融资更加容易，有利于企业的长远发展；在操作过程中省去许多中间环节，缩短了操作周期，提高了运作效率。 银行：减少了以前放贷时烦琐的手续；能够通过物流公司监控质押贷款，优化业务流程和工作环节，降低贷款风险。	物流公司：对融通仓仓储中心的规模、经营业绩、运营状况、资产负债比例及信用等级等有较高要求，业绩良好的物流企业才能获得授信，并且授信额度由金融机构确定。 借款企业：必须依赖第三方物流公司和银行开展业务。 银行：物流企业资信等级、信用度的评估往往不易，对授信额度的评估也需要大量信息，往往不容易准确评估。
O（机会） 长期合作，三方共赢。	T（威胁） 质押物的变现。

授信融资模式是仓单质押模式的进化，之所以这么说，是因为它简化了原先仓单质押的流程，提高了运作效率。金融机构根据物流公司融通仓仓储中心的规模、经营业绩、运营现状、资产负债比例以及信用程度，授予融通仓仓储中心一定的信贷额度，融通仓仓储中心可以直接利用这些信贷额度向相关企业提供灵活的质押贷款业务，由融通仓直接监控质押贷款业务的全过程，金融机构则基本上不参与该质押贷款项目的具体运作。融通仓直接同需要质押贷款的会员企业接触、沟通和谈判，代表金融机构同贷款企业签订质押借款合同和仓储管理服务协议，向借款企业提供质押融资的同时，为借款企业寄存的质物提供仓储管理服务和监管服务，从而将申请贷款和质物仓储两项任务整合操作，提高质押贷款业务运作效率。

该模式有利于企业更加便捷地获得融资，减少原先质押贷款中一些烦琐的环节。借款企业在质物仓储期间需要不断进行补库和出库，传统的仓单质押业务中，借款企业出具的入库单或出库单需要经过金融机构的确认，然后融通仓根据金融机构的入库或出库通知进行审核。而现在这些相应的凭证只需要经过融通仓的确认，即融通仓确认的过程就是对这些凭证进行审核的过程，中间省去了金融机构确认、通知、协调和处理等许多环节，缩短了补库和出库操作的周期，在保证金融机构信贷安全的前提下，提高了贷款企业产销供应链运作效率。

对物流企业来说，开展授信融资业务能极大地拓展公司的业务规模，只要企业能够获得银行的授信，就能方便地为中小企业提供灵活的融资服务，提高运作效率。

对银行来说，开展授信融资有利于银行提高对质押贷款全过程监控的能力，更加灵活地开展质押贷款服务，优化其质押贷款的业务流程和工作环节，降低贷款的风险。

(三)授信融资模式风险分析

近年来,商业银行授信业务不断暴露出各类风险案件,给银行业带来很大的风险,暴露了商业银行授信业务中普遍存在的问题。

1. 开展授信融资业务存在的风险

由于授信融资业务是在仓单质押业务的基础上发展起来的,除了仓单质押一节所讲述的共性风险外,授信融资业务的主要风险来自银行对物流企业的授信方面,主要有以下两点。

(1)银行对客户多头授信。

(2)客户经营不善及客户经过关联交易、资产重组等手段在内部关联方面不按公允价格原则转移资产或利润等情况,导致银行不能按时回收由于授信产生的贷款本金及利息;客户给银行带来的其他的损失。

2. 银行对客户授信应遵循的原则

(1)统一原则。商业银行对客户授信实行统一管理,集中对客户授信进行风险控制。

(2)适度原则。商业银行应根据授信客体风险大小和自身风险承担能力,合理确定对客户的总体授信额度,防范过度集中风险。

(3)预警原则。商业银行应建立风险预警机制,及时防范和化解客户授信风险。

3. 授信融资风险管理

(1)商业银行在对客户授信时,应当要求客户提供真实、完整的信息资料,包括客户的名称、法定代表人、实际控制人、注册地、注册资本、主营业务、股权结构、高级管理人员情况、财务状况、重大资产项目、担保情况和重要诉讼情况等。

(2)商业银行在给客户授信时,应当进行充分的资信调查,要对照授信对象提供的资料,对重点内容或存在疑问的内容进行实地核查,并在授信调查报告中反映出来。调查人员应对调查报告的真实性负责。

(3)商业银行在给客户贷款时,应在贷款合同中约定,贷款对象有下列情形之一,贷款人有权单方面停止支付借款人未使用的贷款,并提前收回部分或全部贷款本息。

①提供虚假材料或隐瞒重要经营财务事实的。

②未经贷款人同意擅自改动贷款原定用途、挪用贷款或用银行贷款从事非法、违规交易的。

③拒绝接受贷款人对其信贷资金使用情况和有关经营财务活动监督和检查的。

④出现重大兼并、收购重组等情况,贷款人认为可能影响到贷款安全的。

(4)商业银行对客户授信应实行客户经理制,要指定专人负责客户授信的日常管理工作。

(5)商业银行在核定最高授信额度时,要充分考虑授信对象自身的信用状况、经营状况和财务状况,最高授信额度应根据以上状况及时做出调整。银行应定期或不定期开展针对客户的联合调查,掌握其经营和财务变化情况,并把重大变化的情况登录到银行的信贷管理信息系统中。

(6)当一个客户的授信需求超过银行风险的承受能力时,商业银行应采取组织银团贷款、联合贷款和贷款转让等措施分散风险。这里所指的超过风险承受能力是指商业银行对客户授信总额超过银行资本余额的15%或银行视为超过其风险承受能力的其他情况。

(7)商业银行应建立健全信贷管理信息系统,为授信业务提供有效的信息支持。信贷管理信息系统应能够使各商业银行共享客户信息,能够支持商业银行全系统的客户贷款风险预警。

四、垫付货款模式

(一)垫付货款模式的业务过程

垫付货款模式业务过程如图10-7所示。

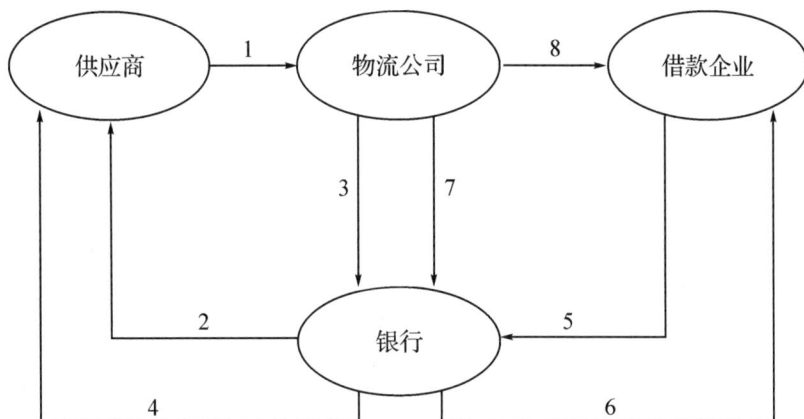

图10-7 垫付货款模式过程

垫付货款模式的业务流程:

(1)供应商将货物发送到第三方物流公司指定的仓库;

(2)供应商开具转移货权凭证给银行;

(3)第三方物流公司提供货物信息给银行;

(4)银行根据货物信息向供应商垫付货款;

(5)借款企业还清货款;

(6)银行开出提货单给借款企业;

(7)银行向第三方物流公司发出放货指示;

(8)第三方物流公司根据提货单及银行的放货指示发货。

在货物运输过程中,供应商将货权转移给银行,银行根据市场情况按一定比例提供融资,当借款企业(提货人)向银行偿还货款后,银行向第三方物流供应商发出放货指示,将货权还给借款企业。当然,如果借款企业不能在规定的期间内向银行偿还货款,银行可以在国际、国内市场上拍卖掌握在银行手中的货物或者要求供应商承担回购义务。

(二)垫付货款模式的 SWOT 分析

垫付货款模式的 SWOT 分析如表 10-7 所示。

表 10-7 垫付货款模式的 SWOT 分析

S(优点)	W(缺点)
物流公司:为银行提供商品信息及商品流动情况,提供了新的增值服务,是新的利润增长点。 借款企业:获得融资更加容易,有利于企业的长远发展;将主要精力放在生产和销售环节,有利于供应链的整体效率的提高。 银行:因为物流企业提供的商品信息,大大降低了银行的操作风险,能更好地为借款企业提供融资服务。	物流公司:必须全面参与借款企业的业务活动,掌握商品的流动情况,并且对商品的市场销售情况也要有所了解,要求物流企业有完善的信息系统,要建立自己的数据库。 借款企业:必须依赖第三方物流公司和银行开展业务。 银行:要根据物流企业提供的商品信息及商品的流动情况之类的信息,来确定向供应商提供的贷款,间接向借款企业融资,所以离不开物流企业的支持。
O(机会) 长期合作,三方共赢。	T(威胁) 质押物的变现:物流公司与借款企业,提供虚假的商品信息。

垫付货款模式中,货物的所有权先由供应商转移给银行,实际的货物存放在物流公司的仓库中,由物流公司向银行提供货物的信息,银行就是根据这个信息向供应商垫付一定的货款,再根据借款企业还款情况指示物流公司发货。在此过程中,物流公司提供给银行的货物信息是银行垫付货款额度的一个重要参考指标,如果物流公司与借款企业合伙提供虚假的货物信息,那将给银行造成巨大的损失,所以对银行来说,对物流公司及借款企业信用的评估及监控就显得极其重要,是整个业务得以顺利开展的关键。

对物流公司来说,其通过为供应商存储货物以及帮助借款企业(经销商)进行销售和向银行提供真实货物信息,扩大了业务领域,增加了新的利润增长点。

在整个业务过程中,借款企业存在的风险最小,只要货物能按时按价销售,能够还清贷款就有利可图。站在整个供应链的角度,货物变现的风险是三方都应该努力规避的。因为对整个合作来说,如果质押物不能变现或者销售情况不好,那么最终借款企业就不能及时还贷或根本无力还贷,银行和物流公司的投资将最终成为泡影,导致合作失败。这个过程中,物流企业必须具有先进的管理信息系统,能及时获得商品的现时状况,及时为银行提供最新的信息,随着物联网技术的进一步发展,银行对货物的监管将越来越有效。

(三)垫付货款模式的风险分析

除了在仓单质押一节分析的风险外,垫付货款模式存在的最大风险是由整个业务过程中信息的不对称引起的。

首先,银行为了控制风险,就需要了解质押物的规格、型号、质量、原价和净值、销售区域、承销商等,要查看货权凭证原件,辨别真伪,这些工作超出了银行的日常业务范畴,这时候银行离不开物流企业的协助。其次,一般情况下,商品是处于流动变化当中的,作为银行不可能了解它每天变动的情况,也无法进一步了解其安全库存水平,也就是可以融资的底线。但是如果第三方物流供应商能够掌握商品分销环节,向银行提供商品流动的情况,则可以大大提高这一限额。在信誉诚信体制尚未健全的情况下,商品销售的网点分布、单点销量、平均进货周期、结款信誉度等资料的取得依赖于第一线物流供应商提供的信息。

在整个过程中,银行必须实时监控商品的最新信息,然后根据这个信息对整个业务流程进行监管。提供给银行的信息不及时或不准确,会影响银行的判断,从而导致银行根据错误的或不准确的信息做出决策,最终导致整个业务过程失败。

针对以上风险,一般需要物流公司建立完善的信息系统,使整个资金周转过程透明化,使银行、生产商随时得知商品的现有状况,更好地把握风险。另外,如果物流公司注重自身数据库的建设,给生产商、经销商、银行提供信息,一样可以提供物流金融服务。数据库应当包含以下功能:

①对所有商品的市场和库存变动做预测;

②12 个月的物流计划;

③12 个月的订单,以确定订单的大致情况及进行成本分析;

④确认产品特征;

⑤目前的设备和平面布置,场所计划及限制;

⑥目前的运作成本;

⑦目前的贮存、拣选和包装过程;

⑧对 1 年产品库存水平的每月回顾;

⑨企业整体的营销状况;

⑩经济价值的评估标准和因素等。

通过各个终端,数据库的内容随时被更新,以准确反映物流实际库存等情况。从作业流程的角度来看,数据库对物流具有实时监控的功能,并具备处理意外事件的能力,能够满足多方面查询的需求,为企业的管理者做出适当的商务决策提供基本信息、资金安全保证。

该模式在实施过程中,应该注意:由于是货物质押,货物的市场价值变动将直接影响质押金额以及银行的利益,所以在协议中应规定当货物市值发生波动,下跌幅度到达贷款发放日市值的 10％时，银行有权要求发货人在接到银行通知后 3 个工作日内，必须提前偿还部分货款以保证达到双方约定最高质押率的要求，否则银行有权自行处理质押的货物。当银行按规定需处理质押货物时，发货人应无条件向银行出具相应的增值税专用发票。

五、物流金融的风险与对策

（一）物流金融的风险分析

1. 法律风险

法律风险主要是合同的条款规定和对质物的所有权问题。因为业务涉及多方主体，质物的所有权在各主体间进行流动，很可能产生所有权纠纷。目前我国的物流金融处于初级阶段，《中华人民共和国民法典》（以下简称《民法典》）中与物流金融相关的条款并不完善，也没有其他指导性文件可以依据。没有专门的法律法规对物流公司以及整个供应链的业务操作流程进行规范整合，就会使不法企业利用法律漏洞牟取利益，影响物流金融业务的顺利进行。因此业务合同出现法律问题的概率也不低。

2. 内部管理风险

这也是企业中普遍存在的风险之一。包括组织机构陈旧松散，管理体制和监督机制不健全，工作人员信用意识淡薄，管理层决策失误，等等。比如当物流企业在经营方面出现困难时，不是在改变产品结构、加强经营管理、开辟市场上下功夫，而是设法拖欠贷款利息，这不仅给金融机构信贷资金安全造成很大的威胁，而且极大地降低了企业的信誉度，因此，企业内部管理风险往往较大。

3. 运营风险

运营风险包括了金融业和物流业的运营风险。虽然物流企业都会面临运营方面的风险，但从事金融业务的物流公司，由于要深入客户产销供应链中提供多元化的服务，相对地扩大了运营范围，也就增加了风险。对金融业来说，其运营风险也不可忽视。比如对质押货物品种的选择。并不是所有的货物都可以用来质押的，质物品种选取得恰当与否直接关系到物流金融业务的风险大小。另外，对质物保存的设施能否有效防止损坏、变质，仓库的安全、员工的诚信以及提单的可信度都要加以考虑。这都增加了金融业的风险。

4. 市场风险

市场风险主要是指政策制度和经济环境的改变，包括新政策的出台，国内外经济的稳定性等。一般情况下，中国的政治和经济环境对物流金融造成的风险不大。但国际环境的变化对物流金融造成的风险较大，它会通过贸易、汇率等方面产生作用。而质押物市场价格的波动也带来了市场的风险。市场价格的变动，尤其是质押物价格的下跌，会造成质押物价值缩水，形成一定的物流金融风险。

(二)对应物流金融风险的策略

1.银行业要加强风险管理

首先,要健全风险管理体系。风险管理体系是否健全有效是银行风险管理水平高或低的主要区分依据。其次,要提高风险管理技术。风险管理技术的基础是建立先进的信息收集和处理系统。通过收集大量和连续的客户信息和市场信息,对客户的风险和市场的风险进行识别和预警,合理确定风险防范的措施。信息不对称将会引发逆选择与道德危险的问题,而银行与授信客户的密切来往,不仅能降低风险,而且能实现"双赢"。

2.政府应该引导并服务于物流金融发挥正面效应

在市场经济条件下,一方面市场这只"看不见的手"在资源配置中起决定性作用;另一方面政府也在其中发挥了不可替代的调节作用。政府应该对自身的职能进行准确定位。政府的作用只能是引导而非主导,政府要做的是做好企业竞技的"裁判员",而非"运动员",为金融物流的发展营造良好的外部环境。

3.监管当局要引入独立于政府的私人监管机构

虽然我国当前的金融监管更具专业性,并且在改善监管体制、加强金融监管、防范化解金融风险方面取得了一定成效,但是,我国在金融监管方面还存在一些不容忽视的问题。在我国政府起主导作用的机制下,金融业的发展不可能是完全的市场行为,政府不得不在其中扮演重要的角色,既要作为"参与者",不断推动市场向前发展,又要作为"监督者",不断出台法律法规,约束市场主体在法律的框架内活动。这样,政府就同时扮演了"运动员"和"裁判员"的双重角色。因此,要引入独立于政府的私人监管机构。

4.完善法律法规,规范物流金融业务

随着物流金融的不断发展和市场竞争的加剧,其风险也呈现出复杂多变的特征。但是我国还处于物流金融的初步阶段,因此需要在逐步的摸索中建立关于物流金融的法律,并完善物流金融过程中的相关法律。在有法律约束的同时应该建立由中央银行和物流管理委员会牵头的宏观管理机构,对业务实行规范管理,并制定合理的惩罚程序和措施。

5.建立完善的企业风险评级体系和信息系统

首先,银行和物流公司应该建立统一并且规范的信息系统,将客户资料、信用情况和产品信息等一系列信息指标纳入计算机管理系统,形成联网操作;其次,在信息体系之上建立风险评级体系,针对指标和数据以及专业部门的实地考察、业务监管进行信用评级,并且事后备案,以减少风险。比如在确保特定物是动产的大前提下,质押物品的选取主要以好卖、易放、投机程度低为原则。即物品的市场需求量大而稳定;物品市场流动性好、吞吐量大;物品的质量稳定,容易储藏保管;物品的市场价格涨跌不大,相对稳定。

案例分析

练习与思考

(1)简述物流与金融的联系与区别。

(2)简述物流金融的作用。

(3)举例说明物流金融的职能。

(4)物流金融业务模式有哪些? 简述其业务过程。

(5)谈谈物流金融的风险与对策。

(6)物流业面临哪些风险?

第十一章 大宗商品仓单交易

本章导读

　　随着我国市场经济的蓬勃发展,仓单交易方式逐渐被人们接受,专业的仓单市场建设已拉开帷幕,仓单品种的数目逐步增加,覆盖的行业领域愈来愈多。通过网上的仓单市场交易平台,一些企业也开始涉足这个行业,收益颇丰。仓单交易市场是一个发展潜力巨大的市场。仓单交易以商品质量标准化、买卖交易快速、灵活、安全等特点,给社会带来巨大的经济效益,促进整个社会生产力的提高。仓单交易的推广,打破了时空限制,改变了贸易形态,大大加速了整个社会的商品流通,有助于降低企业成本,提高企业竞争力,尤其能够使中小型企业直接进入国际市场,参与国际市场竞争。仓单交易给投资者提供了更多的选择和更好的便利性。

　　本章主要通过对大宗商品中远期的现货仓单市场的介绍,阐述了仓单市场存在的必要性和重要性,然后介绍了仓单市场的基本交易制度和规则,并通过案例来阐明利用我国的仓单市场进行套期保值交易的策略选择。

第一节 大宗商品仓单交易概述

　　在经济全球化的情况下,跨国、跨地区的商贸交流、资金流动、商品交易日益频繁,同时遭遇了各种瓶颈,而以网络技术为核心的电子商务系统能有效地解决这些问题,它为实现商品流通的跨越式发展创造了机会与可能。

一、仓单概述

(一)仓单的含义

　　仓单是保管人收到仓储物后给存货人开具的提取仓储物的凭证。仓单除作为已收取仓储物的凭证和提取仓储物的凭证外,还可以通过背书,转让仓单项下货物的所有权,或者用于出质。大宗商品领域的仓单是指由交易所统一制定,交易所指定交割仓库在完成入库商品验收、确认合格后签发给货主的实物提货凭证。

(二)标准仓单生成流程

一份标准仓单的生成一般要经过下面的流程：交割预报——商品入库——验收——指定交割仓库签发——交易所注册。

标准仓单经交易所注册后生效，其表现形式可以是纸质或者电子仓单，具备一定的有价证券属性，可用于交割、转让、提货、质押等。

不同的交易所标准仓单也有不同的形式，例如大连商品交易所交易的豆粕、豆油、棕榈油期货除了可以采用仓库标准仓单外，还可用厂库标准仓单。郑州商品交易所采用通用标准仓单和非通用标准仓单。其中通用标准仓单是指仓单持有人按照交易所的规定和程序可以到仓单载明品种所在的交易所任一交割仓库选择提货的财产凭证；非通用标准仓单是仓单持有人按照交易所的规定和程序只能到仓单载明的交割仓库提取所对应货物的财产凭证。

(三)仓单的性质

根据我国的《民法典》，仓单具有以下 5 个性质。

1. 仓单为有价证券

《民法典》第九百一十条规定："仓单是提取仓储物的凭证。存货人或者仓单持有人在仓单上背书并经保管人签名或者盖章的，可以转让提取仓储物的权利。"可见，仓单表明存货人或者仓单持有人对仓储物的交付请求权，故为有价证券。

2. 仓单为要式证券

《民法典》第九百零九条规定，仓单须经保管人签名或者盖章，且须具备一定的法定记载事项，故为要式证券。

3. 仓单为物权证券

仓单上所载仓储物的移转，必须自移转仓单始生所有权转移的效力，故仓单为物权证券。

4. 仓单为文义证券

所谓文义证券是指证券上权利义务的范围以证券的文字记载为准。仓单的记载事项决定当事人的权利义务，当事人须依仓单上的记载主张权利义务，故仓单为文义证券。

5. 仓单为自付证券

仓单是由保管人自己填发的，又由自己负担给付义务，故仓单为自付证券。仓单证明存货人已经交付了仓储物和保管人已经收到了仓储物的事实，它作为物品证券，在保管期限届满时，存货人或者仓单持有人可凭仓单提取仓储物，也可以以背书的形式转让仓单所代表的权利。

（四）仓单的作用

仓单作为仓储保管的凭证，其作用是显而易见的。主要表现在以下几个方面。

1. 仓单是保管人向存货人出具的货物收据

当存货人交付的仓储物经保管人验收后，保管人就向存货人填发仓单。仓单是保管人已经按照仓单所载状况收到货物的证据。

2. 仓单是仓储合同存在的证明

仓单是存货人与保管人双方订立的仓储合同存在的一种证明，只要签发仓单，就证明了合同的存在。

3. 仓单是货物所有权的凭证

占有仓单就等于占有仓单上所列的货物，仓单持有人有权要求保管人返还货物，有权处理仓单上所列的货物。仓单的转移，也就是仓储物所有权的转移。因此，保管人应该向持有仓单的人返还仓储物。也正由于仓单代表着其项下货物的所有权，所以，仓单作为一种有价证券，也可以按照《民法典》的规定设定权利质押担保。

4. 仓单是提取仓储物的凭证

仓单持有人向保管人提取仓储物时，应当出示仓单。保管人一经填发仓单，则持单人对于仓储物的受领，不仅应出示仓单，而且还应缴回仓单。仓单持有人为第三人，而该第三人不出示仓单的，除了能证明其提货身份外，保管人应当拒绝返还仓储物。此外，仓单还是处理保管人与存货人或提单持有人之间关于仓储合同纠纷的依据。

二、现货仓单交易

（一）现货仓单交易的定义

现货是指商品社会中已经现实存在的，可以用来买卖交换且代表一定价值的标的物。它包括商品现货、大宗商品、现货仓单等。

现货仓单交易是以仓单为交易标的，采用计算机网络组织的同货异地、同步集中竞价、统一撮合、统一结算、价格行情实时显示的交易方式。简单地说就是将传统的现货交易借助电子化、网络化的手段，以电子商务为平台，充分发挥现货市场优化资源配置、调节生产生活的功能和作用。

（二）现货仓单交易的发展

我国目前的大宗商品电子交易起源于 20 世纪 90 年代末的"现货仓单交易"，后来随着电子商务和网络的发展，"现货仓单交易"这一称谓逐渐变为"大宗商品电子交易"，其主要业务仍是对相应商品的"仓单"进行即期现货或中远期订货交易。

国内仓单市场的发展经历了多个年头，仓单品种的数目逐渐增加，所涉及的行业领域也更加广泛。目前已进行仓单交易的品种包括玉米、棉花、淀粉、钢材、白银、食糖、油菜籽、大米、铅、锌、茧丝绸等众多商品,为各行业相关企业提供了便捷的采供渠道和套期保值途径,有效地开拓了市场,增强了商品流动性,节约了经销成本,并有效地控制了风险。2004 年 11 月,作为世界首家塑料仓单交易市场的浙江塑料城网上交易市场在宁波余姚正式运营。"中国塑料价格指数"由新华社每日向全球发布。

目前,现货仓单一般都在交易所进行交易,因此交易所要承担以下责任。

1.安全责任

交易所对交割仓库未能提供符合期货合约要求的货物,承担连带赔偿责任。

2.品质保证

交易所保证标准仓单在有效期内符合期货合约要求的质量品质。

3.流通能力

通用标准仓单可在交易所任一指定交割库办理提货。

三、仓单市场及其特点

一般意义上的仓单是指仓库给存货人的存货凭证,而在仓单市场上交易的仓单由于其特殊性而与传统意义上的仓单有所不同,是指对各项内容进行了标准化规定并经过独有电子注册的存货凭证。仓单市场作为市场制度的一种创新,有其自身的特点。

(一)所有交易行为发生在同一专用平台上,实现交易行为的互联网化

这种交易方式通过计算机网络系统,打破了在交易时交易商只能在仓单交易大厅进行集中交易的空间限制,实现了交易行为的互联网化。计算机撮合交易的基本原理是:由计算机终端输入,买卖双方公开集中竞价,按价格优先和时间优先的原则由计算机自动撮合配对成交。

在自动撮合配对成交运作上,其规则是:

(1)当买进报价大于等于卖出报价时自动配对成交,成交价为买入价与卖出价中申报时间在先的价格。

(2)当卖价高于买价时,则不能成交。

计算机撮合交易方式是现代商品仓单交易最为科学、先进的交易方式,其公开性、公平性较强,是仓单交易得以发展的最重要的因素。

(二)实行分期付款和交货担保金制度

在仓单交易中,交易者不必支付仓单合约的全部货款,一般只需交付一定数额的保证金给仓单市场。确定保证金的金额一般考虑合约商品总值和价格波动幅度两个因素。合约的商品价值高,价格波动大,则保证金多;反之则少。保证金可随着商品实际价格波动随时调整。

保证金制度是为了维护正常的交易秩序。当价格波动剧烈时,交易所可以增加某种商品保证金的比重;当某种商品交易不活跃时,交易所也可以降低保证金的金额以吸引更多客户。

(三)中远期仓单买卖合同预订制

与现货交易、远期交易形式不同,交易商与仓单市场签订的买卖合同是一种标准化的契约,约定在未来某一特定日期,或某一特定期间内以约定的价格买入或卖出一定数量的商品,其中交易数量和交割日期都被标准化。虽然在签订合同时已经确定了成交价格,但是要到实际交割时买方才交付货款,因此实行预订制。买卖双方都必须按合同规定履行契约责任。然而仓单交易的买卖双方都被允许在合约到期日之前以持有相反方向的合约方式抵消其合约责任,并进行差额清算。

(四)仓单的注册和电子合同的标准化

仓单交易合约既然是一种标准化的合同,其注册和电子合同也是标准化的。注册必须通过网上交易系统进行,电子合同则更体现了其标准化的特点。

对于一个大量流通的商品而言,仓单市场的建立将有效促进商品在较大范围内的流通。同时,仓单交易是针对中远期交割的现货交易,理所当然地将给行业内企业的套期保值和价格指导带来方便。

第二节 大宗商品仓单市场与其他市场的联系和区别

一、大宗商品仓单市场和现货市场的关系

大宗商品仓单交易方式起源于现货交易,是在商品经济的发展过程中从现货市场中分离出来的。就大宗商品仓单市场产生与发展的内在逻辑而言,它是商品内在矛盾不断外化并不断得到解决的产物。实际上,自从大宗商品仓单市场产生后,它就一直与现货市场存在着不可分割的联系。换言之,现货市场是大宗商品仓单市场运行与发展的前提条件与物质基础,大宗商品仓单市场与现货市场相辅相成,互相补充,共同发展。对于大宗商品仓单市场与现货市场之间的关系,可以从多个角度加以剖析和认识。

(一)大宗商品仓单市场和现货市场的联系

1. 大宗商品仓单市场的产生是现货市场不断进行外延扩张和内涵深化的结果

就交易方式而言,大宗商品仓单交易是从现货商品的现金交易发展而来的。由于商品交易规模的扩大而显示出的货币职能的有限性,以及这种有限性所带来的商业危机的可能性,共同引发了商品交换中的时间性矛盾和空间性矛盾。这种矛盾的

不断激化,导致了远期合约交易方式的产生。但是这种交易方式仍然不能解决如下问题:一是保障合同的兑现问题。由于市场范围的不断拓展,商品交易在不同地区和不同时间经常出现价格变动很大的现象,远期合约交易的双方经常因为价格变动而违约。二是难以形成逼近均衡点的价格。主要原因是没有大量集中供求方,使市场缺乏足够的流动性,以及欠缺法规等一系列保障制度的配合。这样,现货市场的进一步发展,自然提出了组建以商品交易合约标准化、专门交易商品合约为对象的有组织的市场的要求。

2. 大宗商品仓单市场的运行与发展建立在现货市场运行实际需要的物质基础之上

在现代市场体系的运行过程中,大宗商品仓单市场价格与现货市场价格的关系是:现货价格是大宗商品仓单价格变动的基础,仓单价格则在基本反映现货市场价格变动趋势的前提下,通过对现货市场供求的调整作用,不断使现货价格逐步归于均衡。无论是套期保值行为,还是仓单投资行为,其最终目标的实现,都取决于对保值手段和投资套利技巧的运用,实际上都与现货市场的动态相关。大宗商品仓单交易业务的开展显然必须要以现货市场为基础。在大宗商品仓单市场的运行过程中,现货或实物的交割是连接仓单市场与现货市场的纽带,其主要原因在于,交割本身既是仓单市场的组成部分,也是现货市场的组成部分,或者说是仓单市场落在现货市场上的那个部分。可见,现货交割的必要性在于使仓单价格最终能够回归于现货市场价格,即使得仓单市场与现货市场之间保持大体相一致的变动趋势,也使现货市场真正成为仓单市场运行与发展的物质基础。

3. 在现货市场与大宗商品仓单市场之间存在某种内在的数量比例关系

在现代市场体系的运行过程中,大宗商品仓单市场与现货市场之间所存在的数量比例关系状况往往决定着整个市场体系的状态。一般来说,商品仓单价格实际上都内含着现货价格信息,二者之间的差额构成了仓单交易中的基差,这种基差一般要随着交割期的临近而不断缩小。在商品仓单交易过程中,基差的变动具有明显的规律性:如果基差超出了一定量的限制,那么仓单市场就会由于过分脱离现货市场而发生性质上的变异,沦为纯粹的投机市场。在仓单市场内部,套期保值业务量也要与投资业务量保持一定的比例,如果突破这种比例,便会发生两种相反的现象:套期保值者过多,就会降低仓单市场的流动性,从而使套期保值业务因为难以找到承担风险的投资者而不能将风险转移出去;如果投资者过多,就会增大仓单交易中的非理性行为,从而使套期保值者难以追寻到真实的保值部位,从而降低仓单市场规避市场价格风险的效率。

从以上3点来看,我们不难发现大宗商品仓单市场来源于现货市场,是现货市场的发展。当然,为了进一步了解仓单市场,有必要再来探讨下两者之间的区别。

(二)大宗商品仓单市场和现货市场的区别

1.资金配置不同

现货交易必须有场地或购买费用、人工费用、运输费用、购销费用、税金及其他固定投入费用成本,然后才是流动资金;而大宗商品仓单交易则是金额流动资金,发生交易时产生手续费,不发生交易则是金额流动备用资金,且资金进出自由,由投资人自身决定。

2.交易对象不同

现货交易买卖的直接对象是商品本身,有样品、有实物,其商品的质量、数量、交割日等均由买卖双方一对一自行协商,没有统一规定,是银货两讫的商品货币交换;而大宗商品仓单交易买卖的直接对象是商品的仓单标准化合约,是商品的所有权而非商品本身,该合约对于指定商品的质量、数量、交割日等都有明确的规定,不是直接的商品货币交换。

3.交易成本不同

现货交易其价格因地理环境、各地区局部供需关系等原因而存在地区差价。如某人从甲地到乙地买入某地货物运回甲地,其间将会产生生活费用、运转费用、税金、场地租赁费用等购买成本;而大宗商品仓单交易采用同货异地,同步集中竞价,最后在离购买者最近的定点仓库提货,这就大大降低了交易成本。

4.交易目的不同

现货市场的目的是进行实物交割,实现商品所有权的转移。大宗商品仓单市场上的交易目的除了是获得商品所有权外,更主要的是通过仓单交易转嫁与这种所有权有关的由商品价格变动带来的风险,或者承担风险获取投资收益。

5.交易方式不同

在现货市场上,交易可以在任何地点进行,由交易双方一对一谈判签订契约;大宗商品仓单市场则必须在交易中心内,按照交易中心的规则,以公开的集中竞价的方式进行。由于交易中心配备先进的通信设备,使交易者能迅速了解市场行情和价格变化的信息,同时买卖双方没有固定联系,均只与交易结算中心直接联系,所以交易得以"公平、公正、公开"。

6.资金结算不同

现货交易一般情况是买卖双方签订购销合同,然后双方按合同逐步完成货物的交换和资金的结算;而大宗商品仓单交易由于运用货物履约金制度,买卖双方均受其约束,交易完结的同时计算机网络系统就马上结清双方的资金。

7.信用风险不同

现货交易由买卖双方直接达成,因而对交易对手的信用调查十分重要。买卖双方均要承担相当大的信用风险,一旦商品的价格发生变化,或是一方资金、生产出现问题,合同的违约概率就会大大增加。而大宗商品仓单交易是通过交易中心的结算部门进行每日结算,由结算部门提供履约保证,这就为交易者解除了后顾之忧,同时有利于扩大交易的数量和规模。所以相对于现货交易和远期交易而言,大宗商品仓单交易基本消除了信用风险。

8. 保障制度不同

有《民法典》等法律法规保护,现货交易合同不能兑现必然诉诸法律,由有关部门以仲裁的方式解决。大宗商品仓单交易除了执行国家的法律、法规和行业交易规则以外,主要运用大宗商品仓单市场交易制度以及经济杠杆来平衡制约买卖双方,即买卖双方均以履约保证金为保障,约束双方交易兑现。

二、大宗商品仓单交易与远期交易的异同

仓单交易与远期交易的相似之处是两者均为买卖双方约定在未来某一特定日期,或某一特定期间内以约定的价格买入或卖出一定数量商品的交易,都具有套期保值和投资的双重功能。这2种交易方式之间的异同点可以从下面5个方面来论述。

第一,大宗商品仓单交易就是标准化的合约交易,交易数量和交割日期都是标准化的,没有零星的交易;而远期交易契约的数量和交割日期则由交易双方自行决定。

第二,大宗商品仓单交易是在交易中心公开进行的,便于了解市场行情的变化情况;而远期合约交易则是场外交易,即在交易中心以外的场所进行交易,没有公开而集中的交易市场,价格信息比较不容易获得。

第三,大宗商品仓单交易有特定的保证金制度,而远期合约交易是否收取保证金则由交易双方自行议定。

第四,大宗商品仓单交易成交后要通过交易中心进行结算,由结算单位提供履约保证,基本上消除了信用风险;而远期交易由买卖双方直接达成,有较大的信用风险。

第五,大宗商品仓单交易虽然在交易时已经确定了成交价格,但是要到实际交割时才交付货款。因此买卖双方都必须在规定的期限内履行契约的责任。然而参与大宗商品仓单交易的买卖双方又可以在交易市场进行对冲,来抵消其合约的责任和义务。而远期合约成立后不能进行对冲或反向交易,到时必须进行实际交割,否则就要承担违约责任。大宗商品仓单交易的制度允许以差额清算方式处理交易业务,仓单交易的买卖双方均可以在合约到期日以前以反向交易的方式进行差额清算,而远期交易则不可以单方面取消合约。

三、大宗商品仓单市场与期货市场的异同

从狭义上或者专业上来说,现货是与期货相对应的一个概念,是指在专门市场上买卖双方交易共同指向的对象,与期货不同的是,现货是贸易的最高表现形式,而期

货是金融的最高表现形式。现货是期货的基础,期货是现货的升华,没有现货为根本,谈不上期货的顺利交易。

(一)大宗商品仓单市场与期货市场的相似点

大宗商品仓单市场和期货市场作为商品经济发展的产物,两者在很多方面具有相似性。

(1)均采用了集中、公开竞价的交易方式。

两者都是国家严格管理,必须在国家指定的交易市场内,按照交易市场的规则,以公开的集中竞价方式进行交易。

(2)均是对特定货物进行买卖。

交易所指代的商品基本相同,都是大宗生产原材料及农业初级产品,其代表性表现为商品可保存贮藏,品质可划分等级,数量大而且价格波动频繁等。

(3)均有标准化合同。

两者都是一种标准化的合约交易,约定在未来某一特定日期,或某一特定期间内以约定的价格买入或卖出一定数量的商品,交易数量、交易时间、交易品种等级和交割地点都已统一规定。

(4)均采用了保证金的方式。

在期货市场和仓单市场中,交易者均不必支付合约的全部货款,一般只需要缴纳一定数额的保证金。一方面,维持足够资金作为履约保证,控制违约风险;另一方面,保证金制度的杠杆作用极大地吸引交易者的参与,活跃市场。

(5)相同或极其类似的交易制度。

都是实行"T+0"的交易制度(当日开仓当日即可以平仓)及买空卖空制度(当判断后市行情下跌时,在没有仓单和持仓合约的情况下,只要提供履约金即可以进行卖出交易,事后买入补仓)。

(6)均是对未来某个特定时间的价格预期。

合同制定时买卖双方约定了未来特定时间点的标的物的价格。从对各自利益有利的角度出发,双方都会对未来时间点的标的物进行价格预测。只有当买卖双方在预测价格上达成共识时,交易才会成交。

(7)均有套期保值和投资的功能。

根据对标的物远期价格走势的判断,交易者可以利用仓单合约或期货合约进行套期保值操作,也可以分别对它们做投资和套利交易。

(二)大宗商品仓单市场与期货市场的区别

尽管如此,两者仍有本质上的区别,具体体现如下。

(1)交易的标的不同。

大宗商品仓单交易的交易标的物是仓单,是标准化的商品,属于现货交易的范畴;而期货交易的标的物是标准化合约,不是现实的商品。

(2)保证金和分期付款及担保金不同。

期货市场的保证金一般为5%~10%,而大宗商品仓单市场则采取定值的方式且比例远高于期货市场,一般为20%左右。大宗商品仓单市场的分期货款和担保金会随着交割的临近而逐步提高。期货市场已交的保证金不能用现货置换出来,而大宗商品仓单市场上只要注册仓单到位就可以释放相应的保证金。

(3)交割方式的不同。

大宗商品仓单交易采用随时交割[1]与即时交割[2]相结合的形式,钱货到位相对较迅速,手续也比较简便,在交易双方都提出申请的情况下可以实行提前交割。期货实行的是必须按合约规定时间进行强制交收的形式。同时,期货市场的交割有一个比较长的交割期且程序相对复杂,不能提前交割。

(4)期货交易的风险较大宗商品仓单要大得多。

(5)交易目的不同。

期货市场中的交易者一般是以对冲平仓的方式来结束交易,最后实际货物交割量很少。大宗商品仓单市场最后以实物交割来完成交易履约的交易者要比期货交易多得多。

(6)参与群体的不同。

大宗商品仓单市场的参与者必须是符合一定资格条件的、与行业相关的企业法人,而期货市场则没有这方面的条件限制。

(7)依据的法律法规不同。

期货市场是以《期货交易所管理办法》等期货方面的法律法规为依据的,而大宗商品仓单市场是以《民法典》《大宗商品电子交易规范》等法律和行业标准为依据的。因此,大宗商品仓单市场的标准化合同经买卖双方协商后,可以对某些条款进行变更,这显示了大宗商品仓单市场不同于期货市场和现货市场的特性。

(8)批准和监管部门不同。

期货市场是由证监会直接批准和管理的,而大宗商品仓单市场则是由市场监督管理部门批准、由商务部市场运行和消费促进司监管的。

第三节 大宗商品仓单市场的功能

大宗商品仓单交易不仅可以通过网络参与交易,而且通过普通的手机也可直接

---

[1]　随时交割:成交之后随时可以提出交割,经过市场交割部成功匹配就交割。

[2]　即时交割:成交了就进行现货交割。

进行交易,实现了"随时随地,仓单交易"的战略发展目标,仓单交易又向着现代化、科学化迈出了可喜的一步。仓单交易之所以能发展到目前的程度,和其本身具备的"风险转移"和"价格发现"两大基本功能密不可分。

一、风险转移功能

在市场经济中,商品生产经营者在生产经营过程中会不可避免地遇到各种各样的风险,如信用风险、经营风险、价格风险等,其中经常面对的风险是价格波动风险。因为无论价格向哪个方向变动,都会使一部分生产者或经营者遭到损失。有的人希望在较低价位买进原材料,有的人又希望在较高价位卖出产品,这就形成了一对矛盾,同时一种产品或原材料的价格飞涨、暴跌又会对一国的经济秩序产生影响。大宗商品仓单市场转嫁和消化风险的功能为生产经营者转嫁和消化价格风险提供了良好的途径。

风险转移功能是指把大宗商品仓单市场当作转移价格风险的场所,利用仓单合约作为在现货市场中买卖商品的临时替代物,以免遭受未来市场价格变动的风险。风险转移功能通过如下过程实现:保证未来仓单合约要交易的商品和在现货市场上将来要交易的商品在品种和数量上一致,在两个市场上采取反向的买卖活动,即遵循"均等而相对"的原则,在大宗商品仓单市场和现货市场上进行交易,转移价格变动的风险。上面这个过程被称为套期保值。套期保值使得大宗商品仓单交易成为控制成本和确保利润的有效工具。生产经营者在仓单市场中规避风险主要是通过套期保值业务,有效地规避、转移或分散现货价格波动的风险。套期保值是指以转嫁现货价格风险为目的的交易行为。就是在大宗商品仓单市场买进或卖出与现货数量相等但交易方向相反的仓单合同,以期在未来某一时间通过卖出或买进仓单合同而补偿因现货市场价格不利变动所带来的实际损失。套期保值有两种基本类型,即买入套期保值和卖出套期保值。两者是以套期保值者在仓单市场上的买卖方向来区分的。

通过仓单市场中的交易保护了供需双方的利益,稳定产销关系,避免价格的季节性变动,锁住经营成本和生产成本;对于商品进行了品质划一的规定,避免了交易过程中不必要的纠纷;为交易提供了固定的场所,使交易者增加成交机会,并以理想的价格成交。

具体而言,大宗商品仓单市场风险转移机制的作用主要有以下几点。

(一)控制成本

交易商通过支付保证金的形式,将规范化的仓单合约作为将来在现货市场上以既定价格购买生产所需生产原料的凭证,对需要购买的原材料进行价格保险。在生产、经营所需的原料供应充足,价格较低时,生产者可通过仓单合约以较低的价格在仓单市场上订购部分材料物资,以避免原材料供应不足时价格骤升导致生产和经营成本上升的风险。

(二)稳定利润

经营商可以利用仓单市场来固定未来拟出售商品的价格,以避免或减少不利价格变动带来的损失,从而稳定利润。

(三)减少资金占用

在所要购买或销售的商品必须储存时,通过大宗商品仓单交易可以降低存货成本,减少资金占用,加速资金周转。例如塑料产品加工商若想要储备原材料,就需要有仓储设施,还要因此增加资金占用和利息支付,但是利用仓单交易就能很好地避免这些问题。

(四)方便现货交易

大宗商品仓单市场买卖相同数量合约的操作可以控制成本和保障销售利润,因此在进行现货买卖时,非常灵活方便。例如,某制造商要买 ABS,3 个月后交货。若估计 3 个月后价格下跌,而卖家又坚持以现价签约,这时该制造商就可以在签约的同时,预先在大宗商品仓单市场上卖出 3 个月交割的 ABS 仓单合约,待价格下跌再买回合约,从而弥补合同价格偏高所遭受的损失。若估计 ABS 的价格会上涨,则进行相反方向的操作。可见,利用大宗商品仓单市场的这种买卖操作,可以使谈判更容易进行,有利于交易的达成。

二、价格发现功能

在市场经济中,企业必须根据价格信号做出经营决策。企业接收到的价格信号的真实和准确程度,对于企业经营决策是十分重要的。在市场经济中,产品的价格主要由供求关系决定,价格和供求之间是相互作用、相互影响的。

以前商业企业主要根据现货市场商品价格及其变动调整企业的经营方向和经营规模。但是现货市场的交易大多是分散的,其价格大多是买卖双方私下达成的,这必然影响企业决策的正确程度,从而影响企业经营成就。

价格发现功能,是指在大宗商品仓单市场通过公开、公正、高效、竞争的仓单交易运行机制形成具有真实性、预期性、连续性和权威性的价格的过程。其价格之所以为公众承认,是因为大宗商品仓单市场是一个有组织的规范化的市场,仓单价格在专门的网上中介交易平台内形成的。网上中介交易平台里聚集了众多的买家和卖家,把自己掌握的商品供求关系及其变动趋势的信息集中到平台内,把众多的影响价格的供求因素集中反映到平台内,形成的价格能够比较准确地反映真实的商品供求状况及其价格变动趋势。

由于大宗商品仓单市场并不要求实际货物交易的发生,所以其对各方面的价格信息反应远比现货市场灵敏,对价格的调整也摆脱了现货市场上滞后性的弊端。在大宗商品仓单市场上,价格能对供求的变化做出迅速反应,同时价格信息被不断传递给市场中的套期保值者和投资者,他们可以根据价格和其他方面的信息,分析未来价格的走势,从而调整买入卖出数量,使整个大宗商品仓单市场达到供求平衡,起到发现真实市场价格的作用。当然这个价格和数量的均衡是一个动态的平衡过程。

例如,塑料仓单市场的价格发现机制能发挥如下功效。

(一)有利于使交易公开化,增加市场透明度,促进企业公平竞争

大宗商品仓单交易是众多商品生产者、经营者在集中交易系统按既定的规则,通过激烈的市场竞争而进行的。按仓单交易中心规定,所有合约的买卖都必须在大宗商品仓单交易中心的网上交易系统内通过公开竞价的方式进行,不允许私下进行场外交易。这使得所有仓单合约买卖都是通过竞争的方式达成的,使大宗商品仓单市场成为一个公开的自由竞争市场。同时,大宗商品仓单市场制定的一整套严格的规章制度和交易程序也使得地下交易、黑市买卖得以遏制。

(二)有利于价格同步报道,增强地区间价格联系,提高市场效率

大宗商品仓单交易过程中的激烈竞争,使商品价格水平不断更新,并且同步向外界报道,使各个地区对商品价格了如指掌,从而能够进行价差交易,存在一定的套利空间。这主要能使地区间的价格紧密联系起来,消除市场割据局面,形成统一的大市场,改进总的市场效率,形成全国性甚至世界性的价格。

(三)有利于规范市场运行,调节市场中长期供求关系,促进市场经济发展

在现货市场上,买卖双方一对一谈判达成的商品交易中,经常发生欺诈性和垄断性行为,交易合同的违约率较高,造成市场秩序混乱,大大损害了交易双方的合法权益。究其原因,有以下 3 个方面:

(1)市场功能不适应商品经济的要求,供求脱节,交易时空不对接;

(2)市场透明度较低,交易分散化,形成不了权威性的市场价格;

(3)市场组织管理、交易法规不健全,合同履约率低。

与现货交易不同,大宗商品仓单交易根据相应的规章制度有组织地开展,交易商在公开化和自由竞争的基础上进行平等交易。公开的平等竞争,既能形成统一的市场价格,又能及时反映市场商品潜在的供求关系变化和供需双方对未来市场的不同预测,增加价格的预期性,便于调节长期供求关系,同时也给经营者提供了避免价格风险的可能。所以价格发现机制对于促进市场经济的发展具有非常重要的作用。

(四)有利于减缓价格波动,稳定市场

在传统的现货市场上,因为供求关系突变、信息获得的不平衡、利多利空消息的人为放大等原因,价格往往会在某个范围内出现超过正常幅度的大波动。这种波动会给整个市场的稳定和正常运行带来不利影响。大宗商品仓单市场则起到了减缓价

格波动、稳定市场的作用,主要体现在以下 3 个方面。

(1)大宗商品仓单交易吸引着众多生产者、消费者、经营者、进出口商以及一部分投资者,他们出于各种目的对将来某一时期的商品价格做出预估和交易,这种比较充分的竞争有助于形成一个权威价格。价格指示器使人们能够预见将来市场价格的大致情况,变价格的滞后调节为预先指导,减少了生产经营商的盲目性,从而能够稳定市场上的商品交易价格。这种交易形式使买卖双方应承担的价格风险平均分散到参与交易的众多交易者身上,减少了价格波动的幅度和每个交易者承担的风险。当现货市场发生价格的剧烈波动时,交易者也可以通过大宗商品仓单市场简捷的交割,以买进或卖出近期仓单的套利方式来平稳现货市场的波动。

(2)大宗商品仓单交易形成公平的比较权威的价格,不仅能指导场内交易,还能够指导场外广大生产经营者进行生产和经营,所以大宗商品仓单交易具有"晴雨表"的功能。其能够提供各类价格信息,有利于稳定的商品价格的形成。

(3)价格发现机制有利于生产、加工、经营厂商营运计划的制订和市场的有序发展。由于价格发现机制能够发现相对权威的商品价格,具有稳定价格的作用,能够提供较长期的市场供求信息,所以从厂商的角度来看,他们可以根据这些信息较合理地制订自己的营运计划,减少盲目性,从而有利于减少市场波动,消除市场的混乱,促进市场的有序发展。

(五)有利于降低上下游企业信息搜集的成本

在市场经济条件下,微观组织所掌握的信息不完整是其决策失误的一个重要原因。为了弥补这一缺陷,不少供应链上的各个上下游企业都投入了许多人力、物力和财力,以搜集足够的决策所必需的信息。从整个社会来看,市场越是分散,越是缺乏权威,则微观机构为获得有效信息所要支付的成本就越高。大宗商品仓单市场运作的结果是能够发现既具备超前性又具有权威性的价格,对众多希望获得信息的企业和个人来说,通过了解大宗商品仓单交易的行情,就有可能获得过去需要花费很大精力才能获得的信息。

三、其他功能和作用

(一)扩大流通功能

在传统的流通市场上,因为地域的限制,货物的流通往往以地域划分的区块为单位进行,全国范围的大流通很少,流通的范围比较窄。仓单交易的参与者众多,市场交易主体的大量存在为扩大流通提供了条件。同时,由于仓单市场的交易商是通过架设在互联网上的中介平台来进行交易的,对于参与企业来说原先交易中的时空限制被打破了,来自全国各地的交易商就像近在咫尺一样,天南海北的成交方和仓单市场中成交仓单最后的交收使得货物实现了全国范围内的流通,实现了仓单市场扩大流通的功能。

(二)建立市场竞争新秩序功能

竞争是市场经济的发展动力,而竞争应该在一个"公开、公平、公正"的整体大环境下进行,否则失去了这个大环境的竞争往往会演化为恶性竞争,造成资源浪费,影响经济发展,彻底失去竞争作为经济发展推动力的作用,给整体经济带来不利的影响。而在传统的现货市场里,由于信息不对称等原因,实际上还存在很多恶性竞争,给行业乃至整体的经济发展带来不利的影响。仓单市场通过互联网中介平台进行公开集中竞价的交易方式,真正实现了"公开、公平、公正",在一定程度上缓解了三角债等情况,对建设市场竞争新秩序有着非常重要的作用。

第四节 大宗商品仓单交易基本规则和交易监管制度

大宗商品仓单交易在国家批准成立的大宗商品仓单市场进行,遵循"公开、公正、公平"的原则,要求交易商通过电子商务平台,以仓单为交易标的,采用计算机集中竞价、统一撮合、统一结算、价格行情实时显示的方式开展仓单交易。

一、交易管理的基本规则

交易管理规则的制订用于规范交易行为,维护正常交易秩序,保护公平竞争。基本内容包括以下 7 个方面的制度。

(一)仓单合约

仓单合约是买卖双方为确保交易承诺通过交易市场签订的法律凭证。仓单交易实际上就是在交易市场自由买卖合约。仓单合约规定在指定日期内交付一定数量的标准品质规格的商品。实际交易时,仓单合约到期前一般都进行平仓,实物交割比例并不大。仓单合约通常包括下列要素。

(1)仓单合约单位,即交易市场对各种仓单商品规定一个合约所包含的单位数量,合约的数量一般用批数表示,客户委托买卖时不需特别指明数量,简化了交易。

(2)商品的品质等级。所有在交易市场进行交易的商品,其品质规格均有统一的标准。交易市场所选择的商品品质规格,在国际贸易中一般是通用大宗商品的规格等级。品质等级同一化,减少了合约纠纷。

(3)交割月份,即交易市场所规定的仓单实际交割月份。

(4)交易时间,指交易市场规定的买卖仓单的时间。不同交易市场可以根据各自的特点进行调整设置。

大宗商品仓单交易的一个重要特点就是交易标准化,而交易的标准化集中体现为仓单合约的标准化。交易市场在仓单合约中规定了商品统一的数量、品质、交易时间、交易程序，使交易迅速快捷，简化了违约处理过程，保证了仓单交易的高效性。

(二)仓单价格

大宗商品仓单交易市场价格制度的实质是防止价格的剧烈波动。例如，余姚塑料城的塑料仓单价格一般都以市场中最小的销售单位为基础，以每批若干人民币为单位。大宗商品仓单交易市场规定每次商品仓单报价的最小变动额为1元。

(三)保证金制度

所有参与买卖仓单合约的交易者，都必须按规定交付保证金。交易保证金是指交易商在交易市场账户中确保仓单合约履行的资金，是已被合约占用的保证金。交易市场根据某一仓单合约持仓的不同数量和上市运行的不同阶段制定不同的交易保证金收取标准。

在大宗商品仓单交易中，交易者不必支付仓单合约的全部货款，一般只需交付一定数额的保证金给仓单市场交易部门。确定保证金的金额一般考虑合约商品总值和价格波动幅度两个因素。合约的商品价值高，价格波动大，则保证金多；反之则少。保证金可随商品实际价格波动随时调整。保证金制度是为了维护正常的交易秩序：当价格波动剧烈时，交易所可以增加某种商品保证金的比重；当某种商品交易活动过少时，交易所也可以降低保证金金额，以吸引客户参加交易。

客户交易账户安全是维系现货仓单市场稳定的关键问题之一，交易市场、交易代理公司要将客户账户资金与公司自有资金严格分离。确保投资者资金的安全，规避挪用、占用客户保证金的风险，是监管部门的首要职责。为充分保障交易商资金账户的安全，应当建立交易账户安全存管体系，采取资金账户第三方监管的制度来保障客户的资金安全。

(四)涨跌停板制度

涨跌停板是指仓单合约允许的日内价格最大波动幅度，超过该涨跌幅度的报价视为无效，不能成交。涨跌停板制度把每个交易日的行情变化限制在一定的金额内，这样可以抑制行情的狂升乱降。目前，大宗商品仓单市场的涨跌停幅度一般为15%。实行涨跌停板制度可以抑制非理性交易对价格波动的影响，防止价格大起大落。同时能够延缓价格波幅的实现时间，保持市场的稳定。

(五)信息披露制度

为了体现公平、公正、公开的交易原则，维护交易商的正当权益，保障市场有序交易，在大宗商品仓单市场交易活动中，某仓单品种订货量达到一定程度时，交易商应主动在下一交易日开市前向仓单市场进行申报。根据交易商申报的内容，经仓单市场核实，于当天以市场公告形式将此信息在市场网站中予以公示。

(六)交易头寸限制和提供业务报告制度

大宗商品仓单市场基本功能的实现前提是充分的自由竞争,如果市场受到操纵或是出现垄断,其功能的发挥就必然受到抑制。因此,反垄断规则是大宗商品仓单市场正常运行不可或缺的。交易者操纵市场价格的基本方式是对某种商品在仓单市场的头寸占绝对优势。所以,通过交易头寸限制和大户报告制度,就可以及时发现并有效抑制市场中潜在的不利因素。

交易头寸限制是指由交易市场规定的某一交易账户最多可持有的仓单合约的数量。一般来说,在合约规格中已列明了交易者可以就某一交易商品持有的最大空头或多头仓单合约的数量。限制单边持仓量是指仓单市场规定会员交易商可持有的、按单边计算的某一仓单可持有的最大数量。当交易者持有的合约数量达到或超过规定数量时,交易者必须逐日向交易部门报告。市场可以根据不同交易品种的具体情况,分别确定各个品种的限仓数额,以及超过限额合约数量的处理办法。

大户报告制度是指交易市场或其他监管部门有责任和权力监视市场中影响力较大的交易商的活动。要求大交易商提供精确的业务报告,以此来防止垄断的发生,保持市场的自由竞争性。

(七)强制平仓制度

当交易商出现下列情况之一时,交易市场对其持仓实行强行平仓。

(1)交易商结算准备金金额小于零,并未能在规定时限内补足的。

(2)因违规受到交易市场强行平仓处罚的。

(3)根据交易市场的紧急措施应予以强行平仓的。

(4)其他应予以强行平仓的。

二、结算程序及有关规定

结算指根据交易结果和交易市场有关规定对交易商交易保证金、盈亏、手续费、交割货款及其他有关款项进行计算、划拨的业务活动。大宗商品仓单市场中的一切交易结算工作均由交易结算部门承担。交易结算部门的主要功能是结算交易账户,清算交易,收集履约保证金并使其维持在交易所所需的最低水平上,监管实物交割,报告交易数据等。

日常结算具体包括以下内容:

第一,交易所在各结算银行开设一个专用的结算账户,用于存放交易商的保证金及相关款项。交易商须在结算银行开设专用资金账户,用于存放保证金及相关款项。交易所与交易商之间业务资金的往来通过交易所专用结算账户和会员专用资金账户办理。

第二,交易所对交易商存入交易所专用结算账户的保证金实行分账管理,为每一交易商设立明细账户,按日序时登记核算每一会员出入金、盈亏、交易保证金、手续费等。

第三,交易所实行每日无负债结算制度。每日无负债结算制度(又称"逐日盯市"),是指每日交易结束后,交易所按当日结算价结算所有合约的盈亏、交易保证金及手续费、税金等费用,对应收应付的款项实行净额一次划转,相应增加或减少交易商的结算准备金。

第四,结算完毕后,会员的结算准备金低于最低余额时,该结算结果即视为交易所向交易商发出的追加保证金通知,两者的差额即为追加保证金金额。交易所发出追加保证金通知后,可通过结算银行从交易商的专用资金账户中扣划。若未能全额扣款成功,交易商必须在下一交易日开市前补足至结算准备金最低余额。未补足的,若结算准备金余额大于零而低于结算准备金最低余额,不得开新仓;若结算准备金余额小于零,则交易所将按有关规定执行"强制平仓"。

第五,交易所可根据市场风险和保证金变动情况,在交易过程中进行结算并发出追加保证金通知,会员须在通知规定的时间内补足追加保证金。未按时补足的,按前款规定处理。

三、听证和仲裁规则

这是交易所为了正确处理交易纠纷或争端而制订的规定。该规则适用范围为交易商之间、交易商与交易市场之间的纠纷与争端。基本内容包括听证和仲裁委员会的组成、受理范围和程序、听证裁决处理和执行以及听证仲裁费用标准等规定。

虽然,与过去相比我国目前的大宗商品仓单交易制度已经日趋完善,但是仍然存在不少问题,例如缺乏明确的监管主体,交易过程缺乏有效制约。我国一般采取"谁审批,谁监管"的监管原则,没有明确的监管部门,监管的混乱实质是造成了监管的漏洞。另外,风险控制能力不足,仍然缺乏严格有力的风险控制措施。

综观大宗商品仓单市场的交易规则,不难看出,各种制度和规则都具有共同的作用,即防止或减少价格波动,维护交易秩序,提高交易效率,保护交易者利益。这些制度规则贯穿仓单市场的整个运作阶段,使仓单交易始终沿着正常的轨道高效进行,是仓单市场能够正常运行的保障体系。

第五节　大宗商品仓单市场的套期保值策略选择

套期保值理论最初是运用于期货市场的操作策略,对大宗商品仓单交易来说也同样适用。在前面的内容中已经提到大宗商品仓单市场可以进行套期保值来对冲现货市场存在的风险。套期保值是大宗商品仓单交易中的主要业务之一,也是大宗商品仓单市场产生和发展的重要因素。

一、套期保值交易概述

套期保值是指把期货市场当作转移价格风险的场所,将期货合约作为将来在现货市场上买卖商品的临时替代物,对现在买进准备以后售出商品的价格或对将来需要买进商品的价格进行保险的交易活动。

例如,一个农民为了减少收获时农作物价格降低的风险,在收获之前就以固定价格出售未来收获的农作物。一名读者一次订阅三年的杂志而不是两年,他就是在进行套期保值以转移杂志的价格可能上升而给他带来的风险。当然,如果该杂志价格下降,这位读者也放弃了潜在的收益,因为他已缴纳的订刊费用高于他每年订阅杂志的费用。

(一)套期保值的基本特征

在现货市场和期货市场对同一种类的商品同时进行数量相等但方向相反的买卖活动,即在买进或卖出实货的同时,在期货市场上卖出或买进同等数量的期货,经过一段时间,当价格变动使现货买卖出现盈亏时,可由期货交易上的亏盈抵消或弥补。从而在"现"与"期"之间、近期和远期之间建立一种对冲机制,以使价格风险降低到最低限度。

(二)套期保值的理论基础

现货和期货市场的走势趋同(在正常市场条件下)。由于这两个市场受同一供求关系的影响,所以二者价格同涨同跌;但是由于在这两个市场上的操作方向相反,所以盈亏相反,期货市场的盈利可以弥补现货市场的亏损。

二、套期保值交易原则

(一)交易方向相反原则

交易方向相反原则是指在做套期保值交易时,必须在两个市场上同时采取相反的买卖行为,进行反向操作。具体来说就是在现货市场上买入商品的同时,就在大宗商品仓单市场卖出该商品的仓单合约;而在现货市场上卖出商品的同时,就应该在大宗商品仓单市场上买进该商品的仓单合约。

(二)商品种类相同原则

商品种类相同原则是指在做套期保值交易时,所选择的仓单商品必须和要在现货市场上买卖的商品是相同的种类。

(三)商品数量相等原则

所选择的仓单合约中的商品数量必须等于交易者将要在现货市场上买进(或卖

出)的该商品的数量。商品数量相等包括两方面内容：一方面，现货市场上买卖的商品数量等于大宗商品仓单市场上买卖的仓单商品数量；另一方面，大宗商品仓单市场上先买进(或卖出)的仓单商品数量等于后卖出(或买进)的仓单商品数量。

(四)月份相同或相近原则

所选用的仓单合约的交易月份最好和交易者将要在现货市场上买进或卖出现货商品的时间相同或相近。这是因为仓单价格和现货价格之间具有趋同性，而在结束套期保值时现货和仓单价格之间的趋同程度是影响套期保值效果的一个关键因素。在具体的实际操作中，比较理想的选择是选择离现货交割月份最近但是稍微长一点的仓单合约。例如，现货大豆是9月份实际交易，则选择距离9月份最近的10月份的大豆合约。仓单合约和期货合约一样可以进行提前平仓，这给了投资者更多的选择机会。

企业利用大宗商品仓单市场进行套期保值交易实际上是一种以规避现货交易风险为目的的风险投资行为，是结合现货交易的操作。

三、套期保值的作用

企业生产经营决策正确与否的关键，在于能否正确地把握市场供求状态，特别是能否正确掌握市场下一步的变动趋势。大宗商品仓单市场的建立，不仅使企业能通过大宗商品仓单市场获取未来市场的供求信息，提高企业生产经营决策的科学合理性，真正做到以需定产，而且为企业通过套期保值来规避市场价格风险提供了场所，在增进企业经济效益方面发挥着重要的作用。

归纳起来，套期保值在企业生产经营中的作用如下：

(一)确定采购成本，保证企业利润

供货方已经跟需求方签订好现货供货合同，将来交货，但供货方此时无须购进合同所需材料，为避免日后购进原材料时价格上涨，可以通过大宗商品仓单市场买入相关原材料锁定利润。

(二)确定销售价格，保证企业利润

生产企业已经签订采购原材料合同，通过大宗商品仓单市场卖出企业相关成品材料，锁定生产利润。

(三)保证企业预算不超标

企业招投标时通过期货对相关原材料做预算，制订相关招投标方案，一旦确定中标，即通过期货锁定相关原材料价格，保证企业利润。企业在做年规划时参考相关材料期货价格，制定企业年度计划和预算，通过期货保证年度计划有效执行。

(四)行业原料上游企业保证生产利润

矿山、农场、化工厂等行业源头企业通过期货卖出相关产品锁定企业利润。

(五)保证贸易利润

贸易商签订了相关买卖合同,在期货市场上卖出或买进相关期货锁定贸易利润。

(六)调节库存

当认为当前原料价格合理需要增加库存时,可以通过期货代替现货进库存,通过其杠杆原理提高企业资金利用率,保证企业现金流。当原材料价格下降,企业库存因生产或其他因素不能减少时,可以在期货市场上卖出相关期货,避免价格贬值给企业造成损失。

(七)融资

当现货企业需要融资时,通过质押保值的期货仓单,可以获得银行或相关机构较高的融资比例。

(八)避免外贸企业汇率损失

外贸型企业在以外币结算时,可以通过期货锁定汇率,避免汇率波动带来的损失,锁定订单利润。

(九)企业的采购或销售渠道

在某些特定情况下,仓单市场可以是企业采购或销售的另外一个渠道,是现货采购或销售的适当补充。

四、套期保值策略

(一)卖出套期保值

卖出套期保值是为了防范现货价格在交割时下跌的风险,而先在仓单市场卖出与现货数量相当的合约的交易方式。通常是农场主为防止收割时农作物价格下跌,矿业主为防止矿产开采以后价格下跌,经销商或加工商为防止货物购进而未卖出时价格下跌而采取的保值方式。

例如,春耕时,某粮食企业与农民签订了当年收割时收购玉米 10000 吨的合同,7月份,该企业担心到收割时玉米价格会下跌,于是决定将售价锁定在 1080 元/吨,因此,在大宗商品仓单市场上以 1080 元/吨的价格卖出 1000 手合约进行套期保值。

到收割时,玉米价格果然下跌到 950 元/吨,该企业以此价格将现货玉米出售给饲料厂。同时,大宗商品仓单市场上玉米的价格也同样下跌,跌至 950 元/吨,该企业就以此价格买回 1000 手期货合约,来对冲平仓,该企业在期货市场赚取的 130 元/吨正好用来抵补现货市场上少收取的部分。这样,他们通过套期保值回避了不利价格变动的风险。

案例 1：（该例只用于说明套期保值原理，具体操作中，应当考虑交易手续费、持仓费、交割费用等。）

7 月，大豆的现货价格为每吨 2010 元，某农场对该价格比较满意，但是大豆 9 月才能出售，因此该单位担心到时现货价格可能下跌，从而减少收益。为了避免将来价格下跌带来的风险，该农场决定在大连商品交易所进行大豆仓单交易。交易情况如下所示：

7 月，大豆价格 2010 元/吨；在仓单市场上卖出 10 手 9 月大豆合约，价格为 2080 元/吨。

9 月，现货市场卖出 100 吨大豆，价格为 1980 元/吨；仓单市场买入 10 手 9 月大豆合约，价格为 2050 元/吨。

套利结果：现货市场亏损 30 元/吨；仓单市场盈利 30 元/吨。

最终结果：净获利 $100 \times 30 - 100 \times 30 = 0$ 元。

（注：1 手＝10 吨。）

从该例可以得出：第一，完整的卖出套期保值实际上涉及两笔仓单交易。第一笔为卖出仓单合约，第二笔为在现货市场卖出现货的同时，在仓单市场买进原先持有的部位。第二，因为在仓单市场上的交易顺序是先卖后买，所以该例是一个卖出套期保值。第三，通过这一套期保值交易，虽然现货市场价格出现了对该农场不利的变动，价格下跌了 30 元/吨，因而少收入了 3000 元，但是在仓单市场上的交易盈利了 3000 元，从而消除了价格不利变动的影响。

（二）买入套期保值

买入套期保值是指交易者先在大宗商品仓单市场买入仓单合约，以便将来在现货市场买进现货时不致因价格上涨而给自己造成经济损失的一种套期保值方式。这种用大宗商品仓单市场的盈利对冲现货市场亏损的做法，可以将远期价格固定在预计的水平上。买入套期保值是需要现货商品而又担心价格上涨的投资者常用的保值方法。

案例 2：9 月，某油厂预计 11 月份需要 100 吨大豆作为原料。当时大豆的现货价格为每吨 2010 元，该油厂对该价格比较满意。据预测 11 月大豆价格可能上涨，因此该油厂为了避免将来价格上涨，导致原材料成本上升的风险，决定在大连商品交易所进行大豆套期保值交易。交易情况如下：

9 月，大豆价格 2010 元/吨；在仓单市场上买入 10 手 11 月大豆合约，价格为 2090 元/吨。

11 月，现货市场买入 100 吨大豆，价格为 2050 元/吨；仓单市场卖出 10 手 11 月大豆合约，价格为 2130 元/吨。

套利结果：现货市场亏损 40 元/吨；仓单市场盈利 40 元/吨。

最终结果：净获利 40×100－40×100＝0 元。

从该例可以得出：第一，完整的买入套期保值同样涉及两笔期货交易。第一笔为买入仓单合约，第二笔为在现货市场买入现货的同时，在仓单市场上卖出对冲原先持有的头寸。第二，因为在仓单市场上的交易顺序是先买后卖，所以该例是一个买入套期保值。第三，通过这一套期保值交易，虽然现货市场价格出现了对该油厂不利的变动，价格上涨了 40 元/吨，因而原材料成本提高了 4000 元；但是在仓单市场上的交易盈利了 4000 元，从而消除了价格不利变动的影响。如果该油厂不做套期保值交易，现货市场价格下跌他可以得到更便宜的原料，但是一旦现货市场价格上升，他就必须承担由此造成的损失。相反，他在仓单市场上做了买入套期保值，虽然失去了获取现货市场价格有利变动的盈利，可同时也避免了现货市场价格不利变动的损失。因此可以说，买入套期保值规避了现货市场价格变动的风险。

（三）选择性套期保值

实际操作中，套期保值者在大宗商品仓单市场操作的主要目的是增加他们的利润，而不仅是为了降低风险。如果他们认为对自己的存货进行套期保值是采取行动的最佳方式，那么他们就应该照此执行。如果他们认为仅进行部分套期保值就足够了，他们就可能仅仅针对其中一部分风险采取套期保值行动。在某种情况下，如果他们对自己关于价格未来走势的判断充满信心，那么，他们就可以暴露全部风险，而不采取任何的套期保值行动。

饲料企业从签订豆粕现货购买合同开始，到饲料销售出去为止，在整个过程中，都拥有豆粕。合同价格一旦确定下来，风险随之而来。这是因为，市场价格在不断变化中，价格下跌，企业就遭受损失。采购经理签订了现货合同以后，担心价格下跌，心里发慌，但是，为了满足工厂生产的需要，必须要有部分存货，这时候怎么办？可以在大宗商品仓单市场上做卖出套期保值来回避价格风险，对存货（现货购买合同）进行卖出保值。假如，一家饲料企业以 2050 元/吨的价格买入豆粕，加工、销售期为 3 个月，这时，企业担心价格下跌，那么，就应该在期货市场上做卖出套期保值。

选择性套期保值另外一个作用是锁定投资利润。假定一家饲料企业在 3 月以 1980 元/吨的价格预定了豆粕现货，交货时间为 3 个月后。他确信这个价格比较低，而且预测 1 个月后的豆粕价格会上涨。到了 4 月份，豆粕价格上涨到 2180 元/吨，该加工企业认为此价格太高了。他推测豆粕价格会跌至 2060 元/吨。假定他的预测是完全准确的，如果他一直持有最初的现货合同，中间不发生任何变化，他最终会获得每吨 80 元的净收益。实际上，他先赚 200 元/吨，然后亏损 120 元/吨。在一个富有弹性的套保方案中，他可以在 2180 元/吨的价位上卖出豆粕期货，为豆粕的现货合同保值，从而赚取 200 元/吨。该企业通过仓单市场卖出豆粕期货套期保值，在保留对豆粕现货控制的前提下锁定利润。

对原料存货是否需要做卖出套期保值,什么时候做,做多少,都是基于采购经理对市场价格和价格走势的综合判断。相对于仓单投资来讲,套期保值的确要复杂得多。首先,现货企业必须根据自身企业的生产经营需要来做套期保值,不能把套期保值与投资交易混为一谈;其次,要严格控制仓单交易量,不能超过企业能够承受的范围;最后,要制订详细的套期保值计划和操作方案,计划书中要充分考虑基差、季节性、品种特性等因素。另外,在开始套期保值之前,应该参加套期保值方面的培训班,或者找一些更深入的教材来阅读,深入了解套期保值的操作。

五、套期保值的注意因素

为了更好实现套期保值的目的,企业在进行套期保值交易时,必须注意以下程序和策略。

①应选择有一定风险的现货交易进行套期保值。如果市场价格较为稳定,那就不需进行套期保值,进行保值交易需支付一定费用。

②比较净冒险额与保值费用,最终确定是否要进行套期保值。

③根据价格短期走势预测,计算出基差(即现货价格和仓单合约价格之间的差额)预期变动额,并据此做出进入和离开仓单市场的时机规划,并予以执行。

套期保值者以现货市场经营者和大宗商品仓单市场交易者的双重身份存在,更加强了大宗商品仓单市场与现货市场的联系。现货市场是大宗商品仓单市场的基础,而大宗商品仓单市场可以引导现货经营者发现价格。套期保值的应用,使大宗商品仓单市场与现货市场联系的纽带加强。促进套期保值业务,使这两个市场相互促进,共同发展。

同时,一个公平公正的交易平台,是连接实体经济与虚拟经济的坚固桥梁,为从事实体经济的企业提供管理风险的工具,为投资者增加资产配置品种、拓宽投资渠道,从而实现实体与虚拟经济的共同发展。

第六节 大宗商品仓单交易的市场风险管理

有市场就有风险。在大宗商品仓单交易的市场上也难以避免。我们不能保证每一笔交易、每一个交易人员都是诚信的,所以交易市场上难免会出现欺诈等不良的行为。因而,我们需要制定一系列制度来规避。但是,设计大宗商品仓单市场风险控制的法律机制,不是要建立一个无懈可击的法律制度来消灭市场风险,而是要建立一个制度来将风险降至最低,使之不会波及金融市场的其他领域。因此,法律机制的建立就应该在制度的有效性与制度施行的效率性之间进行衡量。

一、大宗商品仓单交易的市场风险监管

我们应该针对大宗商品仓单交易进行全面的风险管理,建立事前、事中及事后的管理。

(一)事前:"三级监管"与市场自控相结合模式

建立由科学、合理的监管层次所构成的严密的监管体系,能够充分发挥各方面能量,形成对交易风险的多重防控网,维护经济和金融体系的安全。我们要协调好政府监管、行业监管、交易市场监管、交易机构自控这四方面的监管。

(二)事中:风险预警及实时监控体系

由于大宗商品仓单交易的特征之一是利用互联网平台进行现货的买卖,可以根据这一条件,考虑由商务部建立大宗商品仓单交易计算机风险预警、实时监控系统。通过对资金、持仓和价格的单项指标非正常因素的实时反映和对各单项指标的综合分析,来界定大宗商品仓单市场的风险程度,是处在正常运行区域还是已经出现市场风险,或是市场风险很大。运用这套系统跟踪、监控市场的运转,及时发现市场风险隐患,达到事先防范和控制风险的目的。同时也通过全面查询系统和相关查询工具,迅速查找风险根源,找出问题的关键,为采取有效的风险防范措施打下基础。

(三)事后:风险处理机制

成立风险处理小组,对于那些有操纵价格嫌疑的大户进行相关的调查,如果这些大户不配合或者拒绝相关规定,可以申报监管部门批准取消交易资格。这样做可以从风险的源头进行专业的研究和调查,继而提出合理化的监管办法,可以帮助市场更好地规避风险。

二、政府监管措施存在的问题

(一)缺乏明确的监管主体,交易过程缺乏有效制约

这类市场既不同于一般的有形现货批发市场,也不属于期货市场。因此,有些地方是"三不管"地带,缺乏有针对性的监督和管理。《大宗商品电子交易规范》规定了大宗商品电子交易中参与方的功能、参与方的要求和管理、具体的业务原则、风险责任以及信息披露,也默认了大宗商品批发市场所采用的保证金制度、对冲机制等与期货交易类似的交易模式。不过,该规范却没有制定出较严格的类似期货交易风险控制的措施。有专业人士指出"大宗商品市场大量借鉴期货的交易机制,如对冲机制、保证金制度,但同时这些机制引入时又不够完整,漏洞很多,风险很容易被放大"。我国一般采取"谁审批,谁监管"的监管原则,没有明确的监管部门,监管的混乱实质是造成了监管的漏洞。

(二)风险控制能力不足,缺乏严格有力的风险控制措施

由于缺乏明确的监管主体,导致大宗商品仓单市场缺乏有效的风险控制措施,不能对市场上已经存在的交易风险进行有效控制。一些市场在实际运行中采取了许多期货交易机制,但又没有建立起期货交易应有的完善的风险管理体系和履约保证制度,使其承担风险的能力显得非常有限。不仅使得交易的不安全性大大增加,长久下去,也会在很大程度上限制大宗商品仓单市场的发展。

面对大宗商品仓单交易市场监管体系上的不足,我们也可以采取相应的措施来控制风险,完善监管体系。当然,我们也应根据活跃市场交易原则、自我约束与外部管理相结合的原则、效率与安全并重的原则完善监管体系。

大宗商品仓单交易是在我国商品经济发展阶段的一种特殊的商品交易形式,作为贸易的一种形式,它具有自身的特征,既不同于现货交易也不同于期货交易,是在新时期下现货与期货的融合,是现货期货化的表现。我国的大宗商品仓单交易在现下正蓬勃发展着,但是也存在着很多的问题,因而需要大宗商品仓单交易市场的各方一起努力,完善大宗商品仓单交易市场。

案例分析

练习与思考

(1)名词解释:仓单、标准化合约、大宗商品仓单市场、套期保值。

(2)大宗商品仓单市场在整体经济中的作用有哪些?

(3)简述大宗商品仓单市场与现货市场、中远期市场和期货市场的区别和联系。

(4)结合实例阐述利用的大宗商品仓单市场的套期保值策略。

(5)阐述大宗商品仓单交易的基本规则。

(6)针对目前我国大宗商品仓单市场的监管制度,可以提出哪些建议和意见?

参考文献

[1]周伟华,吴晓波.物流与供应链管理[M].杭州:浙江大学出版社,2020.

[2]申纲领,付永军.物流管理基础[M].北京:中国轻工业出版社,2010.

[3]张海路.大宗商品采购运输系统的研究与设计[D].上海:东华大学,2022.

[4]谢琳玉.大宗商品的采购模式选择研究[D].曲阜:曲阜师范大学,2018.

[5]侯昊霖.数字化背景下W大宗商品物流公司核心业务流程优化研究[D].杭州:浙江工商大学,2022.

[6]蔡进.打造数字化供应链,推动大宗商品物流高质量发展[J].中国物流与采购,2020(2):24.

[7]李想.传统大宗商品物流企业的未来发展方向分析[J].中国物流与采购,2019(10):59−60.

[8]张漫.大宗商品物流金融模式研究[J].中国集体经济,2014(21):140-141.

[9]李静宇.大宗商品物流的变革[J].中国储运,2018(5):64-65.